职业教育会计专业精品教材

# 经 济 法

（第3版）

主　编　倪红霞
副主编　罗维东　林冬梅

电子工业出版社
Publishing House of Electronics Industry
北京·BEIJING

## 内 容 简 介

本书共分十一章，由四部分内容组成。

第一部分即第一章，主要介绍经济法概述、经济纠纷解决途径（程序法）、诉讼时效和经济法律责任。第二部分即第二章，介绍我国劳动法（属社会保障法）。第三部分即第四至第十章，介绍我国主要的经济法律法规（实体法），包括关于国家宏观经济调控方面的法律法规（税法、会计法、专利法、商标法）；关于市场主体方面的法律法规（企业法、公司法）；关于规范市场秩序方面的法律法规（合同法、产品质量法、消费者权益保护法、反不正当竞争法）。第四部分即第三章和第十一章，介绍我国部分民商法（物权法、票据法）。本书概述部分为法学法律基础理论，为学生学习后续做好基础知识铺垫；程序法部分让学生懂得如何面对经济纠纷，解决经济纠纷，如何维护自身和企业的合法权益；劳动合同法让学生详细了解作为劳动者的权利义务，以提高维权意识和技术性维权效率；实体法部分能满足财经类不同专业的理论教学需要，并充分照顾到了职业院校学生考初级职称的需要；物权法让学生了解我国平等保护合法财产的法理依据，并学会分析一些物权相关现象。

本书配有电子教学参考资料包，请登录华信教育资源网（www.hxedu.com.cn）下载。

本书既可作为职业院校财经类专业的教材，也可作为企事业经营管理及行政管理人员熟悉和掌握经济法的参考用书，还可以为有志报考会计初级职称者助一臂之力。

未经许可，不得以任何方式复制或抄袭本书之部分或全部内容。
版权所有，侵权必究。

**图书在版编目（CIP）数据**

经济法/倪红霞主编. —3 版. —北京：电子工业出版社，2018.1
ISBN 978-7-121-33335-4

Ⅰ. ①经… Ⅱ. ①倪… Ⅲ. ①经济法－中国－职业教育－教材 Ⅳ. ①D922.29

中国版本图书馆 CIP 数据核字（2017）第 316126 号

策划编辑：陈　虹
责任编辑：陈　虹　　特约编辑：安家宁　齐美叶
印　　刷：北京七彩京通数码快印有限公司
装　　订：北京七彩京通数码快印有限公司
出版发行：电子工业出版社
　　　　　北京市海淀区万寿路 173 信箱　邮编 100036
开　　本：787×1 092　1/16　印张：15.75　字数：403 千字
版　　次：2007 年 7 月第 1 版
　　　　　2018 年 1 月第 3 版
印　　次：2025 年 8 月第 11 次印刷
定　　价：38.00 元

凡所购买电子工业出版社图书有缺损问题，请向购买书店调换。若书店售缺，请与本社发行部联系，联系及邮购电话：（010）88254888，88258888。

质量投诉请发邮件至 zlts@phei.com.cn，盗版侵权举报请发邮件至 dbqq@phei.com.cn。
本书咨询联系方式：chitty@phei.com.cn。

# 前　言

《经济法（第2版）》出版后，因编者独具匠心的排序、严谨的治学精神、专业的法学素养，以及本书鲜活实用的版式特色，迅速获得了广大职业院校师生的一致认可。应市场需要，编者再次进行了改版。

本次改版在保留上一版主要特色的基础上，对相关重点内容进行了修订，主要特点说明如下：

- 继续沿用第2版的排序，即：程序法（第一章经济纠纷解决途径）、社会保障法（第二章劳动法）、民商法（第三章物权法和第十一章票据法）、实体法（第四～十章）；
- 继续秉承了"精练、实用、够用为目的"的理念；
- 力求以最新司法解释为适用依据，案例切入的社会热点案例有所更新，增强了案例内容的时效性；
- 劳动法、税法、会计法，这三章更新较多，其中，税法因营改增的缘故，约有50%为新增内容。

作为立体化系列教材之一，本书配有电子教案、教学指南和习题答案，请登录华信教育资源网（www.hxedu.com.cn）免费下载。

本书由倪红霞担任主编，并负责修改、总纂、定稿。林冬梅、罗维东任副主编。其他参与编写的老师还有：王吉凤、王宏、李凤荣、李鑫、王喜艳、胡昌新、初明霞。

本书在编写过程中，参考了大量的法学报刊书籍资料。由于编者学术水平有限，时间仓促，书中疏漏和不足之处在所难免，祈望同行和读者不吝赐教，感激之至！

编　者

# 目　　录

第一章　经济法概述 …………………… 1
　第一节　经济法概述 …………………… 2
　第二节　经济纠纷的解决途径 ………… 5
　第三节　诉讼时效 ……………………… 17
　第四节　经济法律责任 ………………… 19
　练习与自测 ……………………………… 21

第二章　劳动法 ………………………… 24
　第一节　劳动法概述 …………………… 25
　第二节　劳动合同 ……………………… 27
　第三节　劳动合同与劳务合同的区别 … 38
　第四节　工作时间、休息休假、工资制度
　　　　　和社会保险 ………………………40
　第五节　劳动安全卫生 ………………… 42
　第六节　劳动争议 ……………………… 43
　练习与自测 ……………………………… 44

第三章　物权法 ………………………… 48
　第一节　物权法概述 …………………… 49
　第二节　所有权 ………………………… 53
　第三节　用益物权 ……………………… 58
　第四节　担保物权 ……………………… 61
　练习与自测 ……………………………… 65

第四章　合同法 ………………………… 69
　第一节　合同与合同法概述 …………… 70
　第二节　合同的订立 …………………… 72
　第三节　合同的效力 …………………… 77
　第四节　合同的履行 …………………… 80
　第五节　合同的担保 …………………… 85
　第六节　合同的变更和转让 …………… 87
　第七节　合同的解除与终止 …………… 89
　第八节　违约责任 ……………………… 92
　练习与自测 ……………………………… 94

第五章　企业法 ………………………… 99
　第一节　企业法概述 …………………… 100
　第二节　个人独资企业法 ……………… 101
　第三节　合伙企业法 …………………… 104
　练习与自测 ……………………………… 115

第六章　公司法 ………………………… 119
　第一节　公司法概述 …………………… 120
　第二节　有限责任公司 ………………… 121
　第三节　股份有限公司 ………………… 130
　第四节　董事、监事、高级管理人员资格、
　　　　　义务、责任 ……………………… 138
　第五节　公司债券 ……………………… 140
　第六节　公司财务、会计 ……………… 141
　第七节　公司合并、分立、解散和清算 … 142
　练习与自测 ……………………………… 145

第七章　税法 …………………………… 149
　第一节　税法概述 ……………………… 150
　第二节　流转税法 ……………………… 152
　第三节　所得税法律制度 ……………… 165
　第四节　税收征收管理 ………………… 170
　练习与自测 ……………………………… 174

第八章　会计法 ………………………… 177
　第一节　会计法概述 …………………… 178
　第二节　会计核算 ……………………… 179
　第三节　会计监督 ……………………… 180
　第四节　会计机构和会计人员 ………… 181
　第五节　法律责任 ……………………… 182
　练习与自测 ……………………………… 184

第九章　工业产权法 …………………… 188
　第一节　工业产权法概述 ……………… 189
　第二节　专利法概述 …………………… 190

第三节　商标法概述……………198
　　练习与自测……………………203

第十章　市场管理法………………207
　　第一节　产品质量法概述………208
　　第二节　消费者权益保护法概述……212
　　第三节　反不正当竞争法概述……217
　　练习与自测……………………222

第十一章　票据法…………………227
　　第一节　票据法概述……………228
　　第二节　票据行为………………231
　　第三节　票据权利………………234
　　第四节　票据抗辩………………237
　　第五节　票据权利的瑕疵………240
　　练习与自测……………………242

**法律名言：**

谁都不应凌驾于法律之上，谁也都不应该受法律的欺凌，当我们要求人们遵守法律时，无须征得他们的同意。

——西·罗斯福

# 第一章 经济法概述

> 市场经济的典型特征是法制经济。在市场经济条件下，经济法是维护社会经济秩序，保障国家经济安全，促进我国经济健康可持续发展，保障经济法主体利益协调发展的主要法律形式。

**[关 键 词]**

经济法概述、经济纠纷的解决途径、诉讼时效、经济法律责任

**[学习目标]**

通过学习，能解决以下问题：
- 什么是经济法？
- 什么是经济纠纷？
- 什么是仲裁、民事诉讼、行政复议和行政诉讼？
- 什么是诉讼时效期间的中断、中止和延长？
- 什么是民事责任、行政责任和刑事责任？

# 第一节　经济法概述

**案例 1-1**

甲贸易公司与外省的某家具厂签订了一份购销合同。合同规定，由家具厂负责将家具托运至甲贸易公司。10日后，家具厂与当地火车站办理了货物运输手续，并将货物如约运至甲贸易公司。

请用经济法律关系三要素理论分析本案例中法律关系的主体、客体、内容及终止。

【分析】

经济法律关系是指经济法主体在经济活动中根据经济法律、法规的规定所形成的权利和义务关系，它由主体、客体和内容三个要素组成。甲公司与家具厂依法签订购销合同、家具厂与铁路部门签订运输合同，分别形成了买卖合同关系和运输合同关系，意思表示真实，合同内容与形式合法，是两份有效合同，受法律保护，从而形成合同法律关系。

① 法律关系主体：前合同主体是甲贸易公司与家具厂，后合同主体是家具厂与铁路部门；

② 法律关系客体：买卖标的物、运输标的物；

③ 法律关系内容：合同双方的法律权利与法律义务。

正是由于双方严肃认真地履行了合同，才使得合同的法律关系得以终止。

> **知识链接**
>
> 经济法的渊源是指法的各种具体表现形式，是从法的具体制定和认可的具体来源上来看法的形式。我国法的渊源主要有宪法、法律、行政法规、地方性法规、规章和国际条约。

### 1. 经济法的概念及调整对象

经济法是调整国家在管理与协调经济运行过程中发生的经济关系的法律规范的总称。经济法所调整的是一种社会关系，包括：

（1）国家经济管理关系；

（2）经济协调关系；

（3）企业组织管理关系。

### 2. 经济法律关系

经济法律关系是指由经济法律规范所确认和调整的以经济权利和经济义务为内容的法律关系。经济法律关系是国家意志在特定经济关系方面的表现，是受国家强制力保护，使经济权利和经济利益得以实现的合法关系。

### 3. 经济法律关系的构成要素

经济法律关系的构成三要素是主体、客体和内容，缺少其中任何一个要素，都不能构成经济法律关系。而且，这三要素中，任何一个要素发生变化，其经济法律关系也随之变化。

1）主体

（1）主体是指在经济法律关系中享有权利、承担义务的当事人或参加者，简称经济法主体。

（2）经济法主体的种类。

① 国家机关。包括国家权力机关、国家行政机关、国家司法机关等。

② 经济组织和社会团体。包括企事业单位和从事公共事务、学术研究、宗教事务等活动的社会组织，如党团组织、工会、妇联等。

③ 经济组织的内部机构和有关人员。如实行内部承包经济责任制、实行内部独立经济核算等情况下，这些机构和有关人员便具有经济法主体的地位。

④ 个人（自然人）。个人（自然人）指依法参加某种经济活动的个人和农村承包经营户、个体承包户及合伙参与人等。

⑤ 国家。如国家发行国债筹措财政资金时，国家就是国债的债务人。

⑥ 法人。是由法律赋予社会组织以人的资格，使其具有自然人一样的权利能力与行为能力，是拟人化了的一种法律上的"人"。法人成立的具体条件：依法成立；有必要的财产和经费；有自己的名称、组织机构和场所；能够独立承担民事责任。法人对自己行为所产生的后果承担全部法律责任。

⑦ 外国经营者。在中华人民共和国境内依法与中国企业或其他经济组织进行合资、合作经营的外国企业和其他经济组织或个人，以及依法在中国进行独资经营活动的外国企业和其他经济组织或个人，也可是我国经济法律关系的主体。

2）客体

客体是指主体之间的经济权利和经济义务所共同指向的对象。包括物、经济行为和非物质财富。

（1）物。物是指能够被人控制和支配、具有一定经济价值、可通过具体物质形态表现出来的物品，包括自然存在的物品和人类劳动生产的产品，以及固定充当一般等价物的货币和有价证券等。

（2）经济行为。经济行为是指经济法主体为达到一定经济目的，实现其权利和义务所进行的经济活动。它包括经济管理行为、提供劳务行为和完成工作行为等。

（3）非物质财富。非物质财富具体指精神财富或精神产品，包括智力成果、道德产品和经济信息等。智力成果是指经济法主体从事智力劳动所创造取得的能够带来经济价值的成果，主要为商标、专利、专有技术、著作权等；道德产品如荣誉称号、嘉奖表彰等；经济信息如反映社会经济活动发生、变化等情况的各种信息、数据、情报和资料等。

3）内容

内容是主体享有的经济权利和承担的经济义务。

经济权利是指主体依法或约定而享有为或不为一定行为，或者要求他人为或不为一定行为的权利。种类主要有：

（1）所有权，指所有人依法对自己的财产享有的占有、使用、收益和处分的权利。

（2）法人财产权。

（3）经营管理权。

（4）债权，指按照合同约定或法律规定，在当事人之间产生的特定的权利。

（5）经济职权，指国家机关及其工作人员在行使经济管理职能时依法享有的权利。

（6）知识产权，指权利人对其所创作的智力劳动成果所享有的专有权利，一般只在有限时间内有效。包括专利权、商标权、著作权等。

经济义务是指经济法主体根据法律规定或满足权利主体的要求必须为或不为一定行为的责任。经济权利与经济义务是相互依存、密不可分的。

### 4. 经济法律关系的产生、变更与消灭

1）引起经济法律关系产生、变更与消灭的法律事实

经济法律事实是指能够引起经济法律关系产生、变更和消灭，导致法律后果的客观情况。要求具备下列3项条件：

（1）经济法律规范，即经济法律关系产生、变更和终止的法律依据。

（2）经济法主体，即合法权利与义务的实际承担者。

（3）法律事实，即出现了经济法律规范中假设出现的客观现象。经济法律规范是确定法律事实的依据，法律事实是引起经济法律关系产生、变更和消灭的原因，经济法律关系是法律事实引出的必然结果。

2）经济法律事实的种类

（1）法律事件，是指不依当事人的主观意志为转移，并能引起经济法律关系产生、变更和消灭的客观事实。例如：由自然现象引起的事实，如地震、台风、洪水等，因其与当事人的主观意志无关，又称绝对事件；由社会现象引起的事实，如战争、大规模的动乱等引起的事件，又称相对事件。事件是当事人事先不能预见的，它既可使原来的经济法律关系变更或消灭，也可使新的经济法律关系产生，如引起保险法律关系的赔偿等。

（2）法律行为，是指以经济法主体意志为转移的，为达到一定经济目的而进行的有意识的活动，按其性质可分为合法行为和违法行为。

## 第二节 经济纠纷的解决途径

### 案例 1-2

青岛 A 公司与烟台 B 公司在 C 市签订了一份皮鞋购销合同,该合同约定履行地为济南市。合同中的仲裁条款约定:如本合同发生争议,提交 C 市仲裁委员会仲裁。后青岛 A 公司与烟台 B 公司就皮鞋质量问题发生合同纠纷,青岛 A 公司欲申请仲裁,但得知 C 市未设立仲裁委员会,青岛、烟台、济南三市均设立了仲裁委员会。

请问:本案合同中的仲裁协议是否有效?青岛 A 公司是否可以向青岛、烟台或济南的仲裁委员会申请仲裁?

【分析】

本案合同中的仲裁协议无效。青岛 A 公司无权向青岛、烟台或济南的仲裁委员会申请仲裁,只能向烟台或济南市的人民法院起诉。《仲裁法》规定:仲裁协议对仲裁事项或仲裁委员会没有约定或约定不明确的,当事人可以补充协议;达不成补充协议的,仲裁协议无效。当事人达成仲裁协议,一方向人民法院起诉的,人民法院不予受理,但仲裁协议无效的除外。

本案中,该仲裁条款对仲裁机构的约定不明确,在当事人未达成补充协议的情况下,该仲裁条款无效。根据《民事诉讼法》的规定,因合同纠纷提起的诉讼,由被告住所地或者合同履行地人民法院管辖。本案中,当事人没有有效的仲裁条款,只能依照法律向烟台或济南市的人民法院起诉。

经济纠纷是指市场经济主体之间因经济权利与经济义务的矛盾而引起的权益争议,包括平等主体之间涉及经济内容的纠纷,以及公民、法人或其他组织作为行政管理相对人与行政机关之间因行政管理所发生的涉及经济内容的纠纷。它主要包括各种合同纠纷和经济损害赔偿纠纷。解决经济纠纷的途径和方式主要有仲裁、民事诉讼、行政复议和行政诉讼。

**1. 仲裁**

1)仲裁的概念

仲裁是指由纠纷的各方当事人共同选定仲裁机构,仲裁机构对纠纷依法定程序做出的具有约束力的裁决活动。依据争议的性质可分为民事仲裁、行政仲裁、经济仲裁、劳动仲裁等。当前我国涉及经济纠纷的仲裁有经济合同仲裁、技术合同仲裁、劳动争议仲裁、著作权纠纷仲裁、房产纠纷仲裁、国际经济贸易仲裁和海事仲裁。

仲裁是解决纠纷的非诉讼解决方式,包含两个方面的因素:一是合同因素,选择仲裁是双方当事人共同的意愿;二是仲裁又蕴涵着司法因素,仲裁决定书具有与法院判决书同等的法律效力。仲裁是一种准司法行为。

2)仲裁的特征

(1)以双方当事人自愿协商为基础。

(2)仲裁一般不公开开庭,是为了保护当事人的合法权益。

(3)仲裁裁决具有终局的法律效力。

（4）仲裁裁决对双方当事人都具有约束力。

3）仲裁法适用的范围

《仲裁法》规定平等主体的公民、法人和其他经济组织之间发生合同纠纷和其他财产纠纷时，可以仲裁。但是婚姻、抚养、监护、扶养、继承纠纷和依法应当由行政机关处理的行政争议、劳动争议和农村集体经济组织内部的农业承包合同纠纷不能仲裁。

4）仲裁的基本原则

（1）意思自治原则。包括以下5个方面：
① 双方自愿。
② 协议选定仲裁机构受理案件。
③ 仲裁组织和仲裁员由双方当事人协议选择。
④ 仲裁事项由双方自主决定。
⑤ 可以约定审理方式、开庭形式、结案方式、仲裁时间和地点等。

（2）以事实为根据，公平合理地解决纠纷的原则。

（3）仲裁独立原则。仲裁机构独立于行政机关，其仲裁活动，不受行政机关、社会团体和个人干涉；仲裁组织体系中的仲裁协会、仲裁委员会和仲裁庭三者之间相互独立；仲裁独立于审判。

（4）一裁终局原则。仲裁机构做出的决定即具有终局的法律效力，而且不能上诉，非经法定程序不能改变或撤销。不履行裁决所确定的义务，另一方当事人有权向人民法院申请强制执行。

5）仲裁机构及工作制度

（1）仲裁机构的设置及人员组成。仲裁委员会是受理经济纠纷案件，进行仲裁工作，解决经济纠纷的事业单位法人。仲裁委员会可以在直辖市和省、自治区人民政府所在地的市设立，也可在其他设区的市设立，不按行政区划层层设立。各仲裁委员会之间没有隶属关系，也不隶属于行政机关。仲裁委员会由主任1人、副主任2~4人、委员7~11人组成。仲裁委员会的主任、副主任和委员由法律专家、经济专家和有实际工作经验的人员担任，仲裁委员会的组成人员中，法律专家、经济专家不得少于2/3。

（2）仲裁机构的基本工作制度。
① 协议仲裁。
② 回避。仲裁员必须回避的情形包括：仲裁员是本案当事人或当事人、代理人的近亲属的；仲裁员与本案有利害关系的；仲裁员与本案当事人、代理人有其他关系，可能影响公正仲裁的；仲裁员私自会见当事人、代理人或者接受当事人、代理人的请客送礼的。遇到以上情形，当事人有权提出回避申请。

③ 或裁或审制度。当事人达成仲裁协议的，应当向仲裁机构申请仲裁，不能向人民法院起诉，但仲裁协议无效的除外；无仲裁协议，仲裁机构不予受理，当事人可直接向人民法院提起诉讼。

④ 一裁终局制度。裁决做出后，当事人就同一纠纷再申请仲裁或者向人民法院起诉的，

仲裁委员会或者人民法院不予受理。

> **知识链接**
> 
> **民事诉讼法**：近亲属包括配偶、父母、子女、兄弟姐妹、祖父母、外祖父母、孙子女、外孙子女。
> 
> **行政诉讼法**：近亲属包括配偶、父母、子女、兄弟姐妹、祖父母、外祖父母、孙子女、外孙子女和其他具有扶养、赡养关系的亲属。
> 
> **刑事诉讼法**：近亲属是指夫、妻、父、母、子、女、同胞兄弟姐妹。

6）仲裁的程序

（1）申请与受理。仲裁不实行级别管辖和地域管辖，当事人可以向双方约定的仲裁机构申请仲裁。当事人申请仲裁应当符合下列条件：

① 有仲裁协议。

② 有具体的仲裁请求、事实和理由。

③ 属于仲裁委员会受理的范围。仲裁委员会自收到仲裁申请书之日起 5 日内，经审查认为符合受理条件的，应当受理，并通知当事人；认为不符合受理条件的，应当书面通知当事人不予受理，并说明理由。

（2）开庭前的准备工作。仲裁委员会受理仲裁申请后，应当在仲裁规则规定的期限内将仲裁规则和仲裁员名册送达申请人和被申请人，并通知被申请人在规定的期限内提交答辩书。未提交答辩书的，不影响仲裁程序的进行。

仲裁委员会应当根据当事人的选择或者委托，依法组成仲裁庭。仲裁庭的组成有两种形式：一是由 3 名仲裁员组成的合议庭；二是由 1 名仲裁员独任仲裁员。前者由双方当事人各自选定或各自委托仲裁委员会主任指定 1 名仲裁员，第 3 名仲裁员由当事人共同选定或者共同委托仲裁委员会主任指定，第 3 名仲裁员为首席仲裁员。后者应当由当事人共同选定，或者共同委托仲裁委员会主任指定仲裁员。

仲裁庭组成后，仲裁委员会应将仲裁庭的组成情况书面通知当事人。仲裁庭人员应当认真阅读、研究案卷材料，分析案情，提前做好开庭审理准备，并按仲裁规则的规定，提前将开庭的时间通知申请人、被申请人和双方的代理人。

（3）开庭与裁决。

① 开庭。仲裁应当开庭进行。当事人协议不开庭的，仲裁庭可以根据仲裁申请书、答辩书及其他材料做出裁决。仲裁一般不公开进行，如当事人协议公开的，可以公开进行，但涉及国家秘密的除外。

当事人有正当理由的，在规定时间内可以申请延期开庭，是否延期由仲裁庭决定。被申请人经书面通知，无正当理由或者未经仲裁庭许可中途退庭的，可以缺席裁决。在庭审中，实行"谁主张，谁举证"的原则。仲裁庭认为有必要收集的证据，可以自行收集。所有证据应当在开庭时出示，并展开质证，最后由仲裁庭审定。当事人在仲裁过程中有权进行辩论，辩论终结时，首席仲裁员或独任仲裁员应当征询当事人的最后意见。当事人申请仲裁后，可以自行和解，也可以撤回仲裁申请。当事人达成和解协议、撤回仲裁申请后反悔的，还可以根据仲裁协议申请仲裁。

② 裁决。仲裁庭在做出裁决前，可以先行调解。当事人自愿调解的，仲裁庭应当调解。

调解达成协议的，仲裁庭应当制作调解书或者根据协议的结果制作裁决书。调解书与裁决书具有同等法律效力。调解书经双方当事人签收后即发生法律效力。调解不成或者在调解书签收前当事人反悔的，仲裁庭应当及时做出裁决。裁决书的内容一般包括仲裁请求、争议事实、裁决理由、裁决结果、仲裁费用的负担和裁决日期。裁决书自做出之日起即发生法律效力，当事人应当认真履行，并不得就同一纠纷再向其他仲裁机构申请仲裁或者向人民法院起诉。

裁决书的内容一般包括哪些？

**知识链接**

仲裁和诉讼的区别：

① 仲裁充分尊重当事人的意愿，是否运用仲裁方式解决纠纷、到哪家仲裁机构、由谁来主持纠纷的解决等，均由当事人自主选择；诉讼则实行级别、地域管辖，审判庭的组成也由人民法院指定。

② 从审限上看，仲裁委员会规定普通程序应在组庭之日起3个月内审结，若选择简易程序则应在2个月内审结；人民法院规定普通程序审理的一审案件应当在立案之日起6个月内审结，适用简易程序审理案件应当在3个月内审结。

③ 仲裁实行一裁终局制度，裁决书自做出之日起就发生法律效力；诉讼则不同，当事人如对一审判决不服，可以在15日内向上一级法院提起上诉要求，二审即为终审。

④ 仲裁庭审理案件具有"保密性"，案情不公开，裁决不公开；人民法院实行案件公开审理原则，但依法不应公开审理的除外。

⑤ 在裁决的执行方面，如一方当事人不主动履行裁决，另一方当事人可以申请人民法院强制执行。

⑥ 按照《纽约公约》的约定，仲裁裁决可以在所有签约国内得到执行。

**案例 1-3**

按照我国《仲裁法》的规定，当事人之间发生合同纠纷、继承纠纷和其他财产权益纠纷，无论是否有仲裁协议，一方均可向被申请人所在地的仲裁委员会申请仲裁。裁决应当按照仲裁庭多数仲裁员的意见做出，仲裁庭形不成多数意见时，报仲裁委员会决定。当事人对裁决不服的，可以上诉。裁决发生法律效力后，任何单位无权撤销。一方不履行的，另一方可以向做出此裁决的仲裁委员会申请执行。

请自上而下找出上面表述中存在的法律错误，并逐一［按（1）、（2）……顺序］简要说明理由。

【分析】

共有以下7处错误。

（1）继承纠纷不能仲裁。

（2）当事人必须达成仲裁协议才能仲裁，无仲裁协议的不能申请仲裁。

（3）仲裁委员会由当事人协议选定，仲裁不实行地域管辖。

(4)仲裁庭形不成多数意见时,裁决应当按照首席仲裁员的意见做出,而不是报仲裁委员会决定。

(5)仲裁实行一裁终局制度,不存在上诉问题。

(6)仲裁委员会所在地的中级人民法院根据当事人的申请,符合法定条件的,应依法撤销裁决。

(7)一方当事人不履行裁决的,另一方应向人民法院申请执行,不能向仲裁委员会申请执行。

### 2. 民事诉讼

1)民事诉讼的概念与特征

民事诉讼即民事官司,是指当事人之间因民事权益矛盾或者经济利益冲突,在双方当事人和其他诉讼参与人的参加下,经人民法院审理和解决纠纷的诉讼活动。

民事诉讼的特征:

(1)公权性。民事诉讼是以司法方式解决平等主体之间的纠纷,是由法院代表国家行使审判权解决民事争议。

(2)强制性。一方当事人起诉,另一方就必须应诉,否则法院就有权采取强制措施;双方达成的调解协议或人民法院的判决、裁定,一旦生效,就具有强制执行的效力。

(3)程序性。一旦发生纠纷需要通过诉讼解决时,必须严格按照法定程序进行。

2)诉讼管辖

诉讼管辖是规定上下级法院之间、同级法院之间受理第一审民事案件、经济纠纷案件的职权范围和具体分工,可分为级别管辖、地域管辖、移送管辖和指定管辖等4种。

(1)级别管辖。级别管辖又称审级管辖,指各级人民法院之间受理第一审案件的分工和权限。具体分为基层人民法院管辖第一审民事案件,但本法另有规定的除外;中级人民法院管辖下列第一审民事案件:重大涉外案件、在本辖区有重大影响的案件、最高人民法院确定由中级人民法院管辖的案件;高级人民法院管辖在本辖区有重大影响的第一审民事案件;最高人民法院管辖下列第一审民事案件:在全国有重大影响的案件、认为应当由本院审理的案件。

(2)地域管辖。它是指同级人民法院之间受理第一审案件的分工和权限。具体分为:

① 一般地域管辖,即由被告住所地人民法院管辖,即"原告就被告"的原则。

② 特殊地域管辖,即合同纠纷由被告住所地或者合同履行地人民法院管辖;票据纠纷由票据支付地或者被告住所地人民法院管辖;交通运输合同纠纷由运输始发地、目的地或被告住所地人民法院管辖;共同海损纠纷由船舶最先到达地、共同海损理算地或航程终止地的人民法院管辖等。

③ 协议地域管辖,即合同的双方当事人可以在书面合同中协议选择被告住所地、合同履行地、合同签订地、原告住所地、标的物所在地人民法院管辖,但不得违反有关级别管辖的规定。

④ 专属地域管辖，即因不动产纠纷提起的诉讼，由不动产所在地人民法院管辖；因港口作业发生纠纷提起的诉讼，由港口所在地人民法院管辖。

⑤ 共同地域管辖，即同一诉讼的几个被告的住所地、经常居住地在两个以上人民法院辖区的，各人民法院都有管辖权。两个以上人民法院都有管辖权的诉讼，原告可以向其中一个人民法院起诉；原告向两个以上有管辖权的人民法院起诉的，由最先立案的人民法院管辖。

（3）移送管辖。它是指人民法院受理某一案件后，发现自己对此案无管辖权，便移送给有管辖权的人民法院受理，或者在特定情况下，下级人民法院将自己有管辖权的案件，报请上级人民法院审理或者上级人民法院将自己有管辖权的案件，交给下级人民法院管辖。

（4）指定管辖。它是指人民法院之间因管辖权发生争议，或者有管辖权的人民法院由于特殊原因不能行使管辖权，而由它们的共同上级人民法院指定某一人民法院管辖。

### 案例 1-4

居住在 A 市的张某与居住在 B 市的王某在 D 市签订了一份协议。张某将一版珍稀纪念邮票以 12 万元的价格卖给王某，并约定双方在 C 市一手交钱一手交货。后张某得知该纪念邮票在邮市上可卖到 18 万元，且价格还在上涨，遂反悔并电告王某自己已将邮票卖给他人。王某认为张某违约，便向 B 市人民法院提起民事诉讼。张某随即向法院提出管辖权异议，认为该案件应由自己所在地 A 市的人民法院管辖。

请问：本案应由哪个市的人民法院管辖？

【分析】

本案应由 A 市人民法院管辖。《民事诉讼法》规定，因合同纠纷提起的诉讼由被告住所地或者合同履行地人民法院管辖。同时，按照最高人民法院《民诉意见》的规定，因合同纠纷提起的诉讼，如果合同没有实际履行，双方当事人住所地又都不在合同约定的履行地的，应由被告住所地人民法院管辖。本案双方当事人的住所分别为 A 市和 B 市，约定的合同履行地为 C 市，合同签订地在 D 市。但因张某反悔，合同最终没有得到实际履行，而双方当事人的住所又不在合同约定的履行地 C 市，所以本案应由被告住所地 A 市的人民法院管辖。

3）诉讼的参加人

（1）当事人。当事人是指因民事权利受到侵害或者发生争议，而以自己的名义进行诉讼，并受人民法院裁定或判决的约束，与案件审理结果有直接利害关系的人。包括单一诉讼中的当事人、共同诉讼中的共同诉讼人，以及参加诉讼的第三人（案件的处理结果与其有法律上的利害关系）。

哪些人可做诉讼代理人？

> **知识链接**
>
> 当事人在不同的诉讼程序中的不同称谓：在第一审普通程序和简易程序中，称为原告和被告。在第二审程序中，称为上诉人与被上诉人。在特别程序中，除选民资格案件称起诉人外，其余均称申请人。在审判监督程序中，按第一审程序再审的，称为原审原告和原审被告，按第二审程序再审的，称为原上诉人和原被上诉人。申请再审的当事人称为申请再审人。在执行程序，称为申请执行人和被执行人。

（2）诉讼代理人。无诉讼行为能力人由他的监护人作为法定代理人代为诉讼。律师、当事人的近亲属、有关的社会团体或者所在单位推荐的人、经人民法院许可的其他公民，都可以被委托为诉讼代理人。

4）第一审程序

第一审程序是指人民法院审理当事人起诉案件通常所适用的程序，包括起诉和受理、审理前准备、开庭审理、调解或判决4个阶段。

（1）起诉和受理。起诉是指公民、法人和其他组织认为自己的民事权益受到侵害或者与他人发生争议时，以自己的名义请求人民法院通过审判给予法律保护的诉讼行为。起诉必须符合下列条件：①原告是与本案有直接利害关系的公民、法人和其他经济组织；②有明确的被告；③有具体的诉讼请求和事实、理由；④属于人民法院受理经济诉讼的范围和受人民法院管辖。受理是指人民法院接到原告起诉后，经审查认为符合法律规定的起诉条件，决定立案审理，从而引起诉讼程序开始的一种诉讼行为。

（2）审理前准备。人民法院应当自立案之日起5日内将起诉状副本送至被告，告知被告在收到之日起15日内提出答辩状。人民法院自收到答辩状之日起5日内将答辩状副本送至原告。被告不提出答辩的，不影响人民法院的开庭审理。人民法院还应当在受理案件后，根据原告的起诉状和被告的答辩意见，认真做好证据的收集工作，必要时可以委托外地法院进行调查，受委托的人民法院接到委托书后，应在30日内完成调查。最后，人民法院还要组成合议庭，决定开庭的日期、时间和地点，并向当事人和诉讼参与人提前发出传票和出庭通知书。此外，还要认真做好更换和追加当事人的工作。

（3）开庭审理。首先是开庭预备，包括：传唤、通知当事人和其他诉讼参与人；查明当事人和其他诉讼参与人是否到庭；审判长核对当事人；宣布案由，宣布审判人员、书记员名单，告知当事人有关的诉讼权利和义务，询问当事人是否提出回避请求。其次是法庭调查，一般按下列顺序进行：当事人陈述；告知证人的权利义务，证人作证，宣读未到庭的证人证言；出示书证、物证和视听资料；宣读鉴定结论；宣读勘验笔录。最后是法庭辩论，顺序是原告及其诉讼代理人发言；被告及其诉讼代理人答辩；第三人及其诉讼代理人发言或者答辩；相互辩论。

（4）调解或判决。判决前可以在查清事实、分清责任的基础上进行调解。调解达成协议的，人民法院要制作调解书，经双方签收后即发生法律效力。对于达不成协议或一方当事人在调解书送达前反悔的，应及时依法作出判决，而不能久调不决。评议宣判是开庭审理的最后阶段，其主要工作为合议庭评议，做出判决，公开宣判，告知当事人上诉权利、上诉期限和上诉的法院。

5）第二审程序

第二审程序是指当事人对一审法院的判决或裁定不服，而上诉至上一级人民法院进行审理所适用的程序。二审人民法院对上诉案件，应当由审判员组成合议庭进行审理。审理可视情况分别采用直接审理或书面审理。上诉案件经过审理后，二审法院按照不同情况，分别作出判决或裁定：

（1）原判决认定事实清楚、适用法律正确的，驳回上诉，维持原判。

（2）原判决适用法律错误，依法改判。

（3）原判决认定事实错误或者主要事实不清，证据不足，裁定撤销原判，发回重审，或者查清事实后改判。

（4）原判决违反法定程序，可能影响案件正确判决的，裁定撤销原判，发回重审。当事人对重审案件的判决或裁定不服的，可以上诉。

6）审判监督程序

审判监督程序又称再审程序，是指人民法院发现已经发生法律效力的判决、裁定确有错误，依法对案件进行再次审理的程序。它是"实事求是，有错必纠"原则在审判工作中的具体体现。当事人申请再审，应当在判决、裁定发生法律效力后2年内提出，并不得因申请再审而停止原判决、裁定的执行。再审程序的提起通常有下列几种情况：

（1）有新的证据，足以推翻原判决、裁定的。

（2）原判决、裁定认定事实的主要证据不足的。

（3）原判决、裁定适用法律确有错误的。

（4）人民法院违反法定程序，可能影响案件正确判决、裁定的。

（5）审判人员在审理该案件时有贪污受贿、徇私舞弊、枉法裁判行为的。再审案件的程序应由原审级决定。

7）执行程序

执行程序是指人民法院对已经发生法律效力的判决、裁定、调解协议和其他具有执行效力的法律文书，由于一方当事人无理拒绝履行，根据对方当事人的申请，依照法定程序强制执行的诉讼活动。执行的条件包括：有执行根据；执行根据必须具有给付内容；执行根据必须已经发生法律效力；负有义务的一方当事人拒不履行法律文书确定的义务。执行权统一由人民法院行使。

## 3．行政复议

行政复议是指公民、法人或者其他组织不服行政主体做出的具体行政行为，认为该行为侵犯了其合法权益，依法向法定的行政复议机关提出复议申请，行政复议机关依法对该具体行政行为进行合法性、适当性审查，并做出行政复议决定的行政行为；是公民、法人或其他组织通过行政救济途径解决行政争议的一种方法。

### 案例 1-5

被申请人某省A市发展改革委员会与A市建设委员会共同做出公告，宣布申请人某投资公司中心一期写字楼及二期公寓、酒店、写字楼立项批复文件失效。2月20日，申请人因对公告的行政行为不服，向该省发展改革委员会申请复议，省发展改革委员会依法接受了该申请，并于2月25日做出了如下审查结果：申请人在申请中所提及的公告，是由A市发展改革委员会与A市建设委员会共同做出的，不属于上级发展改革委员会的受理范围，因此，该行政复议申请不予受理。同时发出行政复议告知书，告知申请人应向某市人民政府提出复议申请。

请问：

（1）行政复议申请人应向谁申请行政复议？

（2）该省发展改革委员会对申请所做的处理是否正确，请说明理由。

**【分析】**

（1）《行政复议法》规定，对两个以上行政机关共同做出的行政处理决定不服的，可以向其共同上级申请行政复议，本案中，即向上述两部门的本级人民政府申请。

（2）该省发展改革委员会做出的处理并无不当，因按照行政复议层级监督的原则，省发展改革委员会对市建设委员会并没有行政复议管辖权，而对市发展改革委员会和市建设改革委员会同时具有行政复议管辖权的复议机关为市人民政府。

1）行政复议范围

（1）可申请行政复议事项。有下列情况之一的公民、法人或者其他组织可以依法申请行政复议：①对行政机关做出的警告、罚款、没收违法所得、没收非法财物、责令停产停业、暂扣或者吊销许可证、暂扣或者吊销执照、行政拘留等行政处罚决定不服的；②对行政机关做出的限制人身自由或者查封、扣押、冻结财产等行政强制措施决定不服的；③对行政机关做出的有关许可证、执照、资质证、资格证等证书变更、中止、撤销的决定不服的；④对行政机关做出的关于确认土地、矿藏、水流、森林、山岭、草原、荒地、滩涂、海域等自然资源的所有权或者使用权的决定不服的；⑤认为行政机关侵犯合法的经营自主权的；⑥认为行政机关变更或者废止农业承包合同，侵犯其合法权益的；⑦认为行政机关违法集资、征收财物、摊派费用或者违法要求履行其义务的；⑧认为符合法定条件，申请行政机关颁发许可证、执照、资质证、资格证等证书，或者申请行政机关审批、登记有关事项，行政机关没有依法办理的；⑨申请行政机关履行保护人身权利、财产权利、受教育权利的法定职责，行政机关没有依法履行的；⑩申请行政机关依法发放抚恤金、社会保险金或者最低生活保障费，行政机关没有依法发放的；⑪认为行政机关的其他具体行为侵犯其合法权益的。

（2）可一并向行政复议机关提出对下列规定的审查申请：①国务院部门的规定；②县级以上地方各级人民政府及其工作部门的规定；③乡、镇人民政府的规定。

（3）不属于行政复议范围的事项：①行政处分或其他人事处理决定，但可依法提出申诉；②对民事纠纷的处理，但可依法申请仲裁或者向法院提起诉讼。

2）行政复议申请

如申请人向有管辖权的行政机关申请复议，应当在知道具体行政行为之日起 60 日内提出。但是法律规定的申请期限超过 60 日的除外。因不可抗力或者其他特殊情况的应在障碍消除后的 10 日内申请延长期限；申请人向人民法院起诉的，人民法院已经受理的，不得申请司法行政复议。申请人申请行政复议，可以书面申请，也可以口头申请；口头申请的，行政复议机关应当当场记录申请人的基本情况、行政复议请求、申请行政复议的主要事实、理由和时间。

### 3）行政复议参加人

行政复议参加人是指为维护自己合法权益而以自己的名义参加行政复议活动的当事人，以及与当事人地位相似的人。包括申请人、申请人（公民）的法定代理人、被申请人、第三人和共同申请人、共同被申请人，以及申请人、第三人的委托代理人。

### 4）行政复议机关

行政复议机关是指依照法律的规定，有权受理行政复议申请，依法对具体行政行为进行审查并做出裁决的行政机关。对县级以上地方各级人民政府工作部门的具体行政行为不服的，由申请人选择，可以向该部门的本级人民政府申请行政复议，也可以向上一级主管部门申请行政复议；对海关、金融、国税、外汇管理等实行垂直领导的行政机关和国家安全机关的具体行政行为不服的，向上一级主管部门申请行政复议；对地方各级人民政府的具体行政行为不服的，向上一级地方人民政府申请行政复议；对省、自治区人民政府依法设立的派出机关所属的县级地方人民政府的具体行政行为不服的，向该派出机关申请行政复议；对国务院部门或者省、自治区、直辖市人民政府的具体行政行为不服的，向做出该具体行政行为的国务院部门或者省、自治区、直辖市人民政府申请行政复议；对行政复议决定不服的，可以向人民法院提起行政诉讼，也可以向国务院申请裁决，国务院依照本法的规定做出最终裁决。行政复议期间具体行政行为不停止执行，但是，有下列情形之一的，可以停止执行：被申请人认为需要停止执行的；行政复议机关认为需要停止执行的；申请人申请停止执行，行政复议机关认为其要求合理，决定停止执行的；法律规定停止执行的。

### 5）行政复议决定

行政复议原则上采取书面审查的办法，但是申请人提出要求或者行政复议机关负责法制工作的机构认为有必要时，可以向有关组织和人员调查情况，听取申请人、被申请人和第三人的意见。行政复议机关应自受理申请之日起60日内做出行政复议决定；但是法律规定的行政复议期限少于60日的除外。情况复杂，不能在规定期限内做出行政复议决定的，经行政复议机关的负责人批准，可以适当延长，并告知申请人和被申请人；但是延长期限最多不超过30日。行政复议机关做出行政复议决定，应当制作行政复议决定书，并加盖印章。行政复议决定书一经送达，即发生法律效力。行政复议机关责令被申请人重新做出具体行政行为的，被申请人不得以同一的事实和理由做出与原具体行政行为相同或者基本相同的具体行政行为。

## 4．行政诉讼

行政诉讼是个人、法人或其他组织认为国家机关做出的行政行为侵犯其合法权益而向法院提起的诉讼。

### 1）行政诉讼的受案范围

①对拘留、罚款、暂扣或吊销许可证和执照、责令停产停业、没收财物等行政处罚不服的；②对限制人身自由或者对财产的查

封、扣押、冻结等行政强制措施不服的；③认为行政机关侵犯法律规定的经营自主权的；④认为符合法定条件申请行政机关颁发许可证和执照，行政机关拒绝颁发或者不予答复的；⑤申请行政机关履行保护人身权、财产权的法定职责，行政机关拒绝履行或者不予答复的；⑥认为行政机关没有依法发给抚恤金的；⑦认为行政机关违法要求履行义务的；⑧认为行政机关侵犯其他人身权、财产权的。除前款规定外，人民法院还受理法律、法规明文规定可以提起诉讼的其他行政案件。不受理对下列事项提起的诉讼：国防、外交等国家行为；行政法规、规章或者行政机关制定、发布的具有普遍约束力的决定、命令；行政机关对行政机关工作人员的奖惩、任免等决定；法律规定由行政机关最终裁决的具体行政行为。

### 案例 1-6

孙某系某省 B 县一农民，平日游手好闲、好吃懒做。一日听人说到省会做假乞丐赚钱很容易，便搭车到了省会市 A 区，沿街乞讨。没过几日，适逢 A 区公安分局整顿该区治安环境，孙某被公安分局送至省会设在 D 区的收容站里，关押 7 天后被遣送回 B 县。

若孙某对 A 区公安分局的行为不服并提起诉讼，以下法院拥有管辖权的有（　　）。

A. 孙某户籍所在地的 B 县人民法院
B. A 区公安分局所在地的 A 区人民法院
C. 孙某被限制人身自由地的 D 区人民法院
D. 只有被告 A 区公安分局所在地的 A 区人民法院拥有管辖权

【分析】

根据《行政诉讼法》的规定，对被告行政机关所采取的限制人身自由强制措施不服的，可以由原告或被告所在地法院管辖。原告住所地又包括户籍所在地、经常居住地和被限制人身自由地。因此，ABC 项正确。

2）诉讼管辖

（1）级别管辖。基层人民法院管辖第一审行政案件；中级人民法院管辖下列第一审行政案件：确认发明专利权的案件、海关处理的案件；对国务院各部门或者省、自治区、直辖市人民政府所作的具体行政行为提起诉讼的案件；本辖区内重大、复杂的案件；高级人民法院管辖本辖区内重大、复杂的第一审行政案件；最高人民法院管辖全国范围内重大、复杂的第一审行政案件。

行政诉讼中地域管辖有何要求？

（2）地域管辖。行政案件由最初做出具体行政行为的行政机关所在地人民法院管辖；经复议的案件，复议机关改变原具体行政行为的，也可以由复议机关所在地人民法院管辖；对限制人身自由的行政强制措施不服提起的诉讼，由被告所在地或者原告所在地人民法院管辖；因不动产提起的行政诉讼，由不动产所在地人民法院管辖。

3）起诉和受理

对属于人民法院受案范围的行政案件，公民、法人或者其他组织可以先向上一级行政机关或者法律、法规规定的行政机关申请复议，对复议不服的，再向人民法院提起诉讼；也可以直接向人民法院提起诉讼。法律、法规规定应当先向行政机关申请复议，对复议不服再向人民法院提起诉讼的，依照法律、法规的规定。提起诉讼应当符合下列条件：原告是认为具体行政行为侵犯其合法权益的公民、法人或者其他组织；有明确的被告；有具体的诉讼请求和事实根据；属于人民法院受案范围和受诉人民法院管辖。人民法院接到起诉状，经审查，应当在 7 日内立案或者做出裁定不予受理。原告对裁定不服的，可以提起上诉。

### 案例 1-7

甲企业对乙地方税务局对其做出予以罚款的行政处罚行为不服，向丙法院提起行政诉讼。

下列关于该案件审理过程的表述中，不符合法律规定的是（    ）。

A. 丙法院组成合议庭负责对该案件进行审判
B. 丙法院对甲和乙进行了调解
C. 乙地方税务局决定停止执行行政处罚决定
D. 丙法院判决变更乙地方税务局的行政处罚决定

【分析】

选项 A：人民法院审理行政案件，实行合议、回避、公开审判和两审终审制度；选项 B：人民法院审理行政案件，不适用调解；选项 C：诉讼期间不停止具体行政行为的执行，但被告认为需要停止执行的，停止具体行政行为的执行；选项 D：行政处罚显失公平的，可以判决变更。因此，正确答案是 B。

**要点提示**

审理行政案件，不适用调解。

4）审理和判决

人民法院公开审理行政案件，但涉及国家秘密、个人隐私和法律另有规定的除外。人民法院审理行政案件，由审判员组成合议庭，或者由审判员、陪审员组成合议庭。合议庭的成员，应当是三人以上的单数。人民法院应当在立案之日起 3 个月内做出第一审判决。有特殊情况需要延长的，需报批准。当事人不服人民法院第一审判决的，有权在判决书送达之日起 15 日内上诉。当事人不服人民法院第一审裁定的，有权在裁定书送达之日起 10 日内上诉。人民法院对上诉案件，认为事实清楚的，可以实行书面审理。人民法院审理上诉案件，应当在收到上诉状之日起两个月内作出终审判决。有特殊情况需要延长的，需报批准。

5）侵权赔偿

公民、法人或者其他组织的合法权益受到行政机关或者行政机关工作人员做出的具体行政行为侵犯造成损害的，有权请求赔偿。公民、法人或者其他组织单独就损害赔偿提出请求，应当先由行政机关解决。对行政机关的处理不服，可以向人民法院提起诉讼。赔偿诉讼可以适用调解。行政机关或者行政机关工作人员做出的具体行政行为侵犯公民、法人或者其他组织的合法权益造成损害的，由该行政机关或者该行政机关工作人员所在的行政机关负责赔偿。行政机关赔偿损失后，应当责令有故意或者重大过失的行政机关工作人员承担部分或者全部赔偿费用。

> **要点提示**
>
> 重大过失是指行为人因疏忽或过于自信不仅没有遵守法律对他较高注意的要求，甚至连人们一般应该注意并能够注意的要求都未达到，以致造成某种损害后果。

# 第三节 诉讼时效

**案例 1-8**

甲从乙处购买黄牛一头，作价 500 元。乙明知该牛有病而未告知甲，甲因价格便宜而将牛买下。在交易过程中，乙对甲说："如果发生纠纷，你必须在 3 个月内（自交易之日）起诉，否则我概不负责。"买家表示应允。甲买回该牛后第 4 个月该牛因病死亡，双方遂发生纠纷。

请问：甲乙双方的买卖行为属于什么性质的法律行为？双方关于诉讼时效的约定是否有效？为什么？

【分析】

该行为属于可变更可撤销的民事行为。民法规定可变更可撤销的民事行为包括以下几种情形：显失公平、重大误解、欺诈胁迫、乘人之危的民事行为。上述事例中对方明知牛有病，还要卖掉，显然是欺诈，因此是可变更可撤销的民事行为；至于合同中关于诉讼时效的规定是不成立的，因为我国诉讼时效第 2 条规定，当事人违反法律规定约定延长或缩短诉讼时效期间，预先放弃诉讼时效利益的其约定无效，因此该约定的 3 个月是没有法律效力的。

## 1．诉讼时效的概念

诉讼时效是指权利受到侵害的权利人在法定的时效期间内不行使权利而失去诉讼保护的制度。而在法定的诉讼时效期届满之后，权利人行使请求权的，人民法院就不再予以保护；诉讼时效期届满后，义务人虽可拒绝履行其义务，权利人请求权的行使仅发生障碍，权利本身及请求权并不消灭。当事人超过诉讼时效后起诉的，人民法院应当受理。受理后查明无中止、中断、延长事由的，判决驳回其诉讼请求。

## 2．诉讼时效期间的具体规定

1）一般诉讼时效

向人民法院请求保护民事权利的诉讼时效期间为 2 年，法律另有规定的除外。

2）特殊诉讼时效

特殊诉讼时效是指针对某些特定的民事法律而制定的诉讼时效。特殊时效优于普通时效，凡有特殊时效规定的，适用特殊时效。特殊时效可分为以下 3 种：①短期时效。短期时效是指诉讼时效不满 2

特殊诉讼时效有哪3种？

年的时效。下列时效为 1 年：身体受到伤害要求赔偿的；出售质量不合规格的商品未声明的（因产品存在缺陷造成损害要求赔偿的诉讼时效期间为 2 年）；延付或拒付租金的；寄存财物被丢失或被损坏的。②长期诉讼时效。长期诉讼时效是指诉讼时效在 2 年以上 20 年以下的诉讼时效。例如，因环境污染损害赔偿提起诉讼的时效期间为 3 年；因国际货物买卖合同和技术进出口合同争议提起诉讼或者申请仲裁的期限为 4 年。③最长诉讼时效。最长诉讼时效为 20 年。《民法通则》第 137 条规定："从权利被侵害之日起超过二十年的，人民法院不予保护。"

### 案例 1-9

村民甲、乙二人一向不睦。2016 年 3 月 7 日，二人因为琐事发生扭打，乙被打成轻伤花去医药费 1000 余元。几天后乙去找甲索要医药费，遭到甲的拒绝，甲兄弟众多，乙因惧怕就未再坚持。不料此后甲经常找碴儿欺负乙，2016 年 12 月 30 日，两人再次发生扭打，致使乙右腿骨折，花去医药费 2 万余元，并卧床 3 个多月，造成误工损失 2000 多元。2017 年 4 月 3 日，乙向法院提起诉讼，一并要求赔偿前次轻伤所花医药费 1000 余元。

请问：本案应当如何处理？

**【分析】**

根据《民法通则》第 136 条的规定，身体受到伤害要求赔偿的，诉讼时效期间为 1 年。乙 2016 年 12 月 30 日右腿骨折，2017 年 4 月 3 日向法院起诉，没有超过 1 年的诉讼时效限制，应当依法获得支持；就 2016 年 3 月 7 日的轻伤损失，虽然几天后其曾经向甲请求过，依据《民法通则》第 140 条发生诉讼时效中断的效果，但是至 2017 年 4 月 3 日，该赔偿请求权明显已经超出 1 年的诉讼时效期间限制。根据《〈民事诉讼法〉若干问题的意见》第 153 条，就乙的有关右腿骨折的部分诉讼请求，法院应予受理，但因"甲兄弟众多，乙因为惧怕就未再坚持"不属于中止、中断、延长事由，法院就乙的有关轻伤的部分诉讼请求应判决驳回。

**3．诉讼时效期间的中断、中止和延长**

1）诉讼时效期间的中断

诉讼时效期间的中断是指在诉讼时效进行中，因发生一定的法定事由，致使已经经过的诉讼时效期间统归无效，待该法定事由消除后，诉讼时效期间重新起算的制度。法定事由：当事人提起诉讼；当事人一方提出要求；当事人一方同意履行义务。

2）诉讼时效期间的中止

诉讼时效期间的中止是指在诉讼时效进行期间的最后 6 个月，因不可抗力或其他障碍不能行使请求权的，诉讼时效中止。中止前已经进行的时效仍然有效，中止时效的法定事由消除后，继续以前计算的诉讼时效至届满为止。

3）诉讼时效期间的延长

诉讼时效期间的延长是指人民法院查明权利人在诉讼时效期间确有法律规定之外有正当理由而未行使请求权的，适当延长已完成的诉讼时效期间的制度。

# 第四节 经济法律责任

**案例 1-10**

### 经销过期食品要担经济法律责任

杨某从一家超市购买 10 包奶粉,每包 33 元,共计 330 元。付款出店后,在路上碰见自己的同事,该同事发现该奶粉已超过保质期,两人即返回超市要求退货,并要求加倍赔偿。超市魏老板检查后,发现该奶粉的确超过保质期半年,他前天刚刚进货尚未检查验收。营业员在不知情的情况下将它搬上柜台,他同意退货但以销售属疏忽大意,并没有欺诈消费者的故意,不同意加倍赔偿。双方争执不下,杨某即向法院提起诉讼。法院经过审理后认为,根据《食品卫生法》的规定,超过保质期的食品是禁止经营的。虽超市经销过期食品不是故意行为,但已将超过保质期的食品放在货架上按正常方式销售,具有欺诈、误导消费者的性质,应当承担欺诈的法律责任。于是判决超市赔偿杨某 660 元。

请使用相关法律推理分析。

【分析】

本案中超市的行为是违法的。《消费者权益保护法》第 49 条规定:"经营者提供商品或者服务有欺诈行为的,应当按照消费者的要求增加赔偿其受到的损失。增加赔偿的金额为消费者购买商品的价款或者接受服务的费用的一倍。"《欺诈消费者行为处罚办法》第 4 条规定:"经营者在向消费者提供商品中,有下列情形之一,且不能证明自己确非欺诈、误导消费者而实施此种行为的,应当承担欺诈消费者行为的法律责任:(一)销售失效、变质商品的;(二)销售侵犯他人注册商标权的商品的;(三)销售伪造产地、伪造或者冒用他人的企业名称或者姓名的商品的;(四)销售伪造或者冒用他人商品特有的名称、包装、装潢的商品的;(五)销售伪造或者冒用认证标志、名优标志等质量标志的商品的。"本案中,魏老板作为经营者,销售变质商品,且不能证明自己确非欺诈、误导消费者的行为,依法应当承担欺诈消费者行为的法律责任。据此,法院的判决是正确的。

《消费者权益保护法》中的欺诈行为是指经营者在提供商品或者服务中采取虚假或者其他不正当手段欺骗、误导消费者,使消费者的合法权益受到损害的行为。

### 1. 经济法律责任的概念及种类

经济法律责任是指经济法主体因其行为违反经济法律规范而应承受的法律制裁或强制性义务。经济法律责任是一个综合性的范畴,是由不同性质、多种责任形式构成的统一体。根据我国《经济法》的有关规定,违反经济法律、法规应当承担的法律责任可分为民事责任、行政责任和刑事责任三种。

1)民事责任

民事责任是指经济法主体违反经济法律规范,不履行或不适当履行其经济义务(包括经济职责）所承担的具有民事责任性质的责任。具体有停止侵害；排除妨碍；消除危险；返还财产；恢复原状；修理、重作、更换；赔偿损失；支付违约金；消除影响、恢复名誉；赔礼道歉等。

2）行政责任

行政责任是指经济法主体违反经济法律规范，不履行或不适当履行其经济义务（包括经济职责）所承担的具有行政制裁性质的责任。分为行政处罚和行政处分。行政处罚有警告；罚款；没收违法所得、没收非法财物；责令停产停业；暂扣或吊销许可证、暂扣或者吊销执照；行政拘留；法律、行政法规规定的其他行政处罚。行政处分有警告、记过、记大过、降级、撤职、开除。

3）刑事责任

刑事责任是指经济法主体严重违反经济法律规范，构成犯罪，所必须承受的刑事制裁，即刑罚。刑罚是法律责任中最严厉的责任形式，分为主刑和附加刑两种。主刑有管制（最高不能超过3年）、拘役（最高不能超过1年）、有期徒刑（最高不能超过20年）、无期徒刑、死刑；附加刑有罚金、剥夺政治权利、没收财产、驱逐出境。

### 案例 1-11

某商场在合同规定的期限内，没有按合同约定及时去工厂提货（床单），工厂失火将准备交付商场的床单全部烧毁造成财产损失。

请问：商场应承担什么责任？工厂能否请求商场支付赔偿金？

如果商场无主观过错，工厂可否请求赔偿金？

【分析】

工厂是守约方，商场是违约方，商场承担违约责任，因为商场没有按合同约定及时去工厂提货；工厂请求赔偿金理由是合理的，支付赔偿四条件全部符合：①违约事实。商场未能按合同约定及时去提货。②当事人主观过错。商场明知提货日期，未提货。③有损害事实。工厂失火，导致交付的床单全部烧毁。④违约行为与损害事实之间有因果关系。由于商场违约导致工厂交付的床单全部烧毁。

### 2. 经济法律责任的一般构成要件

经济法律责任的一般构成要件是指国家有关机关据以追究经济法主体承担相应的法律责任的条件。一般要符合以下条件：

（1）行为人的行为违反了经济法律规范。

（2）有一定的损害事实，即对国家、社会或其他经济法主体造成财产损害和非财产损害的客观情况。

（3）违法行为与损害事实之间存在因果关系。

（4）行为主观上有过错。追究主体经济法律责任一般适用"过错责任原则"，因不可抗力不能履行义务、紧急避险的行为造成他人财产损害的，当事人可以免除责任。

> **掂一掂**
>
> 本模块要点主要有经济法概述；经济纠纷的概念与解决途径（仲裁、民事诉讼、行政复议和行政诉讼）；诉讼时效的概念，诉讼时效期间的中断、中止和延长；经济法律责任的概念、种类（民事责任、行政责任和刑事责任）及构成要件。

## 练习与自测

### 一、单项选择题

1．下列法的形式中，由全国人民代表大会及其常务委员会经一定立法程序制定颁布，调整国家、社会和公民生活中基本社会关系的是（    ）。
　　A．《宪法》　　　　B．法律　　　　C．行政法规　　　　D．行政规章

2．甲、乙双方签订一份修理设备的合同，在此经济活动中，形成的经济法律关系客体是（    ）。
　　A．乙方修理的该设备　　　　　　B．甲乙双方
　　C．乙方修理设备的劳务行为　　　D．甲乙双方承担的权利和义务

3．下列法的形式中，属于国家的根本大法、具有最高法律效力的是（    ）。
　　A．《中华人民共和国全国人民代表大会组织法》
　　B．《中华人民共和国立法法》
　　C．《中华人民共和国宪法》
　　D．《中华人民共和国刑法》

4．下列各项中，不能成为经济法律关系主体的是（    ）。
　　A．北京大学的招生办　　　　B．海河公司分公司
　　C．北京红十字会　　　　　　D．个体商贩李某

5．根据《仲裁法》的规定，下列有关仲裁协议效力的描述中正确的是（    ）。
　　A．仲裁协议一经依法成立，即具有法律约束力
　　B．合同无效，仲裁协议也无效
　　C．仲裁庭无权确认合同的效力
　　D．当事人对仲裁协议的效力有异议的，只能请求法院做出决定

6．对下列哪些情形，公民、法人和其他组织不能申请行政复议（    ）。
　　A．对行政机关限制人身自由的决定不服的
　　B．对行政机关做出的关于吊销营业执照的决定不服的
　　C．对行政机关对民事纠纷做出的调解决定不服的
　　D．申请依法发放抚恤金，行政机关没有依法办理的

7．根据《民法通则》的有关规定，下列选项中，不适用于特殊诉讼时效期间的情形有（    ）。

A. 借款利息未支付 B. 出售质量不合格商品而未声明的
C. 身体受到伤害要求赔偿的 D. 寄存财物被丢失的

8. 下列各项中，不属于行政复议参加人的是（　　）。
   A. 申请人　　B. 被申请人　　C. 第三人　　D. 复议机关

9. 下列各项中，属于经济法主体违反经济法可能承担的民事责任形式有（　　）。
   A. 停止侵害　　B. 拘役　　C. 罚款　　D. 没收财产

10. 当事人不服人民法院第一审民事判决的，有权在法定期限内向上一级人民法院提起上诉，该法定期限是指（　　）。
    A. 判决书做出之日起10日内 B. 判决书做出之日起15日内
    C. 判决书送达之日起15日内 D. 判决书送达之日起10日内

## 二、多项选择题

1. 下列各项中，能够引起法律关系消灭的法律事件有（　　）。
   A. 合同双方认真履行了合同 B. 企业乙侵犯了丙的专利权
   C. 发生了地震 D. 突然爆发了战争

2. 下列各项中，属于经济法律关系的有（　　）。
   A. 消费者因商品质量问题与商家发生的赔偿关系
   B. 税务局长与税务干部发生的领导关系
   C. 企业与企业职工在生产经营管理活动中发生的承包关系
   D. 税务机关与纳税人之间发生的征纳关系

3. 下列各项中，可以成为经济法律关系客体的是（　　）。
   A. 智力成果 B. 提供劳务行为
   C. 空气 D. 机器设备

4. 以下属于经济法律关系内容的有（　　）。
   A. 甲根据合同约定依法取得乙的财产所有权
   B. 有关国家机关依法实施的计划决策权
   C. 某企业依法取得商标权
   D. 企业因产品质量对消费者承担的责任

5. 下列选项中，属于我国经济法调整对象的有（　　）。
   A. 宏观经济调控关系 B. 市场规制关系
   C. 刑事违法关系 D. 民事诉讼关系

6. 仲裁员有下列情形时，必须回避，当事人也有权提出回避申请的有（　　）。
   A. 是本案当事人或者当事人代理人的近亲属
   B. 与本案有利害关系
   C. 与本案当事人、代理人有其他关系，可能影响公正仲裁的
   D. 私自会见当事人、代理人，或者接受当事人、代理人的请客送礼的

7. 下列各项中，符合我国《仲裁法》的规定，不能申请仲裁解决的是（　　）。
   A. 公司某职员与公司发生的劳动合同纠纷
   B. 甲、乙两企业间的货物买卖合同纠纷

C. 甲、乙两人的遗产继承纠纷

D. 对工商吊销营业执照不服而产生的纠纷

8. 下列纠纷适用于《民事诉讼法》，可以提起民事诉讼的是（　　）。

　　A. 侵害名誉权纠纷　　　　　　B. 企业破产案件

　　C. 劳动合同纠纷　　　　　　　D. 按照督促程序解决的债务案件

9. 根据《仲裁法》和《民事诉讼法》的规定，下列各项中，表述正确的有（　　）。

　　A. 仲裁不公开进行，诉讼一般应公开进行

　　B. 仲裁不实行回避制度，诉讼则实行回避制度

　　C. 仲裁实行一裁终局制度，诉讼则实行两审终审制度

　　D. 仲裁必须由双方自愿达成仲裁协议才可进行，诉讼只要有一方当事人起诉即可进行

10. 下列有关诉讼时效的表述中，不正确的是（　　）。

　　A. 1年的诉讼时效期间从权利人的权利被侵害之日起计算

　　B. 权利人提起诉讼是诉讼时效中止的法定事由之一

　　C. 只有在诉讼时效期间的最后6个月内发生诉讼时效中止的法定事由，才能中止时效的进行

　　D. 诉讼时效中止的法定事由发生之后，已经经过的时效期间统归无效

## 三、案例分析题

2012年个体户李某与某镇政府签订了对1000亩荒滩50年承包经营的合同，并规定李某每年上交承包费10万元。2015年底，镇政府要求李某每年上交承包费增加到30万元，否则终止承包合同，李某不同意。镇政府于2016年3月20日单方撤销了该承包合同；3月28日李某知道了这一事实，并于2016年5月22日向上级行政机关提出复议申请，5月27日上级机关发出受理通知，并向李某收取5000元的复议费。李某收到通知后处于等待状态，7月10日李某尚未等到复议决定，便决定向法院提出起诉。

请问：

（1）该纠纷是否属于行政复议的范围？

（2）李某申请行政复议的期限是否有效？

（3）李某于7月10日向法院提起诉讼，法院是否受理？

（4）复议机关是否应该收取复议费？

**法律名言：**

人类对于不公正的行为加以指责，并非因为他们愿意做出这种行为，而是唯恐自己会成为这种行为的牺牲者。

——古希腊哲学家柏拉图

# 第二章 劳动法

> 根据我国劳动保障法规定，在同一个用人单位，只要是与单位建立了劳动关系，不管其户口如何、家居何方、工龄长短，一律都是单位的正式职工，不存在正式工和临时工之分，只要是单位的员工，就应该在经济上和政治上享受完全平等的待遇。

**[关键词]**

劳动法概述，劳动合同订立、变更、解除、终止和发生劳动纠纷的解决办法

**[学习目标]**

通过学习，能解决以下问题：
- 什么是劳动法？
- 劳动合同是如何订立的？
- 劳动合同的内容是什么？
- 劳动合同如何变更、解除、终止？
- 什么是劳动争议？
- 劳动争议处理的方式是什么？

# 第一节 劳动法概述

**案例 2-1**

### 解聘"先跑老师"范某违反劳动合同法吗?

范某毕业于北京某大学历史系,在某民办学校任语文教师。因为他在博客中披露自己在汶川大地震时最先跑出教室时的真实想法而成为当时的热点人物,人称"范跑跑"或"先跑老师"。也正因此,范某所在的学校对其发出解聘的正式书面通知。

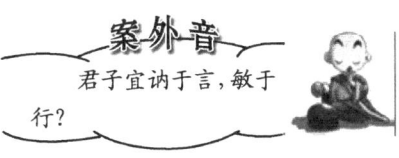

案外音:君子宜讷于言,敏于行?

请问:学校是否能就范某在其博客上的言辞而解聘范某呢?

劳动者被依法追究刑事责任的情形有哪些?

【分析】

从法律角度分析,范某与某民办学校显然已经建立劳动关系,"范某所在的学校确实已对其发出解聘的正式书面通知",即学校已经单方解除了劳动合同。《劳动合同法》规定,用人单位单方解除劳动合同需有法定的理由,符合法定的程序。用人单位可单方解除劳动合同的法定理由如下:

(1)过失性解除。

① 在试用期间被证明不符合录用条件的;

② 严重违反用人单位的规章制度的;

③ 严重失职,营私舞弊,给用人单位造成重大损害的;

④ 劳动者同时与其他用人单位建立劳动关系,对完成本单位的工作任务造成严重影响,或者经用人单位提出,拒不改正的;

⑤ 因《劳动合同法》第26条第1款第1项规定的情形致使劳动合同无效的;

⑥ 被依法追究刑事责任的(被人民检察院免予起诉或被人民法院免予刑事处分的,或者被判处拘役及3年以下有期徒刑适用缓刑的)。

(2)非过失性解除。有下列情形之一,用人单位提前30日以书面形式通知劳动者本人或者额外支付劳动者一个月工资后,可以解除劳动合同:

① 劳动者患病或者非因工负伤,在规定的医疗期满后不能从事原工作,也不能从事由用人单位另行安排的工作的;

② 劳动者不能胜任工作,经过培训或者调整工作岗位,仍不能胜任工作的;

③ 劳动合同订立时所依据的客观情况发生重大变化,致使劳动合同无法履行,经用人单位与劳动者协商,未能就变更劳动合同内容达成协议的。

(3)裁员。有下列情形之一,需要裁减人员20人以上或者裁减不足20人但占企业职工总数10%以上的,用人单位提前30日向工会或者全体职工说明情况,听取工会或者职工的意见后,裁减人员方案经向劳动行政部门报告,可以裁减人员:

① 依照企业破产法规定进行重整的;

② 生产经营发生严重困难的;

③ 企业转产、重大技术革新或者经营方式调整，经变更劳动合同后，仍需裁减人员的；

④ 其他因劳动合同订立时所依据的客观经济情况发生重大变化，致使劳动合同无法履行的。

本案中，范某并无《劳动合同法》可解除劳动合同的三种法定理由。因此，用人单位解除劳动合同显然没有法律依据。另外，从程序上看，用人单位单方解除劳动合同，应当事先将理由通知工会。用人单位违反法律、行政法规规定或者劳动合同约定的，工会有权要求用人单位纠正。用人单位应当研究工会的意见，并将处理结果书面通知工会。从目前媒体所报道的情况看，本案不管从实体上还是程序上都存在问题，学校涉嫌违法解除劳动合同。《劳动合同法》第48条规定，用人单位违反本法规定解除或者终止劳动合同，劳动者要求继续履行劳动合同的，用人单位应当继续履行；劳动者不要求继续履行劳动合同或者劳动合同已经不能继续履行的，用人单位应当依照本法第八十七条规定支付赔偿金。范某如果选择要求继续履行劳动合同，学校应当继续履行。当然，范某也可以选择要求学校支付违法解除劳动合同的赔偿金。

### 1. 劳动法的概念及调整对象

劳动法是调整劳动关系，以及与劳动关系密切联系的其他社会关系的法律规范的总称。我国劳动法律体系的内容主要包括：劳动就业制度的规定、劳动合同的规定、工作时间与休息时间规定、工资法规、女职工特殊保护办法等。

劳动法调整的对象包括两种关系：劳动关系，即劳动者与用人单位之间所发生的关系；与其密切相关的其他社会关系。

### 2. 劳动法律关系

劳动法律关系的三要素，即主体、客体和内容。

（1）主体指劳动权利的享有者和劳动义务的承担者。劳动者和用人单位是最主要的主体。

（2）客体指当事人权利和义务所指向的对象，包括物、精神财富和行为。

（3）内容指主体权利和义务的总和。

### 3. 劳动法律的适用范围

（1）中华人民共和国境内的企业、个体经济组织、民办非企业单位等组织（以下称用人单位）和与之建立劳动关系的劳动者，适用《劳动合同法》；国家机关、事业单位、社会团体和与其建立劳动关系的劳动者，依照《劳动合同法》执行。

（2）用人单位和劳动者建立劳动关系，订立、履行、变更、解除或者终止劳动合同，适用《劳动合同法》；国家机关、事业单位、社会团体和与其建立劳动关系的劳动者，订立、履行、变更、解除或者终止劳动合同，依照《劳动合同法》执行。

（3）公务员和比照实行公务员制度的事业组织和社会团体的工作人员，以及农村劳动者（乡镇企业职工和进城务工、经商的农民除外）、现役军人和家庭保姆等不适用《劳动合同法》。

### 4. 劳动法的基本原则

根据《宪法》和《劳动法》的有关规定，劳动法的基本原则有：

（1）公民有劳动的权利和义务。
（2）保护劳动者合法权益。
（3）各尽所能，按需分配。
（4）促进就业。

# 第二节 劳动合同

**1．劳动合同的概念**

劳动合同是指劳动者与用人单位确立劳动关系，明确双方权利和义务的协议。

**2．劳动合同应遵循的原则**

合法原则；公平原则；平等自愿原则；协商一致原则；诚实信用原则。

**3．劳动合同订立的主体及其权利义务**

（1）主体资格要求：

① 劳动者需年满16周岁，有劳动权利能力和行为能力。

② 用人单位有用人权利能力和行为能力。

（2）劳动合同订立主体的义务：

① 用人单位的义务和责任：如实告知劳动者工作内容、条件、地点、职业危害、安全生产状况、劳动报酬，以及劳动者要求了解的其他情况；不得扣押劳动者的居民身份证和其他证件，不得要求劳动者提供担保或者以其他名义向劳动者收取财物。

② 劳动者的义务：用人单位有权了解劳动者与劳动合同直接相关的基本情况，劳动者应当如实说明。

**4．劳动合同订立的形式**

（1）书面形式及要求：

① 自用工之日起1个月内，经用人单位书面通知后，劳动者不与用人单位订立书面劳动合同的，用人单位应当书面通知劳动者终止劳动关系，无须向劳动者支付经济补偿，但是应当依法向劳动者支付其实际工作时间的劳动报酬。

② 用人单位自用工之日起超过1个月不满1年未与劳动者订立书面劳动合同的，应当向劳动者每月支付两倍的工资，并与劳动者补订书面劳动合同；劳动者不与用人单位订立书面劳动合同的，用人单位应当书面通知劳动者终止劳动关系，并支付经济补偿。

③ 用人单位自用工之日起满1年未与劳动者订立书面劳动合同的，自用工之日起满1个月的次日至满1年的前一日应当向劳动者每月支付两倍的工资补偿，并视为自用工之日起满1年的当日已经与劳动者订立无固定期限劳动合同，应当立即与劳动者补订书面劳动合同。

（2）例外情况：作为订立劳动合同应当采用书面形式的例外情况，非全日制用工双方当事人可以订立口头协议。

### 5. 劳动合同的类型

(1) 固定期限劳动合同：是指用人单位与劳动者约定合同终止时间的劳动合同。

(2) 无固定期限劳动合同：是指用人单位与劳动者约定无确定终止时间的劳动合同。用人单位与劳动者协商一致，可以订立无固定期限劳动合同。有下列情形之一，劳动者提出或者同意续订、订立劳动合同的，除劳动者提出订立固定期限劳动合同外，应当订立无固定期限劳动合同：

① 劳动者在该用人单位连续工作满10年的；

② 用人单位初次实行劳动合同制度或者国有企业改制重新订立劳动合同时，劳动者在该用人单位连续工作满10年且距法定退休年龄不足10年的；

③ 连续订立两次固定期限劳动合同，且劳动者没有《劳动法》规定的情形的，续订劳动合同的，用人单位自用工之日起满1年不与劳动者订立书面劳动合同的，视为用人单位与劳动者已订立无固定期限劳动合同。

"无固定期限劳动合同"并不是"铁饭碗""终身制"。只要出现《劳动合同法》规定的情形，不论用人单位还是劳动者，都有权依法解除劳动合同。订立无固定期限劳动合同，更有利于促进劳动关系的稳定。

(3) 以完成一定工作任务为期限的劳动合同：是指用人单位与劳动者约定以某项工作的完成为合同期限的劳动合同。这种合同在工程建设方面比较多，工程结束合同也就结束了。

### 案例 2-2

刘某2005年1月3日进入某集团A子公司工作，与A子公司签订了3年期限的劳动合同，2008年1月2日合同到期后续签劳动合同，期限6年。后刘某于2013年4月16日被该集团调到B子公司工作（刘某与A子公司签订了劳动合同解除协议，但A子公司未给刘某任何补偿），与B子公司重新签订了3年期限的劳动合同。2016年3月23日，刘某以进入该集团工作超过10年为由要求与B子公司签订无固定期限劳动合同，B子公司不同意并告知刘某2016年4月15日合同到期后将不再与其续签劳动合同，双方发生争议，刘某遂提起劳动仲裁。

请问：你认为劳动仲裁应如何裁决？

【分析】

本案例涉及两个问题，一是刘某从A子公司调入B子公司的工作年限是否应当连续计算，二是B子公司是否应当与刘某订立无固定期限劳动合同。首先，刘某是被安排调入B子公司的，其工作年限即工龄应当连续计算。至2016年3月23日，刘在该集团已经连续工作11年多。其次，本案刘某在与B子公司劳动关系存续期间没有主动要求订立无固定期限劳动合同，则用人单位亦无义务主动与刘某订立无固定期限劳动合同。但双方在合同届满均同意续签劳动合同时，除劳动者提出订立固定期限劳动合同外，用人单位应当与劳动者订立无固定期限劳动合同。如用人单位违反《劳动合同法》规定不与劳动者订立无固定期限劳动合同的，应当自订立无固定期限劳动合同之日起向劳动者每月支付两倍的工资。

### 6. 无效劳动合同

无效劳动合同是指劳动合同虽然已经成立，但因违反了法律或行政法规的强制性规定而被确认为无效的劳动合同。下列劳动合同无效或部分无效：

（1）以欺诈、胁迫的手段或者乘人之危，使对方在违背真实意思的情况下订立或者变更劳动合同的；

（2）用人单位免除自己的法定责任、排除劳动者权利的；

（3）违反法律、行政法规强制性规定的。对劳动合同的无效或者部分无效有争议的，由劳动争议仲裁机构或者人民法院确认。无效劳动合同，从订立时起没有法律约束力。劳动合同部分无效，不影响其他部分效力的，其他部分仍然有效。劳动合同被确认无效，劳动者已付出劳动的，用人单位应当向劳动者支付劳动报酬。劳动报酬的数额，参照本单位相同或者相近岗位劳动者的劳动报酬确定。

#### 案例 2-3

2016年3月，深圳市某科技有限公司刊登广告，招聘一名部门经理，要求有计算机专业硕士以上学位。李某应聘，双方签订了3年劳动合同。8月5日，李某一次工作失误引起公司对其专业水平的怀疑，遂将其硕士学位证书送交有关部门鉴定，结果发现是伪造的。该公司遂解除了与李某的劳动合同。李某则要求该公司支付其解除劳动合同经济补偿金，并赔偿其未提前一个月书面通知的代通知金。公司拒绝，李某遂向深圳市劳动争议仲裁委员会申请仲裁。

请问：该案例应当如何裁决？

【分析】

《劳动合同法》第26条规定，以欺诈、胁迫的手段或者乘人之危，使对方在违背真实意思的情况下订立或者变更劳动合同的，劳动合同无效或者部分无效。李某利用假文凭骗取公司信任，双方签订的是无效劳动合同。据此，上述公司有权对此劳动合同实施撤销，李某不但没有权利要求得到只有解除合同才可能有的经济补偿金和代通知金，而且如果李某给公司造成直接经济损失，公司有权要求赔偿。

> **知识链接**
> 劳动关系的建立应当是平等协商进行的，不能强迫。劳动合同的履行也应当依法进行。若有违约行为，可以依法追究其相应的法律责任，但不能以限制人身自由、侵犯职工人身权利、财产权利的方式进行。

### 7. 劳动合同的内容

（1）劳动合同必须具备以下条款：用人单位的名称、住所和法定代表人或者主要负责人；劳动者的姓名、住址和居民身份证或者其他有效身份证件号码；劳动合同期限；工作内容和工作地点；工作时间和休息休假；劳动报酬；社会保险；劳动保护、劳动条件和职业危害防护；法律、法规规定应当纳入劳动合同的其他事项。除前款规定的必备条款外，用人单位与劳动者可以约定试用期、培训、保守秘密、补充保险和福利待遇等其他事项。对劳动报酬和劳动条件等标准约定不明确，引发争议的，用人单位与劳动者可以重新协商；协商不成的，适用集体合同规定;没有集体合同或者集体合同未规定劳动报酬的,实行同工同酬;没有集体合同或者集体合同未规定劳动条件等标准的,适用国家有关规定。

(2)试用期:劳动合同期限3个月以上不满1年的,试用期不得超过1个月;劳动合同期限1年以上不满3年的,试用期不得超过2个月;3年以上固定期限和无固定期限的劳动合同,试用期不得超过6个月。同一用人单位与同一劳动者只能约定一次试用期。以完成一定工作任务为期限的劳动合同或者劳动合同期限不满3个月的,不得约定试用期。试用期包含在劳动合同期限内。劳动合同仅约定试用期的,试用期不成立,该期限为劳动合同期限。

试用期的工资:劳动者在试用期的工资不得低于本单位相同岗位最低档工资或者劳动合同约定工资的80%,并不得低于用人单位所在地的最低工资标准。

试用期内劳动合同的解除:试用期内,除劳动者有过错或患病、非因公负伤,以及经培训转岗后无法工作的情形外,用人单位不得解除劳动合同。用人单位在试用期解除劳动合同的,应当向劳动者说明理由。

### 案例 2-4

21岁的林某是南昌某高校大四学生,明年将参加工作。目前,林某在一家单位试用,但是4个月过去了,现在的单位仍然没有给她转正。

请问:现在单位录用员工到底要试用多久?

**【分析】**

《劳动合同法》规定:劳动合同期限3个月以上不满1年的,试用期不得超过1个月;劳动合同期限1年以上不满3年的,试用期不得超过2个月;3年以上固定期限和无固定期限的劳动合同,试用期不得超过6个月。以完成一定工作任务为期限的劳动合同或者劳动合同期限不满3个月的,不得约定试用期。而且,试用期包含在劳动合同期限内。

(3)服务期:用人单位为劳动者提供专项培训费用,对其进行专业技术培训的,可以与该劳动者订立协议,约定服务期。劳动者违反服务期约定的,应当按照约定向用人单位支付违约金。违约金的数额不得超过用人单位提供的培训费用。用人单位要求劳动者支付的违约金不得超过服务期尚未履行部分所应分摊的培训费用。用人单位与劳动者约定服务期的,不影响按照正常的工资调整机制提高劳动者在服务期期间的劳动报酬。

### 案例 2-5

公司派王某到美国接受为期6个月的专业技术培训,培训费用为3.6万元,公司和王某签订一个服务期协议,王某接受培训后必须为公司服务3年,否则,要向公司支付违约金。

请问:如果王某培训后在公司工作满2年后想解除合同,那么王某应该支付多少违约金?

 **要点提示**

约定服务期的前提是提供专项技术培训费用。

【分析】

根据《劳动合同法》第 22 条的规定，用人单位为劳动者提供专项培训费用，对其进行专业技术培训的，可以与该劳动者订立协议，约定服务期。劳动者违反服务期约定的，应当按照约定向用人单位支付违约金。违约金的数额不得超过用人单位提供的培训费用。用人单位要求劳动者支付的违约金不得超过服务期尚未履行部分所应分摊的培训费用。在案例中王某违反服务期协议，应当赔偿公司 1.2 万元（即 3.6 万元违约金分摊到 3 年的服务期，每年为 1.2 万元），而不需要全部赔偿。

（4）保密条款：用人单位与劳动者可以在劳动合同中约定保守用人单位的商业秘密和与知识产权相关的保密事项。对负有保密义务的劳动者，用人单位可以在劳动合同或者保密协议中与劳动者约定竞业限制条款，并约定在解除或者终止劳动合同后，在竞业限制期限内按月给予劳动者经济补偿。劳动者违反竞业限制约定的，应当按照约定向用人单位支付违约金。

### 案例 2-6

2013 年 1 月 5 日，陈某大学毕业后与 A 公司签订了为期 3 年的劳动合同，即自 2013 年 1 月 5 日至 2016 年 1 月 4 日，劳动合同中约定了保密条款。保密条款约定：A 方（A 公司）为了保护商业秘密，特要求员工承诺：①未经公司许可，不得利用该技术工艺从事同类业务；②不得泄露公司的制作技术工艺。如违反上述约定，赔偿公司 3 万元。合同到期后，陈某未与 A 公司续签劳动合同。后陈某接受高薪聘请来到 B 公司，并将其在 A 公司学到的技术工艺运用在了制作过程中。A 公司以陈某违约为由申请劳动仲裁，要求其支付赔偿金 3 万元。

请问：该如何裁决？

【分析】

由于陈某与 A 公司之间的劳动合同已经履行完毕，其与 A 公司已无劳动关系，因此本案不属于劳动争议范围。陈某利用其在 A 公司期间掌握的属于 A 公司商业秘密的工艺技术，擅自到 B 公司进行使用，符合侵犯商业秘密的构成特征。陈某的行为违反了劳动合同中的保密条款，该保密条款不因劳动合同解除或终止而失效，其对离职人员仍然具有法律约束力，因而陈某与 A 公司的争议是民事纠纷而非劳动争议，故 A 公司应当向法院提起侵权的民事诉讼来解决此案。

（5）竞业限制：竞业限制的人员限于用人单位的高级管理人员、高级技术人员和其他负有保密义务的人员。竞业限制的范围、地域、期限由用人单位与劳动者约定，竞业限制的约定不得违反法律、法规的规定。在解除或者终止劳动合同后，前款规定的人员到与本单位生产或者经营同类产品、从事同类业务的有竞争关系的其他用人单位，或者自己开业生产或者经营同类产品、从事同类业务的竞业限制期限，不得超过 2 年。

### 案例 2-7

南昌一家大型电信网络公司聘用了 3 位大学生到自己的技术研发部工作。不久，这 3 位大学生先后辞职，并开设了自己的公司，从事类似项目开发、经营。这家公司得到消息后，以盗用公司商业秘密、违反竞业限制等为由，将 3 位大学生告上法庭。

**案外音**：并不是什么人都有资格签订竞业限制协议！

请问：是不是每位员工都要签订竞业限制协议？

【分析】

《劳动合同法》第 24 条规定，竞业限制的人员限于用人单位的高级管理人员、高级技术人员和其他负有保密义务的人员。"竞业限制协议"的限制范围、地域、期限由用人单位与劳动者双方约定。与劳动者签订了"竞业限制协议"，劳动者辞职或是被解聘，单位必须按月给劳动者发放经济补偿。可见这 3 位大学生并未违反竞业限制。

（6）违约金条款：除劳动合同中约定有服务期和保密条款外，用人单位不得与劳动者约定由劳动者承担违约金。

### 案例 2-8

黄某于 2015 年 7 月 1 日应聘到某中外合资公司任销售部经理，并与公司签订了为期 5 年的劳动合同，违约金为人民币 5 万元。公司为其配置了手机、笔记本电脑，出资送其参加汽车驾驶培训，并提供汽车一部供其使用。2015 年 10 月，公司又送黄某到日本培训 3 个月，当时签订了培训协议。培训协议规定：公司承担黄某在培训期间的所有费用，培训期满后，黄某必须履行完 5 年的劳动合同，并且在从公司离职后 3 年内不得到与公司有竞争业务的其他公司任职，否则，公司有权要求黄某偿付培训费并支付违约金。黄某回国后为公司仅服务了 1 年便辞职到另一家广告公司担任副总经理职务。公司遂向劳动争议仲裁委员会提起申诉，要求黄某偿付全部培训费并支付违约金；同时，由于黄某到与其有竞争业务的广告公司任职，违反了竞业限制义务，要求黄某赔偿公司因此而遭受的经济损失。

请问：仲裁委员会应如何裁决？

【分析】

首先，案中公司为黄某配置了手机、笔记本电脑，出资送其参加汽车驾驶培训，并提供汽车一部供其使用；同时，公司又出资送黄某到日本培训了 3 个月，黄某所受到的这些特殊待遇表明双方对服务期的约定是合法有效的，由此该违约金条款也合法有效。其次，劳动合同中约定了竞业限制条款，但并未约定在终止或者解除劳动合同后给予黄某经济补偿，因此该竞业限制条款是无效的。综上，双方关于劳动合同服务期和违约金的约定都是合法有效的，黄某未履行完合同即辞职，是一种违约行为，公司有权要求黄某支付 5 万元违约金。由于黄某已为公司服务了 1 年，因此公司只能要求黄某返还全部培训费金额的 4/5，即 4 万元。

### 8. 劳动合同的履行和变更

（1）劳动合同的履行。

① 用人单位义务：用人单位与劳动者应当按照劳动合同约定，全面履行各自的义务。用人单位应当按照劳动合同约定和国家规定，向劳动者及时足额支付劳动报酬。用人单位拖欠或者未

劳动者何种情况下可以依法向人民法院申请支付令？

足额支付劳动报酬的,劳动者可以依法向当地人民法院申请支付令,人民法院应当依法发出支付令。用人单位应当严格执行劳动定额标准,不得强迫或者变相强迫劳动者加班。用人单位安排加班的,应当按照国家有关规定向劳动者支付加班费。

② 劳动者权利:劳动者拒绝用人单位管理人员违章指挥、强令冒险作业的,不视为违反劳动合同。劳动者对危害生命安全和身体健康的劳动条件,有权对用人单位提出批评、检举和控告。

③ 劳动合同继续履行:用人单位变更名称、法定代表人、主要负责人或者投资人等事项,不影响劳动合同履行;用人单位发生合并或者分立等情况,原劳动合同继续有效,劳动合同由承继其权利和义务的用人单位继续履行。

(2) 劳动合同的变更。用人单位与劳动者协商一致,可以变更劳动合同约定的内容。变更劳动合同,应当采用书面形式。变更后的劳动合同文本由用人单位和劳动者各执一份。

9. 劳动合同的解除、终止和经济补偿

(1) 劳动合同的解除。

① 双方协议解除:用人单位与劳动者协商一致,可以解除劳动合同。

② 预告解除。劳动者预告解除:劳动者提前 30 日以书面形式通知用人单位,可以解除劳动合同。劳动者在试用期内提前 3 日通知用人单位,可以解除劳动合同。用人单位预告解除:有下列情形之一的,用人单位提前 30 日以书面形式通知劳动者本人或者额外支付劳动者一个月工资后,可以解除劳动合同:劳动者患病或者非因工负伤,在规定的医疗期满后不能从事原工作,也不能从事由用人单位另行安排的工作的;劳动者不能胜任工作,经过培训或者调整工作岗位,仍不能胜任工作的;劳动合同订立时所依据的客观情况发生重大变化,致使劳动合同无法履行,经用人单位与劳动者协商,未能就变更劳动合同内容达成协议的。

**案例 2-9**

张某,男,任某外贸公司的货运经理。2016 年 8 月,张某因生活琐事,影响工作情绪,货物装船时没有检查船只的冷冻措施,就将冷冻货物装船。货物运抵目的地后全部变质,买方拒绝接收,要求退货,致使公司损失了 200 万元。公司要求张某承担责任,并解除与张某的劳动合同。张某认为,自己与公司的 3 年期劳动合同还没有到期,公司解除劳动合同属于违约。

请问:公司解除劳动合同是否属于违约?

【分析】

《劳动合同法》第 39 条规定,劳动者严重失职,营私舞弊,给用人单位造成重大损害的,单位可以解除劳动合同。从本案看,外贸公司解除劳动合同符合法定的用人单位解除劳动合同的条件,不构成违约。因此,单位不需支付违约赔偿金;反之,张某给外贸公司造成了重大损失,应在其责任范围内给予单位相应的赔偿。

③ 即时解除。劳动者即时解除:用人单位有下列情形之一的,劳动者可以解除劳动合同:未按照劳动合同约定提供劳动保护或者劳动条件的;未及时足额支付劳动报酬的;未依法为

劳动者缴纳社会保险费的；用人单位的规章制度违反法律、法规的规定，损害劳动者权益的；因以欺诈、胁迫的手段或者乘人之危，使对方在违背真实意思的情况下订立或者变更劳动合同的情形致使劳动合同无效的；法律、行政法规规定劳动者可以解除劳动合同的其他情形。用人单位以暴力、威胁或者非法限制人身自由的手段强迫劳动者劳动的，或者用人单位违章指挥、强令冒险作业危及劳动者人身安全的，劳动者可以立即解除劳动合同，不需事先告知用人单位。用人单位

即时解除：劳动者有下列情形之一的，用人单位可以解除劳动合同：在试用期间被证明不符合录用条件的；严重违反用人单位的规章制度的；严重失职，营私舞弊，给用人单位造成重大损害的；劳动者同时与其他用人单位建立劳动关系，对完成本单位的工作任务造成严重影响，或者经用人单位提出，拒不改正的；因以欺诈、胁迫的手段或者乘人之危，使对方在违背真实意思的情况下订立或者变更劳动合同的情形致使劳动合同无效的；被依法追究刑事责任的。

④ 经济型裁员：有下列情形之一，需要裁减人员 20 人以上或者裁减不足 20 人但占企业职工总数 10%以上的，用人单位提前 30 日向工会或者全体职工说明情况，听取工会或者职工的意见后，裁减人员方案经向劳动行政部门报告，可以裁减人员。

依照《企业破产法》规定进行重整的；生产经营发生严重困难的；企业转产、重大技术革新或者经营方式调整，经变更劳动合同后，仍需裁减人员的；其他因劳动合同订立时所依据的客观经济情况发生重大变化，致使劳动合同无法履行的。裁减人员时，应当优先留用下列人员：与本单位订立较长期限的固定期限劳动合同的；与本单位订立无固定期限劳动合同的；家庭无其他就业人员，有需要抚养的老人或者未成年人的。用人单位依照本条第 1 款规定裁减人员，在 6 个月内重新招用人员的，应当通知被裁减的人员，并在同等条件下优先招用被裁减的人员。

⑤ 不得解除劳动合同的情形：劳动者有下列情形之一的，用人单位不得解除劳动合同：从事接触职业病危害作业的劳动者未进行离岗前职业健康检查，或者疑似职业病病人在诊断或者医学观察期间的；在本单位患职业病或者因工负伤并被确认丧失或者部分丧失劳动能力的；患病或者非因工负伤，在规定的医疗期内的；女职工在孕期、产期、哺乳期的；在本单位连续工作满 15 年，且距法定退休年龄不足 5 年的；法律、行政法规规定的其他情形。用人单位单方解除劳动合同，应当事先将理由通知工会。用人单位违反法律、行政法规规定或者劳动合同约定的，工会有权要求用人单位纠正。用人单位应当研究工会的意见，并将处理结果书面通知工会。

### 案例 2-10

2016 年 5 月，李某（女）去一家外企应聘，声称自己是某名牌大学法学硕士毕业生，取得了司法考试资格证书，并将自己的证书复印件交给了招聘人员。该公司急需法律顾问，于是以高薪聘请李某，请其担任法律主管，双方签订了劳动合同，合同期限为 5 年，试用期为 6 个月。李某自 2016 年 5 月开始工作后，在试用期内经常发生错误，特别是在一项合同审查中，没有对该合同的重大纰漏提出法律意见，导致公司损失巨大。公司于 2016 年 12 月了解到，李某的司法考试证书是伪造的。于是公司立即主张解除与李某的劳动合同。

请问:
(1) 公司是否有权解除与李某的劳动合同?为什么?
(2) 若李某此时已经怀孕,公司是否还有权解除合同?依据是什么?
(3) 公司是否有权要求李某承担相应的损失?

【分析】

(1) 可以。《劳动合同法》第 26 条规定,以欺诈、胁迫的手段或者乘人之危,使对方在违背真实意思的情况下订立或者变更劳动合同,劳动合同无效或者部分无效。本案中,李某以欺诈手段蒙骗公司订立劳动合同,导致合同无效。

(2) 虽然李某此时已经怀孕,但公司解除合同属于劳动者过错解除,不受《劳动合同法》第 42 条规定的特殊情况解除合同的限制。

(3) 公司可以要求李某承担相应损失。按照《劳动合同法》第 86 条规定:"劳动合同依照本法第二十六条规定被确认无效,给对方造成损害的,有过错的一方应当承担赔偿责任。"由于本案中有过错的一方是李某,因此李某应赔偿损失。

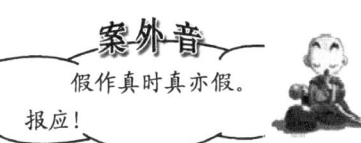

案外音
假作真时真亦假。
报应!

(2) 劳动合同的终止。

有下列情形之一的,劳动合同终止:

① 劳动合同期满的;

② 劳动者开始依法享受基本养老保险待遇的;

③ 劳动者死亡,或者被人民法院宣告死亡或者宣告失踪的;

④ 劳动者达到法定退休年龄的;

⑤ 用人单位被依法宣告破产的;

⑥ 用人单位被吊销营业执照、责令关闭、撤销或者用人单位决定提前解散的;

⑦ 法律、行政法规规定的其他情形。

(3) 经济补偿。

有下列情形之一的,用人单位应当向劳动者支付经济补偿:

① 劳动者依照《劳动合同法》第 38 条规定解除劳动合同的;

② 用人单位依照《劳动合同法》第 36 条规定向劳动者提出解除劳动合同并与劳动者协商一致解除劳动合同的;

用人单位应当向劳动者支付经济补偿的情形有哪些?

③ 用人单位依照《劳动合同法》第 40 条规定解除劳动合同的;

④ 用人单位依照《劳动合同法》第 41 条第 1 款规定解除劳动合同的;

⑤ 除用人单位维持或者提高劳动合同约定条件续订劳动合同,劳动者不同意续订的情形外,依照《劳动合同法》第 44 条第 1 项规定终止固定期限劳动合同的;

⑥ 依照《劳动合同法》第 44 条第 4 项、第 5 项规定终止劳动合同的;

⑦ 法律、行政法规规定的其他情形。经济补偿按劳动者在本单位工作的年限,每满 1 年

支付1个月工资的标准向劳动者支付。6个月以上不满1年的,按1年计算;不满6个月的,向劳动者支付半个月工资的经济补偿。劳动者月工资高于用人单位所在直辖市、设区的市级人民政府公布的本地区上年度职工月平均工资3倍的,向其支付经济补偿的标准按职工月平均工资3倍的数额支付,向其支付经济补偿的年限最高不超过12年。月平均工资是指劳动者在劳动合同解除或者终止前12个月的平均工资。

（4）赔偿金。用人单位违反《劳动合同法》规定解除或者终止劳动合同,劳动者要求继续履行劳动合同的,用人单位应当继续履行;劳动者不要求继续履行劳动合同或者劳动合同已经不能继续履行的,用人单位应当依照《劳动合同法》第87条规定支付赔偿金。

（5）后续工作。用人单位应当在解除或者终止劳动合同时出具解除或者终止劳动合同的证明,并在15日内为劳动者办理档案和社会保险关系转移手续。劳动者应当按照双方约定,办理工作交接。用人单位依照《劳动合同法》有关规定应当向劳动者支付经济补偿的,在办结工作交接时支付。用人单位对已经解除或者终止的劳动合同的文本,至少保存2年备查。

### 10. 劳动合同的特别规定

1）集体合同

集体合同是指工会组织或者职工代表代表全体职工与用人单位签订的劳动关系的书面协议。集体合同由工会代表企业职工一方与用人单位订立;尚未建立工会的用人单位,由上级工会指导劳动者推举的代表与用人单位订立。在县级以下区域内,建筑业、采矿业、餐饮服务业等行业可以由工会与企业方面代表订立行业性集体合同,或者订立区域性集体合同。集体合同订立后,应当报送劳动行政部门;劳动行政部门自收到集体合同文本之日起15日内未提出异议的,集体合同即行生效。依法订立的集体合同对用人单位和劳动者具有约束力。行业性、区域性集体合同对当地本行业、本区域的用人单位和劳动者具有约束力。

集体合同中劳动报酬和劳动条件等标准不得低于当地人民政府规定的最低标准;用人单位与劳动者订立的劳动合同中劳动报酬和劳动条件等标准不得低于集体合同规定的标准。用人单位违反集体合同,侵犯职工劳动权益的,工会可以依法要求用人单位承担责任;因履行集体合同发生争议,经协商解决不成的,工会可以依法申请仲裁、提起诉讼。

### 案例 2-11

某棉纺集团现有职工 3246 人,先后与企业签订了劳动合同。2013年9月5日,棉纺集团与工会签订集体合同,并于9月29日经劳动行政部门审查。该集体合同规定:"公司根据国家有关规定,为员工办理社会统筹保险,并按时足额缴纳养老、工伤、生育、失业等保险费。工会有权监督,并向职工定期公开。"棉纺集团每月从职工工资中按规定扣缴了个人应缴的社会保险费,却没有及时上缴职工已缴给企业部分和企业应缴的社会保险费。截至2016年3月底,企业累计欠缴社会保险费 5219828.71 元。2016年4月,棉纺集团工会委员会向劳动争议仲裁委员会申请仲裁,要求棉纺集团补缴拖欠的社会保险费。

请问:仲裁委员会应如何裁决?

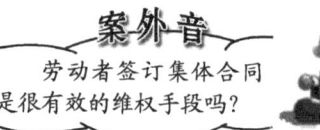

**【分析】**

《劳动法》第33条规定:"企业职工一方与企业可以就劳动报酬、工作时间、休息休假、劳动安全卫生、保险福利等事项,签订集体合同。"第84条规定:"因履行集体合同发生争议,当事人协商解决不成的,可以向劳动争议仲裁委员会申请仲裁。"仲裁委员会在受理此案后依法组成仲裁庭,经审理后认为,本案属于履行集体合同发生的争议,申诉人要求补缴社会保险费的请求应予以支持,遂裁决棉纺集团公司依法补缴拖欠职工的社会保险费5219828.71元。

2)劳务派遣

劳务派遣是指劳务派遣单位与被派遣劳动者签订书面合同,与实际用工单位签订派遣协议,然后由劳务派遣单位将与其建立劳动合同关系的劳动者派往用工单位,被派遣劳动者为用工单位提供劳动服务的方式。劳务派遣单位应当依照公司法的有关规定设立,注册资本不得少于200万元。劳务派遣单位应当与被派遣劳动者订立2年以上的固定期限劳动合同,按月支付劳动报酬;被派遣劳动者在无工作期间,劳务派遣单位应当按照所在地人民政府规定的最低工资标准,向其按月支付报酬。劳务派遣单位和用工单位不得向被派遣劳动者收取费用。劳务派遣一般在临时性、辅助性或者替代性的工作岗位上实施(临时性工作岗位是指存续时间不超过6个月的岗位;辅助性工作岗位是指为主营业务岗位提供服务的非主营业务岗位;替代性工作岗位是指用工单位的劳动者因脱产学习、休假等原因无法工作的一定期间内,可以由其他劳动者替代工作的岗位。)。用工单位应当履行下列义务:执行国家劳动标准,提

供相应的劳动条件和劳动保护;告知被派遣劳动者工作要求和劳动报酬;支付加班费、绩效奖金,提供与工作岗位相关的福利待遇;对在岗被派遣劳动者进行工作岗位所必需的培训;连续用工的,实行正常的工资调整机制。用工单位不得将被派遣劳动者再派遣到其他用人单位。被派遣劳动者享有与用工单位的劳动者同工同酬的权利。用工单位无同类岗位劳动者的,参照用工单位所在地相同或者相近岗位劳动者的劳动报酬确定。

用工单位应当严格控制劳务派遣用工数量,不得超过其用工总量的一定比例,具体比例由国务院劳动行政部门规定。

劳务派遣业务的行政许可,是政府劳动主管部门对劳务派遣公司的资质、业务经营能力等方面依法进行前置审查,对符合法定要求和满足基本条件方予以许可从业。对于被许可的劳务派遣单位予以公示,也有利于劳动者和社会用工单位等监督。

未经行政许可审批程序、获取经营许可证的公司,不得办理劳务派遣业务经营的工商登记。在新劳动合同法实施前经营劳务派遣的公司,也应当在1年内申请行政许可,方可经营新的劳务派遣业务。

**案例2-12**

黄某于2017年3月被一家劳务公司派遣到南昌某小区维修楼道灯,不慎梯子滑倒,右腿骨折。黄某向某报投诉,事情发生后,劳务公司和小区物业相互扯皮,至今他也没拿到医疗费。

请进行法律责任归责分析。

**【分析】**

如果派遣劳动者发生意外,用工单位与劳务派遣单位应承担连带责任。为了防止用工单位规避劳动保障法律法规,促使用工单位只有在真正符合社会化分工需要时才采用劳务派遣形式用工,并且与规范的劳务派遣单位合作、督促劳务派遣单位依法履行义务,《劳动合同法》规定,在被派遣劳动者合法权益受到侵害时,用工单位与劳务派遣单位承担连带赔偿责任。

3)非全日制用工

劳动社会保障部《关于非全日制用工若干问题的意见》规定:"劳动者通过依法成立的劳务派遣组织为其他单位、家庭或个人提供非全日制劳动的,由劳务派遣组织与非全日制劳动者签订劳动合同。"非全日制用工,是指以小时计酬为主,劳动者在同一用人单位一般平均每日工作时间不超过4小时,每周工作时间累计不超过24小时的用工形式。非全日制用工双方当事人可以订立口头协议。从事非全日制用工的劳动者可以与一个或者一个以上用人单位订立劳动合同;但是,后订立的劳动合同不得影响先订立的劳动合同的履行。非全日制用工双方当事人不得约定试用期。非全日制用工双方当事人任何一方都可以随时通知对方终止用工。终止用工,用人单位不向劳动者支付经济补偿。非全日制用工小时计酬标准不得低于用人单位所在地人民政府规定的最低小时工资标准。非全日制用工劳动报酬结算支付周期最长不得超过15日。

# 第三节 劳动合同与劳务合同的区别

### 1. 主体资格不同

劳动合同的主体只能一方是法人或组织,即用人单位,另一方则必须是劳动者个人,劳动合同的主体不能同时都是自然人;劳务合同的主体双方当事人可以同时都是法人、组织、公民,也可以是公民与法人、组织。

### 2. 主体性质及其关系不同

劳动合同的双方主体间不仅存在财产关系即经济关系,还存在人身关系,即行政隶属关系。劳动者除提供劳动之外,还要接受用人单位的管理,服从其安排,遵守其规章制度等,成为用人单位的内部职工。但劳务合同的双方主体之间只存在财产关系,即经济关系,彼此之间无从属性,不存在行政隶属关系,劳动者提供劳务服务,用人单位支付劳务报酬,各自独立、地位平等。

### 3. 主体的待遇不同

劳动关系中的劳动者除获得工资报酬外,还有保险、福利待遇等;而劳务关系中的自然人,一般只获得劳动报酬。

### 4. 报酬的性质不同

因劳动合同的履行而产生的劳动报酬，具有分配性质，体现按劳分配的原则，不完全和不直接随市场供求情况变动，其支付形式往往特定化为一种持续、定期的工资支付；因劳务合同而取得的劳动报酬，按等价有偿的市场原则支付，完全由双方当事人协商确定，是商品价格的一次性支付，商品价格是与市场的变化直接联系的。

### 5. 用人单位的义务不同

劳动合同的履行贯穿着国家的干预，为了保护劳动者，《劳动法》给用人单位强制性地规定了许多义务，如必须为劳动者缴纳社会保险、用人单位支付劳动者的工资不得低于政府规定的当地最低工资标准等，这些必须履行的法定义务，不得协商变更。劳务合同的雇主一般没有上述义务，当然双方可以约定上述内容，也可以不存在上述内容。

### 6. 劳动力的支配权不同

在劳动合同关系中，劳动力的支配权，归掌握生产资料的用人单位行使，双方形成管理与被管理者的隶属关系；在劳务合同关系中则由劳务提供方自行组织和指挥劳动过程。

劳动合同与劳务合同法律适用有何不同？

### 7. 适用的法律不同

劳务合同主要由合同法、民法、经济法调整，而劳动合同则由劳动法和劳动合同法规范及相关行政法规所调整。

### 8. 受国家干预程度不同

劳动合同的条款及内容，国家常以强制性法律规范来规定。例如，劳动合同的解除，除双方当事人协商一致外，用人单位解除劳动合同必须符合《劳动法》规定的条件等。劳务合同受国家干预程度低，除违反国家法律、法规的强制性规定外，在合同内容的约定上主要取决于双方当事人的意思自治，由双方当事人自由协商确定。

### 9. 违反合同产生的法律责任不同

劳动合同不履行、非法履行所产生的责任不仅有民事上的责任，还有行政上的责任，如用人单位支付劳动者的工资低于当地的最低工资标准，劳动行政部门责令用人单位限期补足低于标准部分的工资，拒绝支付的，劳动行政部门同时还可以给用人单位警告等行政处分。劳务合同所产生的责任只有民事责任、违约责任和侵权责任，不存在行政责任。

### 10. 纠纷的处理方式不同

劳动合同纠纷发生后，应先到劳动机关的劳动仲裁委员会仲裁，不服的在法定期间内才可以到人民法院起诉，劳动仲裁是前置程序；但劳务合同纠纷出现后可以诉讼，也可以经双方当事人协商解决。

**要点提示**

国外公司办事处与中籍职工只能签订劳务合同；退休后只能成立劳务关系。

### 案例 2-13

刘某是新加坡某公司驻京办事处员工,月薪 4000 元。当时刘某进公司时,是看到该公司在网上公布的招聘广告才去的。工作 4 年后,此办事处又招进了一批年轻的员工,这些员工的月薪只有 2000 多元。为了减少开支,公司解聘了刘某。刘某不服,向海淀区劳动争议仲裁委员会申请劳动仲裁,要求经济补偿,结果被告知不予受理。

请用相关法律分析。

【分析】

国外公司办事处在国内没有用人权利,不能与中籍职工建立劳动关系。如果办事处想招聘职工,必须通过外服公司才行。所以,在此关系中,职工必须先与外服公司签订劳动合同,再由外服公司与国外公司办事处签订劳务输出合同。如果职工没有通过外服公司而是直接与国外公司办事处建立了"劳动关系",签订了"劳动合同",这种合同本身是无效的,在实践中劳动仲裁机关不受理此类纠纷,在法院诉讼阶段,法院把这种关系认定为一种劳务关系,而劳务关系是得不到经济补偿的。

**知识链接**

实习协议、就业协议的本质是平等主体之间的民事合同关系,双方发生纠纷应直接诉讼到法院,法院处理的依据是合同法和民事法律等,不受《劳动合同法》的特别保护。

## 第四节　工作时间、休息休假、工资制度和社会保险

### 1. 工作时间

工作时间是指劳动者在一昼夜内或一周内从事劳动的时间。国家实行劳动者每天工作 8 小时,平均每周工作时间不超过 40 小时的工时制度。企业因生产特点不能实行上述工作制度的,经劳动行政部门批准,可以实行其他工作和休息办法。用人单位由于生产经营需要,经与工会和劳动者协商后可以延长工作时间,一般每日不得超过 1 小时;因特殊原因需要延长工作时间的,在保障劳动者身体健康的条件下延长工作时间每日不得超过 3 小时,但是每月不得超过 36 小时。有下列情形之一的,延长工作时间不受《劳动合同法》第 41 条规定的限制:①发生自然灾害、事故或者因其他原因,威胁劳动者生命健康和财产安全,需要紧急处理的;②生产设备、交通运输线路、公共设施发生故障,影响生产和公众利益,必须及时抢修的;③法律、行政法规规定的其他情形。用人单位不得违反规定延长劳动者的工作时间。

法定节假日分别是哪些?

有下列情形之一的,用人单位应当按照下列标准支付高于劳动者正常工作时间工资的工资报酬:①安排劳动者延长时间的,支付不低于工资的 150% 的工资报酬;②休息日安排劳动者工作又不能安排补休的,支付不低于工资的 200% 的工资报酬;③法定休假日安排劳动者工作的,支付不低于工资的 300% 的工资报酬。

## 2. 休息休假

休息休假是劳动者在法定工作时间以外的，不从事劳动而自行支配的时间。

（1）日休息时间：一般为1~2小时，最少不得少于半小时。

（2）公休假日：又称周休息日，是劳动者在1周（7日）内享有的休息日，公休假日一般为每周2日，一般安排在周六和周日休息。不能实行国家标准工时制度的企业和事业组织，可根据实际情况灵活安排周休息日（法律上是允许调休的），应当保证劳动者每周至少休息1日。

（3）休假的种类。

① 法定节假日：是指法律规定用于开展纪念、庆祝活动的休息时间。我国劳动法规定的法定节假日有：元旦休息1日；春节休息3日；清明节1日；国际劳动节休息1日；端午节休息1日；中秋节休息1日；国庆节休息3日；法律、法规规定的其他休假节日。（有具体的时间安排）

② 探亲假：是指劳动者享有保留工资、工作岗位而同分居两地的父母或配偶团聚的假期。探亲假适用于在国家机关、人民团体、全民所有制企业、事业单位工作满1年的固定职工。

③ 年休假：国家实行带薪年休假制度。劳动者连续工作1年以上的，享受带薪年休假。（具体办法由国务院规定）

## 3. 工资制度

工资是指劳动者因履行劳动义务而获得的，用人单位依法定方式以货币形式直接支付给本单位劳动者的劳动报酬，包括基本工资、奖金、津贴、加班费等。国家实行最低工资保障制度。最低工资的具体标准由省、自治区、直辖市人民政府规定，报国务院备案。用人单位支付劳动者的工资不得低于当地最低工资标准。工资应当以货币形式按月支付给劳动者本人，不得克扣或者无故拖欠劳动者的工资。主要工资制度包括：

（1）等级工资制：是用人单位对管理人员和专业技术人员所实行的按照职务规定工资的一种工资等级制度。

（2）岗位技能工资制：是以岗位、技能为主要内容，按职工实际劳动贡献确定劳动报酬的企业基本工资制度。

（3）结构工资制：是指基于工资的不同功能划分为若干相对独立的工资单元，各单元又规定不同的结构系数而组成的工资结构制度。

（4）年薪制：是以年度为单位，依据生产经营规模和经营业绩，确定并支付经营者年薪的分配方式的制度。

## 4. 社会保险

社会保险主要险种：养老保险、医疗保险、失业保险、工伤保险和生育保险。上述五种保险中，前三种保险的保险费由用人单位和劳动者个人共同缴纳，后两种保险的保险费由用人单位缴纳。

### 案例 2-14

宋某在北京工作已经3年了，一直在某公司做销售员。公司和她签订劳动合同时说，由于她没有北京户口，不能签订劳动合同，只能签订劳务合同。不料，她突然患病住院，医药费用去了几万元。这时她才想到自己还没有办理社会医疗保险。她找公司要求按医疗保险的相应标准报销医药费，公司却回答说，你与公司签订的是劳务合同，公司没有办理医疗保险，不承担医药费。

请用相关法律分析。

**【分析】**

在建立劳动关系时，一定要看清与单位建立的是什么关系，劳动合同与劳务合同一字之差，在性质上却是相差很大的。劳动合同才受《劳动法》的保护，劳动者才能享有劳保待遇；劳务合同却是一种民事合同，是受《民法通则》与《合同法》调整的，劳动者是不能享受劳保待遇的。

## 第五节 劳动安全卫生

### 1. 劳动安全卫生保护

用人单位必须建立、健全劳动安全卫生制度，严格执行国家劳动安全卫生规程和标准，对劳动者进行劳动安全卫生教育，防止劳动过程中的事故，减少职业危害。劳动安全卫生设施必须符合国家规定的标准。

### 2. 女职工和未成年工特殊保护

未成年工是指年满 16 周岁未满 18 周岁的劳动者。不得安排未成年工从事矿山井下、有毒有害、国家规定的第四级体力劳动强度的劳动和其他禁忌从事的劳动。用人单位应当对未成年工定期进行健康检查。禁止安排女职工从事矿山井下、国家规定的第四级体力劳动强度的劳动和其他禁忌从事的劳动。不得安排女职工在经期从事高处、低温、冷水作业和国家规定的第三级体力劳动强度的劳动。不得安排女职工在怀孕期间从事国家规定的第三级体力劳动强度的劳动和孕期禁忌从事的活动。对怀孕 7 个月以上的女职工，不得安排其延长工作时间和夜班劳动。女职工生育享受不少于 90 天的产假。不得安排女职工在哺乳未满 1 周岁的婴儿期间从事国家规定的第三级体力劳动强度的劳动和哺乳期禁忌从事的其他劳动，不得安排其延长工作时间和夜班劳动。

对女职工的特殊保护有哪些？

**案例 2-15**

史某供职于一家律师事务所，担任行政工作。2016 年底，史某发现自己怀孕了，刚开始史某不敢向律师事务所说明这个情况，后来随着肚子越来越大，再也无法隐瞒时，才向所主任说明了怀孕这个事实。主任得知后，大为恼火，第二天就让行政主管通知史某被辞退了。史某很不服气，但不知如何办才好。

请指点迷津！

**【分析】**

《劳动合同法》第 24 条第 4 项规定，女职工在孕期、产期、哺乳期的，用人单位不得依照本法第 40 条、第 41 条的规定解除劳动合同。《妇女权益保障法》第 27 条规定，任何单位不得因结婚、怀孕、产假、哺乳等情形，降低女职工的工资，辞退女职工，单方解除劳动（聘用）合同或者服务协议。因此，这家律师事务所以女职工怀孕为由进行辞退的做法，是一种严重的违法行为。所以，按照《劳动合同法》的规定，史某可以要求用人单位依法继续履行劳动合同。

# 第六节 劳动争议

### 1. 劳动争议处理的方式

劳动争议处理方式有几种？

劳动争议是指劳动法律关系的主体之间因劳动的权利和义务而发生的争议。发生劳动争议，当事人可以依法申请调解、仲裁、提起诉讼，也可以协商解决。调解原则适用于仲裁和诉讼程序。劳动争议发生后，当事人可以向本单位劳动争议调解委员会申请调解；调解不成，当事人一方要求仲裁的，可以向劳动争议仲裁委员会申请仲裁。当事人一方也可以直接向劳动争议仲裁委员会申请仲裁。对仲裁裁决不服的，可以向人民法院提起诉讼。

### 2. 劳动争议处理的原则

解决劳动争议，应当根据合法、公正、及时处理的原则，依法维护劳动争议当事人的合法权益。

### 3. 调解、仲裁、起诉

用人单位内可以设立劳动争议调解委员会。劳动争议调解委员会由职工代表、用人单位代表和工会代表组成。劳动争议调解委员会主任由工会代表担任。劳动争议经调解达成协议的，当事人应当履行。劳动争议仲裁委员会由劳动行政部门代表、同级工会代表、用人单位方面的代表组成。劳动争议仲裁委员会主任由劳动行政部门代表担任。提出仲裁要求的一方应当自劳动争议发生之日起 60 日内向劳动争议仲裁委员会提出书面申请。仲裁裁决一般应在收到仲裁申请的 60 日内作出。对仲裁裁决无异议的，当事人必须履行。劳动争议当事人对仲裁裁决不服的，可以自收到仲裁裁决书之日起 15 日内向人民法院提起诉讼。一方当事人在法定期限内不起诉又不履行仲裁裁决的，另一方当事人可以申请人民法院强制执行。因签订集体合同发生争议，当事人协商解决不成的，当地人民政府劳动行政部门可以组织有关各方协调处理。因履行集体合同发生争议，当事人协商解决不成的，可以向劳动争议仲裁委员会申请仲裁；对仲裁裁决不服的，可以自收到仲裁裁决书之日起 15 日内向人民法院提起诉讼。

### 案例 2-16

**某公司员工"清退补偿方案"曝光**

2016 年 1 月 14 日，一份某公司给予员工的清退补偿方案在网络论坛上曝光。该方案显示，在某公司中国分公司工作的员工，将依据工作年限的长短获得相应赔偿，老员工将获得"N+5"或"N+6"个月的薪资补偿；新员工将获得"N+1"或"N+2"个月的薪资补偿。曾参与高层视频会议的某公司中国分公司员工向媒体透露，按照某公司以往在其他地区关闭办公室的惯例，总部会根据员工所在的项目和兴趣，在

企业裁员的法定情形有几种？

全球范围内为其寻找一个岗位。如果员工因为个人原因无法接受安排，也可以拿到一笔丰厚的补偿金。尽管随后一些迹象显示，"某公司中国分公司"已经恢复到正常的工作轨道，但由于某公司中国分公司总部高层至今并没有就今后的去留问题向员工明确表态，很多该公司中国分公司的员工也开始谋划跳槽。

请问：假如"某公司中国分公司"的员工所在办公室真的被关闭，某公司中国分公司职工的劳动合同如何处理？

【分析】

如果"某公司中国分公司"的员工所在办公室被关闭，从法律上讲可能有以下几种情形：一是用人单位被责令关闭、撤销或者用人单位决定提前解散的，劳动合同终止，用人单位应当向劳动者支付经济补偿，补偿标准不低于《劳动合同法》第47条规定的标准。二是某公司中国分公司继续存在，但是原有职能已经不存在，由于用人单位当初与劳动者订立劳动合同是基于劳动者从事具体工作的职能，现在这块职能被取消了，使合同订立所依据的客观情况发生了重大变化。此种情形解除劳动合同，某公司应按不低于《劳动合同法》第47条规定标准支付经济补偿。三是裁员，《劳动合同法》规定：①依照企业破产法规定进行重整的；②生产经营发生严重困难的；③企业转产、重大技术革新或者经营方式调整，经变更劳动合同后，仍需裁减人员的；④其他因劳动合同订立时所依据的客观经济情况发生重大变化，致使劳动合同无法履行的。此种情形解除劳动合同，某公司也应按不低于《劳动合同法》第47条规定标准支付经济补偿。

本模块要点主要有劳动法概述；劳动合同的订立、内容、变更、解除、终止和特别规定等；劳动合同与劳务合同的区别；工作时间、休息休假、工资制度和社会保险；劳动安全卫生；劳动争议、劳动争议处理的方式等。

## 练习与自测

### 一、单项选择题

1. 关于劳动合同的特征，下列表述不正确的有（　　）。
   A. 劳动合同的主体一方是劳动者，另一方是用人单位
   B. 对于劳动合同，法律规定了较多的强制性规范
   C. 劳动者与用人单位在签订劳动合同过程中，遵循平等、自愿、协商一致的原则
   D. 在履行劳动合同的过程中，双方的地位是平等的

2. 根据《劳动合同法》的规定，除特殊行业外，劳动者需达到一定的年龄才可以订立劳动合同。该年龄为（　　）。
   A. 13周岁　　　　B. 15周岁　　　　C. 16周岁　　　　D. 18周岁

3. 关于劳动合同订立主体的义务，下列表述正确的是（    ）。
   A．用人单位应当如实告知劳动者工作内容、工作条件、职业危害、劳动报酬等情况
   B．用人单位有权了解劳动者工作与生活的各种情况，劳动者应当如实说明
   C．用人单位招用劳动者，不得扣押劳动者的居民身份证，但是可以扣押其他证件
   D．用人单位在招用劳动者时，可以要求劳动者适当提供押金

4. 已经建立劳动关系，未同时订立书面劳动合同的，应当在法定期限内订立书面劳动合同。该法定期限是用工之日起（    ）。
   A．15 日内　　　B．1 个月内　　　C．2 个月内　　　D．3 个月内

5. 2016 年 1 月 10 日，张某应聘到某餐厅工作；2016 年 3 月 10 日，张某与某餐厅订立了劳动合同；2016 年 5 月 10 日，张某在餐厅老板胁迫下修改了劳动合同，减少了一些劳动者权利；2016 年 7 月 10 日，有关部门裁定张某与餐厅修改后的劳动合同无效。
   修改后的劳动合同没有法律约束力起算时间是（    ）。
   A．2016 年 1 月 10 日　　　　　B．2016 年 3 月 10 日
   C．2016 年 5 月 10 日　　　　　D．2016 年 7 月 10 日

6. 根据《劳动合同法》的规定，以下属于劳动合同必备条款的是（    ）。
   A．劳动报酬　　　　　　　　　B．试用期
   C．保守商业秘密　　　　　　　D．福利待遇

7. 某企业急需交付一批产品，需要工人加班。该企业可以延长工作时间的正确做法是（    ）。
   A．经总经理批准　　　　　　　B．经工会同意
   C．经与工会和劳动者协商一致　D．经劳动者同意

8. 劳动合同期限不满 3 年的，试用期的最长时间是（    ）。
   A．1 个月　　　B．2 个月　　　C．3 个月　　　D．6 个月

9. 劳动者违反竞业限制约定的，应当按照约定向用人单位支付（    ）。
   A．违约金　　　B．赔偿金　　　C．补偿金　　　D．损失费

10. 在解除或终止劳动合同后，竞业限制人员到与本单位生产或者经营同类产品、从事同类业务的有竞争关系的其他用人单位的竞业限制期限，不得超过一定期限。该期限为（    ）。
    A．1 年　　　B．2 年　　　C．3 年　　　D．5 年

## 二、多项选择题

1. 用人单位应当建立职工名册备查。职工名册应当包括（    ）。
   A．劳动者姓名　　　　　　　　B．公民身份证号码
   C．联系方式　　　　　　　　　D．劳动合同期限

2. 用人单位和劳动者已建立劳动关系，但未同时订立书面劳动合同，则下列处理中，正确的是（    ）。
   A．自用工之日起 1 个月内，劳动者不与用人单位订立书面劳动合同，则用人单位无须向劳动者支付经济补偿
   B．用人单位自用工之日起 6 个月未与劳动者订立书面劳动合同的，应当向劳动者每

月支付2倍的工资，且与劳动者补订合同

C．用人单位自用工之日起满1年未与劳动者订立书面劳动合同的，则视为自用工之日起满1年的当日已经与劳动者订立无固定期限劳动合同，应当立即与劳动者补订书面劳动合同

D．用人单位自用工之日起超过7个月未与劳动者订立书面劳动合同的，向劳动者每月支付2倍工资的起算时间为用工之日起满1个月的次日

3．下列劳动合同无效或者部分无效的有（　　）。

A．以欺诈、胁迫的手段或者乘人之危，使对方在违背真实意思的情况下订立的劳动合同

B．用人单位免除自己的法定责任、排除劳动者权利的劳动合同

C．某地下传销组织与劳动者订立的劳动合同

D．张某依法与用人单位签订的劳动合同

4．下列选项中，属于我国法定假日有（　　）。

A．清明节　　　　　B．元宵节　　　　　C．端午节　　　　　D．中秋节

5．下列属于职工不能享受当年年休假的情形的是（　　）。

A．职工依法享受寒暑假，其休假天数多于年休假天数

B．职工请事假累计20天以上且单位按照规定不扣工资

C．累计工作满1年不满10年的职工，请病假累计2个月以上

D．累计工作满20年以上的职工，请病假累计3个月以上

6．下列选项中，属于劳动合同可以约定的条款有（　　）。

A．福利待遇　　　　B．劳动报酬　　　　C．社会保险　　　　D．试用期

7．关于工资的支付，下列表述正确的是（　　）。

A．工资应当以法定货币支付，不得以实物及有价证券替代货币支付

B．工资必须在用人单位与劳动者约定的日期支付，如遇节假日或休息日，则应提前在最近的工作日支付

C．工资至少每月支付一次，实行周、日、小时工资制的可按周、日、小时支付工资

D．对完成一次性临时劳动或某项具体工作的劳动者，用人单位应按有关协议或合同规定在其完成劳动任务后即支付工资

8．试用期属于劳动合同的约定条款，对此下列说法正确的有（　　）。

A．劳动者在试用期内提前3日通知用人单位，可以解除劳动合同

B．以完成一定工作任务为期限的劳动合同或者劳动合同期限不满3个月的，不得约定试用期

C．劳动合同仅约定试用期的，试用期不成立，该期限为劳动合同期限

D．试用期间被证明不符合录用条件的，用人单位可以解除劳动合同，但应向劳动者说明理由

9．下列情形中，用人单位在试用期内可以解除劳动合同的是（　　）。

A．在试用期间被证明不符合录用条件

B．被依法追究刑事责任

C．劳动者同时与其他用人单位建立劳动关系，对完成本单位的工作任务造成严重影响

D. 劳动者不能胜任工作，经过培训或者调整工作岗位，可以胜任工作
10. 下列关于医疗期间的表述中，符合法律规定的有（    ）。
    A. 实际工作年限 10 年以下的，在本单位工作年限 5 年以下的，医疗期间为 3 个月
    B. 实际工作年限 10 年以上的，在本单位工作年限 5 年以下的，医疗期间为 6 个月
    C. 在本单位工作年限实际工作年限 10 年以上 15 年以下的，医疗期间为 12 个月
    D. 在本单位工作年限实际工作年限 20 年以上的，医疗期间没有限制

### 三、案例分析题

刘先生是某公司技术部门的一名员工，与公司签订了无固定期限的劳动合同。近年来，刘先生所在的公司因市场竞争激烈逐渐陷入经营困难的状况。为摆脱困境，公司经董事会决议，决定采取减人增效的办法。经与企业工会协商，公司职代会通过了一项协商解除劳动合同的方案，其中规定：公司提出与员工协商解除劳动合同，员工在方案公布后一周内书面同意与公司协商解除劳动合同的，公司在法定经济补偿金之外再给予额外奖励金。方案公布一周后，刘先生才向公司递交了协商解除劳动合同的意见书，并要求公司按规定支付法定经济补偿金和额外奖励金。公司表示刘先生提交协商解除劳动合同意见时超过了公司规定的期限，公司可以同意与刘先生协商解除劳动合同，但不同意支付经济补偿金和额外奖励金，双方于是发生争议。

请问：刘先生与公司的劳动合同协商解除后，刘先生是否可以要求公司支付经济补偿金和额外奖励金？

**法律名言：**

物权，是属于个人的财产上的权利，可以对抗任何人。

——1811年奥地利民法典第307条

# 第三章 物 权 法

商鞅在《商君书》中说："一兔走，百人逐之，非以兔为可分以为百，由名之未定也。夫卖兔者满市，而盗不敢取，由名分已定也。故名分未定，尧、舜、禹、汤且皆如鹜焉而逐之；名分已定，贪盗不取。""名分"是指所有权归属，跑着的兔子属于无主物，因此大家争相追赶想取得它；而市场上卖兔子的虽多，大家都不会轻易去拿，因为这些兔子的所有权归属已经明确。《物权法》就是定"名分"、规范财产的归属，能定纷止争并物尽其用的法律规则。

**[关 键 词]**

物权法概述、所有权、用益物权、担保物权

**[学习目标]**

通过学习，能解决以下问题：
- 物权法的基本原则有哪些？
- 物权如何变动？
- 所有权如何取得？
- 用益物权有哪些？
- 抵押、质押、留置的相关知识有哪些？

# 第一节 物权法概述

**案例 3-1**

**婚前按揭房婚后增值部分离婚时如何分割**

王先生婚前购房一套，价值 80 万元（首付 40 万元，银行"按揭"贷款 40 万元，并办理了房屋产权证）。一年后王先生与张女士结婚，当时王先生已还贷款 5 万元，所买的房产升值至 100 万元。两人结婚整一年后离婚。夫妻关系存续期间共同偿还贷款 15 万元，离婚时该房产的市值已达 140 万元。双方在谈及房屋的分割问题时，张女士认为，该房屋目前的价值除去 40 万元首付款，以及王先生第一年支付的 5 万元还贷款之外，其他的部分属于夫妻共同财产，即 140-40-5=95 万元（增值收益、孳息），要求对这部分共有财产进行分割。而王先生则认为，该房产是自己的婚前个人财产，婚后仍然归自己所有，因此不同意分割。后双方将此纠纷诉之法院。法院经审理后，一审判决该房产为王先生个人财产，归其个人所有。而对于婚后夫妻双方共同偿还的银行贷款，王先生应将其中的一半偿还张女士。张女士不服，上诉到二审法院，最终二审法院裁定维持原判。

请问：该案如何判？你认为张女士最终应分多少钱？请使用相关法律推理分析。

【分析】

《婚姻法》第 39 条规定："离婚时，夫妻的共同财产由双方协议处理；协议不成时，由人民法院根据财产的具体情况，照顾子女和女方权益的原则判决。"《婚姻法司法解释（三）》第 5 条规定："夫妻一方个人财产在婚后产生的收益，除孳息和自然增值外，应认定为夫妻共同财产。"第 10 条规定："……双方婚后共同还贷支付的款项及其相对应财产增值部分，离婚时应根据婚姻法第三十九条第一款规定的原则，由产权登记一方对另一方进行补偿。"

【推理】

（1）该房屋为王先生婚前个人财产（新《婚姻法》）；

（2）婚后双方用来偿还贷款的 15 万元属于夫妻关系存续期间所得，由于双方对财产无约定，应视为夫妻共同财产，由双方平均分割；

（3）该房屋从王张结婚时的 100 万元（王婚前财产）增值到离婚时的 140 万元，增值部分为 40 万元，而至离婚时双方对该房屋的投资累计额为 100+15=115 万元。40 万元的增值收益（自然增值）是用一年时间在 115 万元投入的基础上产生的，其中婚后双方共同投入为 15 万元；

（4）如果单纯按投入比例计算，这 15 万元共同财产投入产生的收益为双方共同收益，并且只有这 15 万元产生的收益才为夫妻共同收益（财产），房屋其余部分的增值，张女士无权要求；

（5）算式如下：投资收益率=140（房屋总价）÷115（投资额）≈1.22 倍，张女士所得投资收益：15（共同投资额）×1.22÷2（平均分）≈9.15。

因此，张女士婚内财产所分总额：9.15（投资收益）+7.5（15÷2，共同还贷分割额）=16.65 万元。

**要点提示**

房价随物价上涨属于财产的自然增值。

1. 物权法的概念

1）物的种类

（1）动产与不动产。物权变动的法定要件不同：动产的让与不要求书面形式，只要交付即生效；不动产的让与必须采用书面形式，必须登记才生效。涉及不动产的诉讼实行地域专属管辖（由不动产所在地人民法院管辖）。

（2）特定物与种类物。特定物在交付前意外灭失的，可以免除义务人的交付义务，而只能请求赔偿损失；种类物在交付前意外灭失的，义务人仍应交付同类物。

（3）主物与从物。在法律或合同没有相反规定时，主物所有权转移时，从物所有权也随之移转。《合同法》规定："在买卖合同中，因标的物的主物不符合约定而解除合同的，解除合同的效力及于从物。因标的物的从物不符合约定而解除的，解除的效力不及于主物。"

（4）原物与孳息。天然孳息（因自然规律而产生的，如母牛生的小牛）：由所有权人取得，一物之上既有所有权人，又有用益物权人的，因该物产生的天然孳息由用益物权人取得。当事人另有约定的，按照约定。法定孳息（依法律关系产生的收益，如利息、股息）：当事人有约定的，按照约定取得；没有约定或者约定不明确的，按照交易习惯取得。在

买卖合同中，标的物在交付之前产生的孳息，归出卖人所有，交付之后产生的孳息，归买受人所有。标的物提存后，标的物的孳息归债权人所有。提存是指由于债权人的原因，债务人无法向债权人给付合同标的物时，债务人将合同标的物交付提存机关而消灭合同关系的法律制度。

**案例 3-2**

甲将自己养的一头牛卖给了乙，第二天，乙杀此牛时发现了牛黄，而甲随后也知道了，要求乙将牛黄退还给自己，乙拒绝了，甲就以自己事先不知道牛黄的价值远大于牛为由将乙告上了法庭。

请问：

（1）法官是否应该支持甲的诉讼请求？为什么？

（2）如果不支持的话，甲是否能以"显失公平"为由要求法官撤销此买卖行为？

【分析】

（1）不应该支持。因为根据孳息物随主物的原理，该牛黄归买方。

（2）不能。因为买方乙在买牛的时候，对牛里是否含有牛黄也是不知情的，如撤销对买方来说也是不公平的。

2）物权的类型

（1）所有权与他物权。所有权是指所有人依法可以对物进行占有、使用、收益和处分的权利，是物权中最完整、最充分的权利；他物权（包括用益物权和担保物权）是指所有权以外的物权，亦称限制物权。它是所有权权能与所有权人发生分离，由所有权人以外的人，即他物权人对物享有一定程度的直接支配权。

（2）用益物权和担保物权。用益物权是指以物的使用、收益为目的的物权，包括地上权、地役权、永佃权等。担保物权是指以担保债权为目的，包括抵押权、质权、留置权等。

3）物权法的基本原则

（1）平等保护原则。

（2）物权法定原则。物权种类法定：当事人不得自由创设法律未规定的新物权；物权内容法定：当事人不得在物权中自由创设新的内容。

（3）一物一权原则。一物之上的所有人可以为多人，多人对一物享有所有权，并非多重所有权，所有权仍然是一个。

（4）公示、公信原则。

① 公示原则：不动产物权的设立、变更、转让和消灭，应当依照法律规定登记；动产物权的设立和转让，应当依照法律规定交付。由此可见，不动产的权利状态通过"登记制度"表示，而动产的权利状态则通过"占有"表示。这里实际指的是不动产的登记制度和动产的交付，其中：交通工具等也以登记为物权的变动条件。通常货物在交付时受让方拥有物权，而不动产或交通工具则要在登记后受让方拥有物权。例如，房产未登记即使你已入住也不得对抗原房主借钱的善意第三人，而登记后则可以对抗。登记后即使存在问题，法律也认可。

② 公信原则：是指当物权依据法律规定进行了公示，即使该公示方法表现出来的物权存在瑕疵，对于信赖该物权存在并已从事物权交易的人，法律承认其法律效果，以保护交易安全。

## 2．物权变动

我有一头羊，自己使用，生小羊、吃羊肉，这就体现出对羊这种财产的物权；如果拿羊去换麦子、大米，则就体现出财产的交换价值，在财产交换中表现出债权；人再聪明一些拿羊投资就表现出股权；更聪明一点进行克隆羊，就表现出知识产权。因此，市场经济下财产权的四种形态就是：物权、债权、股权和知识产权，而其

中物权是最重要的，是财产权的基础，且是与每一位公民都有关系的财产权。物权中的"物"即有形的财产，包括动产和不动产；"权"即权利。因此物权实际就是一种财产权，财产权最初就分为物权和债权。物权就是一定的单位或个人对特定的"物"享有的直接支配和排他的权利，包括所有权、用益物权和担保物权。物权分为动产物权和不动产物权。在物权的取得上不同的财产有不同的法律规定。

1)不动产的物权变动

我国的不动产登记采用登记生效主义,即不动产的物权变动不仅需要当事人的法律行为或其他法律事实,还需要登记这个法律事实才能完成不动产物权的变动。

> **案例 3-3**
>
> 北京张某因生意需要 2014 年花 100 多万元在南方某市购买别墅一套,2015 年决定回北京发展,遂将别墅卖给孙某,但一直没有办理房屋过户登记手续。2016 年开始别墅价格飞涨,价值人民币 400 多万元,张某将该别墅以 400 万元的价格与李某签订买卖合同,李某到房地产管理部门查证该别墅产权人确为张某,且未有他项权益,在张某的协助下办理了产权过户登记。一套别墅出现"两卖"现象,前后出现两次卖别墅的行为。
>
> 请问:哪一次是有效的?最终哪一方能够取得该别墅的物权?
>
> 【分析】
>
> 《物权法》第 9 条规定,不动产物权的变动,必须进行登记,否则不发生物权变动后果。上述案例中张某第一次将别墅卖给孙某的买卖合同是有效的,但是因为没有办理过户登记手续,因此别墅的物权并未变更到孙某名下,即孙某并没有取得该别墅的所有权;张某第二次将别墅卖给李某,因为支付对价并办理了过户登记手续,因此李某取得该别墅的所有权。至于孙某,可以依法要求张某返还房款,承担违约责任,赔偿经济损失。

买卖合同违约责任的主要形式是什么?是惩罚性质还是补偿性质?

(1)以下情形的物权变动虽不以登记为要件,但获得权利的主体在处分该物权时,仍应当依法办理登记。未经登记,不发生物权效力:

① 依法属于国家所有的自然资源。

② 因人民法院、仲裁委员会的法律文书,人民政府的征收决定等,导致物权设立、变更、转让或者消灭的。

③ 因继承或者受遗赠取得物权的。

④ 因合法建造、拆除房屋等事实行为设立和消灭物权的。

(2)一些他物权的变动不以登记为生效要件,而是以登记作为对抗善意第三人的要件。包括:

① 土地承包经营权自土地承包经营权合同生效时设立;未经登记,不得对抗善意第三人。

② 地役权自地役权合同生效时设立;未经登记,不得对抗善意第三人。

③ 已经登记的宅基地使用权转让或者消灭的,应当及时办理变更登记或者注销登记。从这条规定来看,宅基地使用权不以登记为生效要件。

2)动产的物权变动

动产物权的设立和转让,自交付时发生效力,但法律另有规定的除外。根据此条规定,动产所有权的转移以交付为标准。船舶、航空器和机动车等物权的设立、变更、转让和消灭,未经登记,不得对抗善意第三人。对于此类动产,其所有权的转移仍以交付为要件,而不以登记为要件,但是交付后没有办理登记的,则不能对抗善意第三人。动产物权的

动产物权的交付有哪几种情况?

交付,除了现实交付以外,还有以下几种情况:

(1) 简易交付,是指动产物权设立和转让前,权利人已经先行占有该动产的,无须现实交付,物权在法律行为生效时发生变动效力。

(2) 指示交付,是指让与动产物权的时候,如果让与人的动产由第三人占有,让与人可以将其享有的对第三人的返还请求权让与受让人,以代替现实交付。指示交付作为一种观念交付,其实际交付没有发生。

(3) 占有改定,是指动产物权的让与人与受让人之间特别约定,标的物仍然由出让人继续占有,而受让人则取得对标的物的间接占有以代替标的物的现实交付。这样在双方达成物权让与合意时,视为已经交付。

## 第二节 所 有 权

### 1. 所有权的权能

所有权是指所有人依法对自己的财产(动产或不动产)享有占有、使用、收益和处分的权利。它包括四项权能,即占有权、使用权、收益权、处分权。

(1) 占有权就是民事主体对于财产的实际控制权。

(2) 使用权就是民事主体对于财产的利用权。

(3) 收益权是指民事主体通过合法途径获取基于财产而产生的物质利益的权利。

(4) 处分权是民事主体在法律允许范围内对财产进行处置的权利,包括事实上处分和法律上的处分。

财产所有人可将这四项权能集于一身统一行使,也有权将这四项权能中的若干权能交由他人行使。

### 2. 所有权的取得

主要有原始取得和继受取得。原始取得又称物权的固有取得,是指民事主体非依据他人的权利及意思表示而直接依据法律规定取得物权。继受取得又称物权的传来取得,是指基于一定法律事实,依赖于他人意思表示而取得物权。

1) 原始取得主要方式

(1) 生产,指民事主体通过自己的劳动创造出新的财产进而取得财产的方式。

(2) 先占,指占有人以所有的意思,占有无主动产而取得所有权的法律事实。构成要件:先占的对象只能是无主物、只能是动产、先占人有取得该物所有权的意思、非法律所禁止占有之物、先占人对该物已取得控制权。

**案例 3-4**

原告李某自己开办一奶牛场,饲养数十头奶牛。2017 年 3 月,其中一头奶牛患病,病因不明,医治无效,既无法产奶,又有传染其他奶牛造成更大的损失的可能。李某遂用车将该牛拉到野外丢弃。次日,农民唐某耕作时发现该牛,便将气息奄奄的奶牛牵回家,精心调治,不出 3 个月,该牛竟完全康复,健壮如初。李某得知,便找到唐某,要求唐某将奶牛还给他,并支付一定的医疗费给唐某。唐某不同意,李某遂将唐某告到法院,要求唐某返还不当得利。

请问：

（1）唐某的行为性质为何？李某和唐某之间的法律关系如何定性？

（2）李某的诉讼请求能否得到法院支持？

（3）唐某取得该奶牛的所有权有无法律依据？

【分析】

（1）唐某的行为属于先占，他和李某之间并没有直接的法律关系。唐某取得奶牛的所有权是基于法律的规定，属于原始取得，并不是由于李某的行为。

（2）不能。李某抛弃奶牛的所有权是自己独立真实的意思表示，无所谓损失。因此，也就无所谓不当得利。

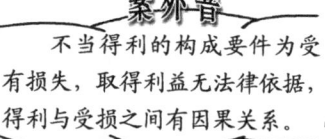
案外音
不当得利的构成要件为受有损失，取得利益无法律依据，得利与受损之间有因果关系。

（3）有。基于法律规定，属于原始取得。本案中，唐某受有利益，但是具有确定的法律依据，李某丧失奶牛的所有权是基于自己的真实意思表示，与唐某的行为没有直接的因果关系。所以，不存在不当得利的要件条件。

（3）添附。添附是指不同所有人的财产合并在一起，形成一种不能分离的财产。添附一般包括混合、附和、加工三种形式。

（4）善意取得。善意取得是指无权处分人在不法将其受托占有的他人的财物（动产或者不动产）转让给第三人的，如受让人在取得该动产时系出于善意，则受让人取得该物的所有权，原权利人丧失所有权。具备条件：出让人无权处分；受让人受让该不动产或者动产时是善意的；以合理的价格转让；转让的不动产或者动产依照法律规定应当登记的已经登记，不需要登记的已经交付给受让人。

要点提示

赃物、遗失物、漂流物或者失散的饲养动物不适用善意取得。

（5）无主物取得。无主物是指没有所有人或所有人不明的财产，主要包括所有人不明的埋藏物、隐藏物、无人继承又无人受遗赠的财产。《民法通则》及《继承法》规定：无主财产出现时，一般由国家取得所有权；自然人、法人对于挖掘发现的埋藏物、隐藏物，如果能证明属其所有，则归其所有的，法律予以保护。

### 案例 3-5

2017年1月8日，唐某到郭某的烟摊上购买一条极品云烟，唐某付完钱后，郭某的一雇工顺手将烟递给了唐某。此时，唐某看到烟的外包装有被拆过的痕迹，便当即提出调换，但郭某信誓旦旦地说："烟绝对没有质量问题，若有质量问题可随时拿来找我。"为了稳妥起见，唐某当着郭某的面开包检查质量，当唐某打开第一包烟的时候，发现烟盒里装满百元大钞，他清点后一共有3000元，心中不禁一阵狂喜。但就在此时，郭某称雇工拿错了烟，要求重新调换一条。对此，唐某认为，这条烟已付清了钱，属于他的，与郭某无任何瓜葛。于是，双方僵持不下，对簿公堂。

请问：此案如何判决？

【分析】

暗藏物属于具有非法目的请客送礼或行贿受贿的，可依据有关法律、法规和规章制度予以处理。本案中的暗藏物，与其流转相关的各主体都没有取得该物的合法依据。① 本案买卖交易情节显示，这 3000 元钱的所有权既不属于郭某（若主张权利，应负举证责任），更不属于想不当得利的唐某，它不是合同的标的物，是标的物中的隐（暗）藏物。《民法通则》第 79 条规定，所有人不明的埋藏物和隐藏物所有权归国家。② 此暗藏物是被藏入者作为达到非法目的的手段，在性质上应定为非法财物，而非法财物的所有权应归国家所有。③ 按公平原则补偿经营者的交易损失。销售者在回收物品时是以完整物品而给付对价的，现因暗藏物而使原交易物数量不足，应从暗藏物的价值中提取补偿因暗藏物使其产生的损失。补偿额以实际损失为准，暗藏物不够补偿的，以暗藏物的实际价值为限。

（6）拾得遗失物。拾得遗失物是指发现他人不慎丧失占有的动产而予以占有的法律事实。《民法通则》规定，拾得遗失物应当归还失主，拾得人不能取得遗失物的所有权。拾得人在遗失物送交有关部门前，有关部门在遗失物被领取前，应当妥善保管遗失物。因故意或者重大过失致使遗失物毁损、灭失的，应当承担民事责任；拾得人拒不返还遗失物，按侵权行为处理。权利人有权要求占有人返还原物或者赔偿损失。

如果在银行自动取款机上发现他人遗失的一张信用卡，你该如何处理？

① 权利人有权向无处分权人请求损害赔偿，或者自知道或者应当知道受让人之日起 2 年内向受让人请求返还原物。

② 如果受让人通过拍卖或者向具有经营资格的经营者购得该遗失物的，权利人请求返还原物时应当支付受让人所付的费用。权利人向受让人支付所付费用后，有权向无处分权人追偿。

## 案例 3-6

2017 年 7 月 28 日晚 8 时左右，董某吃完晚饭后和家人外出散步时，在路上发现一个黑色的塑料袋，打开一看，里面是两捆人民币，约有两万元。还有一张赵某的身份证和一张银行取款证明。不久，一个中年妇女带着一个 7 岁左右的孩子匆匆忙忙地找到董某，说那钱是她刚取出来给丈夫看病的，由于丈夫心脏病突发，现正在医院抢救，希望董某能把

假如该中年女子就是两万元钱的失主，董某可否向其索要感谢费？

救命钱还给自己，同时自己愿意拿出 1000 元感谢董某。董某见中年妇女十分着急，而且一直在苦苦哀求，于是在没有仔细核实妇女身份的情况下，就把钱给了她，并拒绝了感谢费。7 月 30 日，一姓赵的男子找到董某，出示了自己身份证复印件和银行取款证明复印件，要求董某返还自己丢失的两万元钱。董某此时才恍然大悟，自己拾的钱被别人冒领了。当董某把实情告知赵某以后，赵某要求董某赔偿自己的损失，而董某拒绝赔偿。8 月 9 日，赵某向法院提起诉讼，要求董某赔偿自己损失的两万元。

请问：该案如何处理？写清楚适用法律推理的过程。

**【分析】**

（1）依据我国《民法通则》规定，拾得遗失物应当归还失主，董某并未取得该遗失物（两万元人民币）的所有权；

（2）作为遗失物拾得人，董某未履行妥善保管遗失物的法定注意义务，其无权处分行为构成侵权；

（3）董某具有一定过错，但仍不失为善良管理人，故而董某承担按份赔偿责任；

（4）本案中妇女构成诈骗罪，赵某可以对她提请刑事附带民事赔偿，主要赔偿责任应由其承担。

（7）国家强制取得。国家强制取得指在法律规定的特定场合下，国家从社会公共利益出发，不顾及所有人的意志和权利，直接采取没收、征收、征用、国有化或税收等强制手段取得所有权的方式。《物权法》规定，为了公共利益需要，依照法律规定的权限和程序可以征收集体所有的土地和单位、个人的房屋及其他不动产。但是，征收集体所有的土地，应当依法足额支付土地补偿费、安置补助费、地上附着物和青苗的补偿费等费用，安排被征地农民的社会保障费用，保障被征地农民的生活，维护被征地农民的合法权益。征收单位、个人的房屋和其他不动产，应当依法给予拆迁补偿，维护被征收人的合法权益；征收个人住宅的，还应当保障被征收人的居住条件。征用是指国家为了公共利益的需要而依法强制取得原属于私人或者集体所有的财产的使用权的行为。因抢险、救灾等紧急需要，可以征用单位、个人的不动产或者动产。被征用的不动产或者动产使用后，应当返还被征用人。单位、个人的不动产或者动产被征用或者征用后毁损、灭失的，应当给予补偿。

2）继受取得主要方式

继受取得主要方式有买卖、赠与、互易、继承和其他合法原因（如遗赠、遗赠抚养协议等）。继承分为法定继承（代位继承、转继承）和遗嘱继承。

> **知识链接**
>
> 《继承法》第10条规定：第一顺序：配偶、子女、父母。第二顺序：兄弟姐妹、祖父母、外祖父母。继承开始后，由第一顺序继承人继承，第二顺序继承人不继承。没有第一顺序继承人继承的，由第二顺序继承人继承。本法所说的子女，包括婚生子女、非婚生子女、养子女和有抚养关系的继子女。

### 3. 国家所有权

（1）国有财产的行使，除法律另有规定的以外，均由国务院代表国家行使所有权。

（2）未授权给公民、法人经营、管理的国家财产受到侵害的，不受诉讼时效的限制。

（3）国家所有权的客体范围：

① 城市土地、矿藏、水流、海域；

② 野生动植物资源；

③ 无线电频谱资源；

④ 国防资产；

⑤ 森林、山岭、草原、荒地等自然资源，属于国家所有，但法律规定属于集体所有的除外；

举例说明我们身边哪些属于国有财产？

⑥ 法律规定属于国家所有的农村和城市郊区的土地及铁路、公路、电力设施、电信设施和油气管道等基础设施，属于国家所有；

⑦ 法律规定属于国家所有的文物，属于国家所有。

### 4．共有

共有是指某项财产由两个或两个以上的权利主体共同享有所有权。

按份共有是指两个或两个以上的共有人按照各自的份额分别对共有财产享有权利和承担义务。法律规定：

（1）按份共有人按照预先确定的份额分别对共有财产享有占有、使用和收益的权利。

（2）但对共有财产的使用，应由全体共有人协商决定。

（3）按份共有人死亡以后，其份额可以作为遗产由继承人继承或受遗赠人获得。

（4）按份共有人有权自由处分自己的共有份额，无须取得其他共有人的同意，但是共有人将份额出让给共有人以外的第三人时，其他共有人在同等条件下，有优先购买的权利。

对于共有财产的处分，除共有人之间另有约定，处分共有的不动产或者动产，以及对共有的不动产或者动产作重大修缮的，应当经占份额 2/3 以上的按份共有人或者全体共同共有人同意。否则，其处分行为应当作为效力待定的民事行为处理。根据法律规定或依据共有人之间的协议，可以由某个共有人代表或代理全体共有人处分共有财产。无权代表或代理的共有人擅自处分共有财产的，如果其他共有人明知而不提出异议，视为其同意。对于共有财产的分割，共有人可以协商确定分割方式；达不成协议，共有的不动产或者动产可以分割并且不会因分割减损价值的，应当对实物予以分割；难以分割或者因分割会减损价值的，应当对折价或者拍卖、变卖取得的价款予以分割。共有人分割所得的不动产或者动产有瑕疵的，其他共有人应当分担损失。

### 案例 3-7

李女士与张先生原为夫妻关系，共同贷款购买楼房一套，产权登记在张先生名下。张先生于 2017 年 3 月 31 日，经房产经纪公司居间服务，以 50 万元的价格将该楼房卖给刘女士。5 月 3 日买卖双方办理了房屋所有权变更登记手续，但李女士一直居住在该楼房，拒绝腾房。李女士于 5 月 8 日提起离婚诉讼。刘女士则于 6 月 30 日向法院提起财产权属纠纷诉讼，要求李女士立即腾房，并要求给付房屋使用费每日 20 元。法院于 7 月 29 日判决李女士与张先生离婚，对该楼房未做处理。财产权属纠纷诉讼中，李女士辩称：该楼房是其与张先生的共同财产，且是其唯一的居所；张先生在他们离婚纠纷期间，在不持有房屋权属关系凭证的情况下，以明显低于市场价格出售给他人，而且过户手续瑕疵明显，由此完全可以推断，此房是争议房屋；李女士以刘女士与张先生的房屋买卖是恶意串通为由，不同意刘女士的诉讼请求。法院经审理后认为，张先生与刘女士的房屋买卖是经房地产中介公司介绍的，双方签订合同并履行，已办理了产权变更登记手续，刘女士为善意取得，对该楼房应享有所有权。李女士称刘女士、张先生之间的买卖行为是恶意串通，因证据不足，无法认定。李女士与张先生的财产纠纷应另行解决，李女士不能对抗刘女士对该楼房所享有的所有权，亦应支付房屋使用费，故做出上述判决。

请使用相关法律推理分析。

【分析】

根据法律规定，房屋作为不动产，其取得所有权的标志是取得房屋所有权证书。只要在第三人善意的、有偿的并已经取得产权证书的情况下，该房屋的原共有权人不能主张买卖合同无效，而只能向擅自处分财产的另一方共有人要求赔偿。因此，法院支持了刘女士的诉讼请求符合法律规定。而李女士只能要求张先生将出卖房屋所得的50万元房款，以夫妻共同财产的形式进行分割。

对于约定不明确的共有关系，除共有人具有家庭关系等外，均视为按份共有。需要注意的是：

（1）共同共有须以共同关系的存在为前提。

（2）共有人对共有财产不分份额地享有权利。

（3）共同共有关系终止时才能确定份额，分割共有财产。

5．相邻关系

相邻关系是指两个或两个以上相互毗邻的不动产的所有人或使用人，在行使不动产的所有权或使用权时，因相邻各方应当给予便利和接受限制而发生的权利义务关系。不动产的相邻权利人应当按照有利生产、方便生活、团结互助、公平合理的原则，正确处理相邻关系。法律、法规对处理相邻关系有规定的，依照其规定；法律、法规没有规定的，可以按照当地习惯。不动产权利人应当为相邻权利人用水、排水提供必要的便利。对自然流水的利用，应当在不动产的相邻权利人之间合理分配。对自然流水的排放，应当尊重自然流向。

要点提示

相邻权是法定权利，地役权是合同约定权利。

## 第三节　用益物权

用益物权是指非所有人对他人之物（不动产或者动产）依法所享有的占有、使用、收益的排他性的权利。其中包括：土地承包经营权、建设用地使用权、宅基地使用权、地役权及自然资源使用权。用益物权的特征：

（1）用益物权以对标的物的使用、收益为主要内容，即注重物的使用价值，并以对物的占有为前提。

（2）用益物权中除地役权外，均为主物权。

（3）用益物权是他物权，是一种有期限的物权。

1．土地承包经营权

（1）土地承包经营权自土地承包"合同生效时"设立。

（2）承包经营权的期限：耕地的承包期为30年；草地的承包期为30～50年；林地的承包期为30～70年。

（3）在承包经营期限范围内，承包权人有权根据法律规定，采取转包、互换、转让等方式流转土地承包经营权，流转的期限不得超过承包期的剩余期限。如果采取互换、转让方式流转没有办理登记手续的，不得对抗善意第三人。通过招标、拍卖、公开协商等方式承包荒地等农村土地，依照农村土地承包法等法律和国务院的有关规定，其土地承包经营权可以转让、入股、抵押或者以其他方式流转。在承包期内，承包地被征收的，土地承包经营权人有权依照法律规定获得相应补偿。

### 案例 3-8

某村李某夫妇与村委会签订土地承包合同，取得该村5分田的承包权。后其丈夫死亡，李某改嫁他村，村委会遂将其承包土地另行发包给同村村民黄某。李某知晓后，以承包未到期为由要求村委会继续履行合同，遭拒绝后向该村所在区人民法院起诉。法院经审理判决如下：村委会和黄某的土地承包合同是经过村委会的正当发包程序订立的，黄某是该村村民，具有承包资格，而且已对土地进行了实际耕作，故应确认其所取得的承包权合法有效，但鉴于原告的原承包合同尚未到期，且已对土地进行了实际投入，应给予适当的补偿（赔偿原告所受损失）。

请使用相关法律推理分析。

【分析】

本案中李某只能对与之缔约的村委会主张合同权利，只能起诉村委会。村委会实际上已单方违反和李某订立的承包合同，且黄某实际耕作该土地的事实即意味着村委会履行的是和黄某订立的承包合同，所以法院据此判决由黄某取得土地承包经营权，村委会对李某承担违约责任（赔偿其所受损失）。

### 2. 建设用地使用权

（1）建设用地使用权人依法对国家所有的土地享有占有、使用和收益的权利，有权利用该土地建造建筑物、构筑物及其附属设施。建设用地使用权独立于土地所有权而存在；建设用地使用权可以在土地的地表、地上或者地下分别设立。

（2）建设用地使用权的取得方式有出让、划拨等方式，其中划拨是无偿取得使用权的方式。凡是工业、商业、旅游、娱乐和商品住宅等经营性用地，都应当采取招标、拍卖等公开竞价的方式出让。建设用地使用权以登记为生效要件。

（3）建设用地使用权与附着在上面的建筑物所有权采取"房随地走、地随房走、房地一体"的流转规则。权利人取得建设用地的使用权后，除法律另有规定的以外，有权将建设用地使用权转让、互换、出资、赠与或者抵押，附着于该土地上的建筑物、构筑物及其附属设施一并处分。当建筑物、构筑物及其附属设施转让、互换、出资或者赠与的，该建筑物、构筑物及其附属设施占用范围内的建设用地使用权一并处分。

### 案例 3-9

某市国土资源局以拍卖方式将宗地号为 0089 的建设用地使用权出让给 A 公司,用作大型商贸城的建设,并签订了《国有建设用地使用权出让合同》。合同约定:该宗地的用途为商业用地。以地上 60 米为上限,以地下 30 米为下限,高差为 90 米。合同签订后,A 公司支付了全部价款,国土资源局为其办理了土地使用权证书。一个月后,国土资源局挂牌出让 0089 号宗地。以地下 30 米为上限,以地下 70 米为下限,高差为 40 米的建设用地使用权,并将此块土地的建设用地使用权出让给了 B 公司,同时签订了《国有建设用地使用权出让合同》。A 公司得知后,认为国土资源局侵犯了自己的权益,向国土资源局提出异议,要求国土资源局收回 B 公司的建设用地使用权。国土资源局解释说他们的做法是将建设用地使用权进行立体分割后,分别进行出让,不存在违法违规行为。A 公司不服,欲向上级主管部门提起行政复议。

请使用相关法律推理分析。

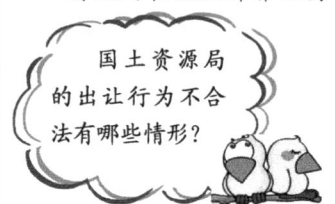

国土资源局的出让行为不合法有哪些情形?

【分析】

《物权法》第 136 条规定:"建设用地使用权可以在土地的地表、地上或者地下分别设立。新设立的建设用地使用权,不得损害已设立的用益物权。"《招标拍卖挂牌出让国有建设用地使用权规定》第 2 条也规定:国家可将土地进行立体的纵向分割,即将土地分成不同高度的空间,既可以在同一宗土地上为一个人设立一个建设用地使用权,也可以为两个以上的人分别设立若干相互之间不冲突的建设用地使用权。本案中,国土资源局分别与 A 公司和 B 公司签订了《国有建设用地使用权出让合同》,在合同中明确了各自建设用地使用权的上、下界限,并且上、下界限并不冲突,根据《物权法》和《招标拍卖挂牌出让国有建设用地使用权规定》的有关规定,国土资源局的出让行为是合法的。

> **知识链接**
> 
> 相邻关系(相邻权)与地役权的区别:相邻关系(相邻权)由法律直接规定,是依据不动产权利而发生的法定权利,其成立与对抗第三人,无须登记便可当然发生效力;地役权的取得主要是依法律行为而取得,一般是约定权利,但此种行为属物权设定行为,当事人双方应到不动产登记机关进行设立登记。此外,地役权也可因遗嘱、继承等原因而取得。

### 3. 地役权

地役权是指土地上权利人(包括土地所有人、地上权人,以及土地的承租人),为了自己使用土地的方便或者土地利用价值的提高,通过约定得以利用他人土地的权利。我国对地役权的设定采用的是登记对抗主义,地役权自地役权合同生效时设立,当事人要求登记的,可以向登记机构申请地役权登记;未经登记,不得对抗善意第三人。如果地役权人滥用地役权或者约定的付款期间届满后在合理期限内经两次催告未支付费用的,供役地权利人有权解除合同使得地役权消灭。设立地役权,当事人应当采取书面形式订立地役权合同。地役权合同一般包括下列条款:①当事人的姓名或者名称和住所;②供役地和需役地的位置;③利用目的和方法;④利用期限;⑤费用及其支付方式;⑥解决争议的方法。

### 案例 3-10

1995年10月，游某与陈某经协商，决定在本村一起建造房屋。游某的房屋坐落在陈某房屋的右侧，双方约定，陈某在屋前应留出3米宽的道路用于游某通行。2017年2月始，双方因故产生纠纷，陈某遂在该路上挖洞、堆放垃圾等，妨碍游某通行。为此，游某向乡政府、村委会反映，经调解未果。2017年9月间，游某诉至法院，要求法院判令被告陈某停止侵害、排除妨碍，恢复道路通行权。

请问：法院应如何判决？

【分析】

原告在本案中主张的通行权，系基于与被告在建房时约定应留出3米宽的道路用于原告的通行的双方约定，是基于合同关系产生的，属于地役权。因此，被告陈某单方面在该路上挖洞、堆放垃圾等，妨碍游某通行，是对原告地役权的侵犯，属于侵权行为。由此，法院应判令被告陈某满足原告的诉讼请求。

## 第四节 担保物权

担保物权人在债务人不履行到期债务或者发生当事人约定的实现担保物权的情形，依法享有就担保财产优先受偿的权利，但法律另有规定的除外。债权人在借贷、买卖等民事活动中，为保障实现其债权，需要担保的，可以依照本法和其他法律的规定设立担保物权。

设立担保物权，应当依照本法和其他法律的规定订立担保合同。担保合同是主债权债务合同的从合同。主债权债务合同无效，担保合同无效，但法律另有规定的除外。担保合同被确认无效后，债务人、担保人、债权人有过错的，应当根据其过错各自承担相应的民事责任。

担保物权的担保范围包括主债权及其利息、违约金、损害赔偿金、保管担保财产和实现担保物权的费用。当事人另有约定的，按照约定。

### 1．抵押

1）概念

抵押是指债务人或者第三人不转移对财产的占有权，将该财产作为债权的担保。该债务人或者第三人为抵押人，债权人为抵押权人，提供担保的财产为抵押物。

2）抵押物的范围

抵押人只能以法律规定可以抵押的财产提供担保；法律规定不可以抵押的财产，抵押人不得用于提供担保。

（1）下列财产可以抵押：

① 建筑物和其他土地附着物；

② 建设用地使用权；

③ 以招标、拍卖、公开协商等方式取得的荒地等土地承包经营权；

④ 生产设备、原材料、半成品、产品；

⑤ 正在建造的建筑物、船舶、航空器；

⑥ 交通运输工具；

⑦ 依法可以抵押的其他财产。

抵押人所担保的债权不得超出其抵押物的价值。财产抵押后，该财产的价值大于所担保债权的余额部分可以再次抵押，但不得超出其余额部分。

> **知识链接**
> 可办可不办理抵押登记的有：以生产设备、原材料、半成品、产品、交通运输工具或者以正在建造的船舶、航空器抵押的，抵押权自抵押合同生效时设立，未经登记，不得对抗善意第三人。

（2）下列财产不得用于抵押：
① 土地所有权；
② 耕地、宅基地、自留地、自留山等集体所有的土地使用权，但法律规定可以抵押的除外；
③ 学校、幼儿园、医院等以公益为目的的事业单位、社会团体的教育设施、医疗卫生设施和其他社会公益设施；
④ 所有权、使用权不明或者有争议的财产；
⑤ 依法被查封、扣押、监管的财产；
⑥ 法律、行政法规规定不得抵押的其他财产。

3）抵押登记

应当办理抵押登记（未经登记，不发生法律效力）：以建筑物和其他土地附着物、建设用地使用权，以及以招标、拍卖、公开协商等方式取得的荒地等土地承包经营权，或者以正在建造的建筑物抵押的，抵押权自登记时设立。

4）抵押的范围和效力

担保的范围包括主债权及利息、违约金、损害赔偿金和实现抵押权的费用。抵押设定以后，除法律和合同另有约定以外，抵押人有权继续占有抵押物，并有权取得抵押物的孳息。抵押期间，抵押人转让已办理登记的抵押物的，应当通知抵押权人，并告诉受让人转让物已抵押的情况；抵押人未通知抵押权人或未告知受让人的，转让行为无效。抵押权不得与债权分离而单独转让，或者作为其他债权的担保。抵押权与其担保的债权同时存在，债权消灭的，抵押权也消灭。

5）抵押权的实现

当债务履行期届满时，债务人不履行债务，债权人即抵押权人可以与抵押人协议以抵押物折价或者以拍卖、变卖该抵押财产所得的价款优先受偿；协议不成的，债权人可以向人民法院提起诉讼。同一财产向两个以上债权人抵押的，拍卖或变卖的价款按以下规定清偿：

（1）抵押合同已登记生效的，按照抵押物登记的先后顺序清偿；顺序相同的，按照债权比例清偿。当事人同一天在不同的法定登记部门办理抵押物登记的，视为顺序相同。

（2）抵押合同自签订之日起生效的，该抵押物已登记的，按前述规定清偿；未登记的，按合同生效时间的先后顺序清偿；顺序相同的，按照债权比例清偿。抵押物已登记的先于未登记的受偿。抵押权因抵押物灭失而消失，因灭失所得赔偿金应作为抵押财产。

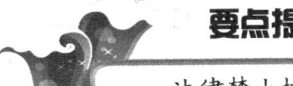

**要点提示**

法律禁止抵押合同签订到期不还时，抵押物直接归债务人，只能拍卖、变卖。

### 案例 3-11

某公司以其员工宿舍作抵押，向市建设银行申请贷款 300 万元，期限 3 年，由于新产品市场销售状况不佳，未能按期还款。

请问：建设银行是否有权以员工宿舍折价或者以拍卖、变卖员工宿舍的价款受偿？

【分析】

根据《担保法》的规定，债务履行期届满，债权人未受清偿的，抵押权人可以与抵押人协议以抵押物折价或者以拍卖、变卖该抵押物所得的价款受偿。因此，该银行有权以员工宿舍折价或者以拍卖、变卖员工宿舍的价款受偿。

#### 2．质押

质押指债务人或者第三人将其动产或权利移交债权人占有，将该财产作为债权的担保。

1）质押包括动产质押和权利质押

动产质押是指债务人或者第三人将其动产移交债权人占有，以该动产作为债权的担保。债务人不履行债务时，债权人有权依照法律规定，以该动产折价或者以拍卖、变卖该动产的价款优先受偿。该债务人或者第三人为出质人，债权人为质权人，移交的动产为质物。权利质押是指以汇票、支票、本票、债券、存款单、仓单、提单，依法可以转让的股份、股票，以及依法可以转让的商标专用权，专利权、著作权中的财产权，依法可以质押的其他权利等作为质权标的的担保。动产质押设立后，在主债务清偿以前，质权人有权占有质物，并有权收取质物所生的孳息。质权人在质权存续期间，为担保自己的债务，经出质人同意，以其所占有的质物为第三人设定质权的，应当在原质权所担保的债权范围之内，超过的部分不具有优先受偿的效力；转质权的效力优于原质权。

**知识链接**

著作权人的财产权，是从著作权人发表、转让或者许可他人使用其创作的作品而产生的财产权，它与著作权人的人身权的不可转让不同，是可以转让的。包括复制权、发行权、出租权、展览权、表演权等，以及应当由著作权人依法享有的其他权利。

2）质押合同的形式与生效

出质人和质权人应当以书面形式订立质押合同。动产质押，质押合同自质物移交于质权人占有时生效。权利质押，以汇票、支票、本票、债券、存款单、仓单、提单出质的，质押合同自权利凭证交付之日起生效；以依法可以转让的股票、商标专用权，以及专利权与著作权中的财产权出质的，应当向有关部门办理出质登记，质押合同自登记之日起生效；以有限责任公司的股份出质的，质押合同自股份出质记载于股东名册之日起

> 著作权中的人身权可否质押？

生效；以应收账款质押的，质权自信贷征信机构办理出质登记时设立。

3）质押的范围和效力

质押担保的范围包括主债权及利息、违约金、损害赔偿金、质物保管费用和实现质权的费用。以汇票、本票、支票出质，出质人与质权人没有背书记载"质押"字样，以票据出质对抗善意第三人的，人民法院不予支持。以票据、债券、存款单、仓单、提单出质的，质权人再转让或者质押的无效。

设立质权，当事人应当采取书面形式订立质权合同。

质权合同一般包括下列条款：

（1）被担保债权的种类和数额；

（2）债务人履行债务的期限；

（3）质押财产的名称、数量、质量、状况；

（4）担保的范围；

（5）质押财产交付的时间。

质权人在债务履行期届满前，不得与出质人约定债务人不履行到期债务时质押财产归债权人所有。

### 案例 3-12

甲公司与乙公司订立一份买卖合同，由丙公司以其持有的一张银行汇票为甲公司提供付款质押担保，并将银行汇票背书交付给了乙公司，但未写明"质押"字样。后乙公司因采购需要，将该银行汇票背书转让给了丁公司（不知情），当丁公司持该银行汇票要求银行付款时，丙公司以该银行汇票系质押标的，乙公司无权擅自处理为由要求法院裁定丁公司无权要求付款。

请问：丙公司的主张是否合理？

【分析】

丙公司的主张不合理。因为在本案中，丁公司不知乙公司和丙公司之间有质押事宜，因此为善意第三人。乙公司与丙公司没有背书记载"质押"字样，不能以该事由对抗丁公司要求付款的权利。如丁公司知道丙公司和乙公司以该银行汇票作质押，则乙公司再将该汇票转让给丁公司的行为无效。

4）质押权的实现

债务履行期届满，债务人履行债务的，或者出质人提前清偿所担保的债权的，质权人应当返还质物。债务履行期届满，质权人即债权人未受清偿的，可以与出质人协议以物折价或者以拍卖、变卖质物的价款优先受偿。质权人在质权存续期间，未经出质人同意，擅自使用、出租、处分质物，因此给出质人造成损失的，由质权人承担赔偿责任。质权与其担保的债权同时存在，债权消灭的，质权也消灭。

3. 留置

留置权是指债权人按照合同约定占有债务人的动产，债务人不按照合同约定的期限履行债务的，债权人有权依法留置该财产，以该财产折价或者以拍卖、变卖该财产的价款优先受偿。也就是说，留置是由某个合同引起的，当债务人没有按规定履行合同时，债权人暂时"扣留"债务人因该合同被"占有"的财产。

**要点提示**

留置权人在占有留置物期间内,除了留置物本身以外,留置权的效力还及于从物、孳息和代位物。

1)留置权的成立条件

(1)债权人占有债务人的动产。《担保法》解释第108条规定,债权人合法占有债务人交付的动产时,不知债务人无处分该动产的权利,债权人可以按照《担保法》第82条的规定行使留置权。

(2)债权人留置的动产,应当与债权属于同一法律关系,但企业之间留置的除外。在承揽合同、运输合同、保管合同、仓储合同、行纪合同中一般可以产生留置权。

(3)债权已届清偿期且债务人未按规定期限履行义务。

2)留置权的行使

(1)留置标的物。债权人在其债权没有得到清偿,有权留置债务人的财产,并给债务人确定2个月以上的履行期限。

(2)优先受偿。优先受偿即债务人超过规定的期限仍不履行其债务时,留置权人可依法以留置物折价或拍卖、变卖所得价款优先受偿。

本模块要点主要有物权的概念与分类;物权法的基本原则(公示公信原则);动产与不动产物权的变动;所有权的权能及取得方式;用益物权的概念、特征及分类;担保物权抵押、质押;留置权相关知识。

 **练习与自测**

**一、单项选择题**

1. 物可分为原物和孳息,下列选项中属于孳息的是(    )。
   A. 鹿头上的鹿茸              B. 奶牛体内的牛奶
   C. 苹果树上结下的苹果        D. 电灯发出的灯光

2. 动产物权的让与人与受让人之间特别约定,标的物仍然由出让人继续占有,而受让人则取得对标的物的间接占有以代替标的物的现实交付。此种交付方式属于(    )。
   A. 现实交付    B. 简易交付    C. 指示交付    D. 占有改定

3. 所有权包括四项权能,即占有权、使用权、收益权、处分权。下列选项中属于收益权的是(    )。

A．出租房屋　　　　B．修理房屋　　C．抵押房屋　　　　D．出售房屋

4．下列各项中，属于财产所有权的原始取得的是（　　）。

A．小李送给小明一部手机作为生日礼物

B．小张继承父亲的一处房子

C．小王在山中采到一株灵芝

D．小赵借到同学的一台电脑

5．甲从乙处借款，将自己所有的受孕母牛出质于乙，质押期间，母牛产下牛犊，关于牛犊的所有权，下列说法正确的是（　　）。

A．归甲享有　　　　　　　　　　B．归乙享有

C．由甲和乙协商决定归谁所有　　D．由甲和乙共同享有

6．根据我国《物权法》的规定，以企业债券进行质押的，质权设立的时间是（　　）。

A．主合同签订之日　　　　　　　B．质押合同签订之日

C．将债券交付质权人之日　　　　D．办理出质登记之日

7．甲公司向银行贷款，并以其对乙公司应收的款项用于质押。根据《物权法》的规定，该质权设立的时间是（　　）。

A．借款合同签订日　　　　　　　B．通知乙公司日

C．质押合同签订日　　　　　　　D．信贷征信机构办理出质登记日

8．甲公司与乙企业在签订合同时约定，由乙企业将一张1万元的国债单据交付甲公司作为合同的担保，该种担保方式在法律上称为（　　）。

A．抵押　　　　　B．动产质押　　C．留置　　　　D．权利质押

9．根据规定，当事人以下列财产设定抵押，抵押权自登记时设立的是（　　）。

A．正在建造的学校教学楼　　　　B．正在建造的商品房

C．正在建造的列车　　　　　　　D．汽车

10．债权人在其债权没有得到清偿时，有权留置债务人的财产，并给债务人确定一个履行期限。根据《物权法》的规定，该履行期限为（　　）。

A．2个月以上　　B．1个月以上　　C．1年以上　　　D．6个月以上

二、多项选择题

1．甲向乙借款20万元做生意，由丙提供价值15万元的房屋抵押，并订立了抵押合同，但未办理登记手续。甲又以自己的一辆价值6万元的汽车质押给乙，双方订立了质押合同。乙认为将车放在自家附近不安全，决定仍放在甲处。对此，下列说法错误的有（　　）。

A．抵押权、质押权均有效　　　　B．抵押权、质押权均无效

C．抵押权有效、质押权无效　　　D．质押权有效、抵押权无效

2．关于留置权的效力，下列说法正确的有（　　）。

A．留置权的效力及于从物，但不及于孳息

B．留置物为不可分物的，留置权人可以就其留置物的全部行使留置权

C．债权人留置债务人的财产后，应当给债务人确定1个月以上的履行期限

D．债务人超过规定期限仍不履行其债务时，留置权人可依法以留置物折价或拍卖、变卖所得价款优先受偿

3. 下列关于物上请求权和债权请求权的说法中，正确的是（    ）。
   A．物上请求权旨在恢复物权人对其标的物的支配状态，从而使得物权得以实现
   B．债权请求权的目的是获得一定的赔偿，填补物权人受到的财产损失
   C．物上请求权的权利行使以相对人有过错为必要条件
   D．债权请求权必须以实际受到损害为前提，而物上请求权不以有损害为必要
4. 下列财产范围，抵押权自登记之日起设立的是（    ）。
   A．建筑用地使用权　　　　　　　B．正在建造的写字楼
   C．车辆　　　　　　　　　　　　D．航空器
5. 甲因向乙借款而将自己的一辆汽车抵押给乙，双方签订了抵押合同，但未办理登记手续。后甲又将该汽车转让给不知情的丙，并办理了过户手续。如果甲逾期不能偿还乙的借款，下列说法正确的有（    ）。
   A．因没有办理登记手续，乙对该汽车的抵押权不成立
   B．乙对该汽车的抵押权成立
   C．丙属于善意第三人，乙无权要求丙退还该汽车
   D．乙有权要求丙退还该汽车以实现抵押权
6. 根据我国《物权法》规定，下列选项可以设定质押的有（    ）。
   A．提单　　　　B．公司债券　　　C．建筑物　　　　D．汇票
7. 关于留置权的效力，下列说法正确的有（    ）。
   A．留置权的效力还及于从物、孳息和代位物
   B．留置的财产为可分物的，留置物的价值应当相当于债务的金额
   C．债权人在其债权没有得到清偿时，有权留置债务人的财产，并给债务人确定一个履行期限
   D．同一动产上已设立抵押权或者质权，该动产又被留置的，留置权人优先受偿
8. 根据《物权法》的规定，下列对用益物权的表述中，正确的有（    ）。
   A．用益物权以对标的物的使用、收益为主要内容，并以对物的占有为前提
   B．用益物权均为主物权
   C．用益物权是他物权
   D．用益物权一般是有期限物权
9. 以下所有权取得方式中，属于原始取得的有（    ）。
   A．甲在自己的住宅屋顶建造了一座花房　　B．乙收获了一季庄稼
   C．丙接受了朋友赠送的一辆汽车　　　　　D．丁取得了一笔存款利息
10. 下列选项中，关于征收和征用的说法，正确的有（    ）。
    A．两者都是为了公共利益的需要　　　　B．两者都是依法强制取得相关权利
    C．两者都会导致所有权发生变化　　　　D．两者对不动产和动产均适用

三、案例分析题

甲房地产开发公司（以下简称甲公司）投资开发 A 小区，后期由于资金短缺，甲公司以 A 小区尚未完工的 1 号楼作抵押向银行借款 5000 万元，并办理了抵押登记手续。某年 10 月，甲公司开始销售 A 小区的 1 号楼和 2 号楼。在销售过程中，甲公司有如下行为：

（1）销售1号楼时，未经银行同意，也没有向购买人说明1号楼已经抵押的事实；

（2）以每年100万元的价格将已经销售的2号楼的楼顶和外墙壁出租给乙公司用于设置广告宣传装置，且没有向购买人说明；

（3）以500万元的价格将已经销售的2号楼的规划用于停放汽车的地下车库卖给乙公司用于存放物资。次年3月，业主全部入住后成立了业主委员会。业主委员会发现甲公司前期聘请的提供物业管理的丙公司收费偏高，且服务较差。于是经专有部分占建筑物总面积过半数的业主且占总人数过半数的业主同意，解聘丙公司并与提供物业管理的丁公司签订物业服务合同。

请问：

（1）甲公司以尚未完工的1号楼设立抵押是否合法？并说明理由。

（2）甲公司销售已经抵押的1号楼是否合法？并说明理由。

（3）甲公司将已经销售的2号楼的楼顶和外墙壁出租给乙公司是否合法？并说明理由。

（4）甲公司将已经销售的2号楼的地下车库卖给乙公司是否合法？并说明理由。

（5）业主委员会解聘丙公司并与丁公司签订物业服务合同是否有效？并说明理由。

**法律名言:**

造成各个民族不幸的,并不是人们的卑劣、邪恶和不正,而是他们的法律不善。

——爱尔维修:《十八世纪法国哲学》

# 第四章 合 同 法

美国学者霍贝尔指出:"法是一个动态的发展过程,在这个过程中,解决问题的方法很少是永久不变的。"合同法作为调整各类交易关系的法律,"对于市场起着极大的支撑作用",同时也随着市场经济的发展而不断演化和发展。

## [关 键 词]

合同法概述,合同的订立、效力、履行、担保、变更、转让、解除与终止,违反《合同法》的违约责任等

## [学习目标]

通过学习,能解决以下问题:
- 合同的特征有哪些?
- 合同的订立原则、主要条款有哪些?
- 合同履行的原则有哪些?
- 合同权利义务终止的具体情形有哪些?
- 《合同法》的调整范围有哪些?
- 合同效力的4种情况有哪些?
- 什么是合同的变更、转让?
- 违反《合同法》的违约责任有哪些?

## 第一节　合同与合同法概述

**案例 4-1**

刘某在某超市购物时，将手包寄存在超市存物柜中，但在购物结束时却发现自己的手包已被别人取走。刘某当即向服务人员出示了自己存放物品时的手牌，超市承认由于自己的疏忽导致刘某的财产损失。但在赔偿数额问题上双方发生了争议。刘某声称自己包里有 2 万余元的贵重物品，要求超市如数赔偿；而超市则辩称：贵重物品应当自己随身保管，况且刘某也无法证明其损失的具体数额，因此只能按普通物品赔偿。

请问：你认为应当如何处理？

**【分析】**

贵重物品应随身保管相当于合同中的格式条款，即未与对方协商而订立的，不能借用格式条款免除自己责任或加重对方责任。

**知识链接**　格式条款是指当事人为了重复使用而预先拟定并在订立合同时未与对方协商的条款。

1. 合同的概念与特征

（1）合同的概念。合同是指平等主体的自然人、法人、其他组织之间设立、变更、终止民事权利义务关系的协议，又称契约。

（2）合同的特征。

① 合同是一种双方或多方当事人参加的协议。

② 合同当事人法律地位平等。

③ 合同是平等主体的自然人、法人、其他组织之间的协议。

④ 合同是平等主体之间民事权利义务关系的协议。

⑤ 合同是平等主体之间设立、变更、终止民事权利义务关系的协议。

2. 合同法的调整范围

合同法调整的是平等主体之间的民事关系。有关婚姻、收养、监护等身份关系的协议，虽然是平等主体间的关系，但也不适用合同法的规定，适用其他法律的规定。

新合同法法律适用范围：

第一条　合同法实施以后成立的合同发生纠纷起诉到人民法院的，适用合同法的规定；合同法实施以前成立的合同发生纠纷起诉到人民法院的，除本解释另有规定的以外，适用当时的法律规定，当时没有法律规定的，可以适用合同法的有关规定。

第二条　合同成立于合同法实施之前，但合同约定的履行期限跨越合同法实施之日或者履行期限在合同法实施之后，因履行合同发生的纠纷，适用合同法第四章的有关规定。

第三条　人民法院确认合同效力时，对合同法实施以前成立的合同，适用当时的法律合同无效而适用合同法合同有效的,则适用合同法。

第四条 合同法实施以后,人民法院确认合同无效,应当以全国人大及其常委会制定的法律和国务院制定的行政法规为依据,不得以地方性法规、行政规章为依据。

第五条 人民法院对合同法实施以前已经做出终审裁决的案件进行再审,不适用合同法。

### 3．合同的种类

合同法分则确认了15种有名合同:

(1)买卖合同。

(2)供用电、水、气、热力合同。

(3)赠与合同。

以上3种合同均属于转移财产所有权的合同。

(4)借款合同。

(5)租赁合同。

(6)融资租赁合同。

它是出租人根据承租人对出卖人、租赁物的选择,向出卖人购买租赁物,提供给承租人使用,承租人支付租金的合同。

以上3种合同均属于转移财产使用权的合同。

> **要点提示**
>
> 合同法调整的并不是所有民事权利义务关系,而只是平等主体之间关于合同设立、变更、终止的民事权利义务关系。

(7)承揽合同。承揽包括加工、定做、修理、复制、测试、检验等工作。

(8)建设工程合同。建设工程合同包括工程勘查、设计、施工合同。

以上2种合同均属于完成工作成果的合同。

(9)运输合同。

(10)保管合同。

(11)仓储合同。仓储合同是保管人储存存货人交付的仓储物,存货人支付仓储费的合同。

(12)委托合同。委托合同是委托人和受托人约定,由受托人处理委托人事务的合同。

(13)行纪合同。行纪合同是行纪人以自己的名义为委托人从事贸易活动,委托人支付报酬的合同。

(14)居间合同。居间合同是居间人向委托人报告订立合同的机会或者提供订立合同的媒介服务,委托人支付报酬的合同。

以上6种合同均属于提供劳务的合同。

(15)技术合同。技术合同是当事人就技术开发、转让、咨询或者服务订立的确立相互之间权利和义务的合同。

除外,实践中还有如下有名合同:联营合同、农村承包经营合同、土地使用权出让与转让合同、保险合同、出版合同、合伙合同、雇佣合同等。

## 第二节 合同的订立

合同的订立是两个或两个以上的当事人，依法就合同的主要条款经过协商一致达成协议的法律行为。

当事人也可以依法委托代理人订立合同。

**1．合同订立的原则**

（1）平等原则。

（2）自愿原则。

（3）公平原则。

（4）诚实信用原则。

（5）守法原则。

**2．合同订立的形式**

订立合同的形式是合同双方当事人之间明确相互权利和义务的方式，是双方当事人意思表示一致的外在表现。

合同当事人可以是自然人，也可以是法人或者其他组织。订立合同，当事人必须具备与所订立合同相适应的民事权利能力和民事行为能力。当事人也可以依法委托代理人订立合同。

> **知识链接**　民事权利能力：是指法律赋予民事主体从事民事活动，享受民事权利和承担民事义务的资格。民事行为能力：是指民事主体以其自己的行为取得民事权利，承担民事义务的资格。民法中民事行为能力分为 3 种，即完全民事行为能力、限制民事行为能力、无民事行为能力。

合同订立的形式是指合同当事人达成的协议的表现形式。《合同法》规定，当事人订立合同可以有 3 种形式：书面形式、口头形式和其他形式。

（1）书面形式。法律、行政法规规定采用书面形式的，应当采用书面形式。当事人约定采用书面形式的，应当采用书面形式。

（2）口头形式。口头形式的合同是指当事人各方就合同内容达成一致的口头协议。凡当事人无约定、法律未规定特定形式的合同均可采用口头形式（如"一手交钱，一手交货"），但发生争议时，当事人必须举证证明合同的存在及合同关系的内容。口头合同比较简便、迅速，缺点是发生纠纷时难以取证，不易分清责任。

（3）其他形式。其他形式一般包括推定形式和默示形式。推定形式是指根据当事人的行为或者特定情形能够推定合同成立的意思表示；默示形式是指当事人采用沉默不语的方式进行意思表示。

《合同法》解释第 6 条规定：提供格式条款的一方对格式条款中免除或者限制其责任的内容，在合同订立时采用足以引起对方注意的文字、符号、字体等特别标识，并按照对方的要求对该格式条款予以说明的，人民法院应当认定符合合同法第三十九条所称"采取合理的方式"提供格式条款一方对已尽合理提示及说明义务承担举证责任。

## 案例 4-2

待业青年高某，16 周岁，身高 180 公分，但面貌成熟，像 20 多岁。高某为了买一辆二手出租车，欲将家中一套闲房卖掉筹购车款。后托人认识田某，与田某签订了购房合同，田某支付定金 8 万元，双方递到房屋管理部门办理了房屋产权转让手续。高某父亲发现此事后，起诉到法院。

请问：

（1）该房屋买卖合同是否有效？

（2）为什么无效？请说明原因。

【分析】

（1）该房屋买卖合同无效。

（2）因为当事人一方高某虽年满 16 周岁，但不是以自己的劳动作为生活来源，是限制行为能力的人。限制行为能力人不能处分重大的民事行为。房屋买卖属于重大民事行为，高某不具备这种民事权利能力，无权处分房屋产权。因缔约主体资格不合格，导致该合同无效，加上高某的父亲事后并未予以追认，所以该房屋买卖合同是无效合同。

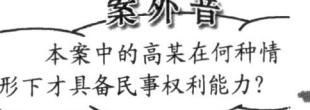

本案中的高某在何种情形下才具备民事权利能力？

### 3. 合同的内容

合同的内容是指合同的各项条款，即据以确定当事人权利、义务和责任的条文内容。合同条款分为主要条款和一般条款。

合同的主要条款

合同的主要条款包括以下内容：

（1）当事人的名称或者姓名和住所。

（2）标的。标的是指合同当事人双方权利和义务所共同指向的对象。具体分为 4 种，即有形资产、无形资产、劳务、工作成果。

（3）数量。数量是指标的的数量。对于国家没有计量标准的计量单位的，在订立合同时应注意确定具体的重量或数量，以避免产生争议。

（4）质量。质量是指标的的具体特征，如商品的品种、型号、规格、等级和工程项目的标准等。

合同争议的解决方法有几种？

（5）价款或者报酬。价款或者报酬是指一方当事人向对方当事人所付代价的货币表现。

（6）履行期限、地点和方式。履行方式是指合同当事人履行合同义务的具体做法。

（7）违约责任。违约责任是指合同当事人一方或者双方不履行合同义务或者履行合同义务不符合约定时，按照法律或者合同的规定应当承担的法律责任。

（8）解决争议的方法。解决争议的方法主要有当事人协商和解、第三人调解、仲裁和诉讼。

### 4. 合同订立的方式

当事人订立合同，采取要约、承诺方式。

1）要约

（1）要约的概念和具备的条件。要约在不同情况下可称为发盘、出盘、发价、出价或报价等。要约是希望和他人订立合同的意思表示，该意思表示应当符合下列规定：

① 内容具体确定。

② 表明经受要约人承诺，要约人即受该意思表示约束。

另外，要约的内容必须具有足以决定合同内容的主要条款，包括标的、数量、质量、价款或者报酬、履行期限等。对方一经接受，合同也就成立。

订立合同要注意区分要约与要约邀请。要约邀请是希望他人向自己发出要约的意思表示，不具有法律意义。要约邀请是不包括合同主要条款的意思表示，如价目表、拍卖广告、招标公告、招标说明书等都是要约邀请。商业广告视其内容确定是要约还是要约邀请，若内容符合要约规定条件的，则视为要约，否则是要约邀请。

#### 案例 4-3

某职业学校拟新增两个机电一体化实训室，需要购置新型车床、机床，但应通过政府采购。学校提交了一份机器配置清单及价目单给主管部门，主管部门开始公开招标。

请分析该学校出示的价目单，以及主管部门的公开招标公告属于要约还是要约邀请？

【分析】

由于价目单不是最后机器的价格单，也不能代替购买合同，当招标成功时还要讨价还价，而公开招标公告是向不特定的人发出的，希望各公司都来竞标，所以，价目单和招标公告都属于要约邀请。

（2）要约生效时间。要约到达受要约人时生效。要约只要送达到受要约人通常的地址、住所或者电子邮箱等即为送达。

（3）要约的撤回、撤销与失效。要约撤回是指要约人在发出要约后、要约生效前，使要约不发生法律效力的意思表示。要约撤销是指要约人在要约生效后、受要约人承诺前，使要约丧失法律效力的意思表示。要约可以撤销，撤销要约的通知应当在受要约人发出承诺通知之前到达受要约人。有下列情形之一的，要约不得撤销：

① 要约人确定了承诺期限或者以其他形式明示要约不可撤销。

② 受要约人有理由认为要约是不可撤销的，并已经为履行合同做了准备工作。

要约失效是指要约丧失法律效力。即要约人与要约人均不再受其约束，要约人不再承担接受承诺的义务，受要约人也不再享有通过承诺使合同得以成立的权利。有下列情形之一的，要约失效：

① 拒绝要约的通知到达要约人。

② 要约人依法撤销要约。

③ 承诺期限届满，受要约人未作出承诺。

④ 受要约人对要约的内容作出实质性变更。所谓实质性变更，是指对合同的标的、质量、

数量、价款、履行地点、违约责任等所做的变更,为新要约。

2)承诺

(1)承诺是受要约人同意要约的意思表示。承诺生效时合同成立。承诺应当以通知的方式作出,通知的方式可以是口头的,也可以是书面的。但根据交易习惯或者要约表明可以通过行为作出承诺的除外。承诺应当具备以下条件:

① 必须由受要约人作出。如由代理人作出承诺,则代理人须有合法的委托手续。
② 必须向要约人作出。
③ 承诺的内容必须与要约的内容一致。
④ 必须在有效期限内作出。承诺必须在要约确定的期限内到达要约人。

(2)承诺的期限。承诺应当在要约确定的期限内到达要约人。要约没有确定承诺期限的,承诺应当依照下列规定到达:

① 要约以对话方式作出的,应当即时作出承诺,但当事人另有约定的除外。
② 要约以非对话方式作出的,承诺应当在合理期限内到达。承诺期限的计算:要约是以信件或者电报作出的,承诺期限自信件载明的日期或者电报交发之日开始计算;信件未载明日期的,自投寄该信件的邮戳日期开始计算。要约以电话、传真等快速通信方式作出的,承诺期限自要约到达受要约人时开始计算。

(3)承诺的生效。承诺通知到达要约人时生效。承诺不需要通知的,根据交易习惯或者要约的要求作出承诺的行为时生效。在下列情况下,承诺不发生效力:

① 承诺的撤回。承诺可以撤回,撤回承诺的通知应当在承诺通知到达要约人之前或者与承诺通知同时到达要约人。

② 过期承诺。受要约人超过承诺期限发出承诺的,除要约人及时通知受要约人该承诺有效的以外,为新要约。受要约人在承诺期限内发出承诺,按照通常情形能够及时到达要约人,但因其他原因承诺到达要约人时超过承诺期限的,除要约人及时通知受要约人因承诺超过期限不接受该承诺的以外,该承诺有效。合同的内容以承诺的内容为准。

### 案例 4-4

杜某于 2017 年 10 月 2 日致函张某,表示以 20 万元的价格出售某件古董,该函于 10 月 4 日下午两点到达张某处。杜某于 10 月 3 日获知另外有人愿以高价购买其古董,即寄特快专递,表示撤回前函。邮递人员于 10 月 4 日上午送达时,张某适逢外出,邮递人员留下领取通知书,载明应于 10 月 5 日上午 9 时后的一周内前往某邮局领取信件。经查张某于 10 月 4 日下午 4 点即已致函杜某,表示购买,该信于 10 月 6 日到达杜某处。张某于 10 月 5 日上午赴邮局取信时,始知杜某撤回之事。

请问:

(1)杜某与张某间的买卖合同是否成立?为什么?

(2)假设杜某的撤回函于 10 月 4 日下午 3 时到达张某处,张某不管杜某的撤回函,仍然发信表示购买,买卖合同是否成立?为什么?

(3)假设杜某于 10 月 2 日致函张某时,载明张某应于一周内承诺,该一周时间应从何时算起?

（4）假设张某应于10月10日之前承诺，但张某的承诺信件至10月13日方到达杜某处，该承诺效力如何？

（5）假设张某应于10月10日之前承诺，但张某的承诺因邮局的原因于10月13日方到达杜某处，该承诺效力如何？

【分析】

（1）成立。杜某的行为既不满足要约的撤回，也不满足要约的撤销条件（参见《合同法》第17、18条）。

（2）不成立。因为杜某的此种行为构成要约的撤销。

（3）收到要约之日起开始计算。

（4）属于迟到的承诺（见《合同法》第29条）。除要约人及时通知不接受外，承诺有效。

（5）如无特殊情况，承诺有效。

5. 合同成立的时间、方式和地点

1）合同成立的时间

合同谈判成立的过程，就是要约、新要约、更新的要约直到承诺的过程。承诺生效时合同成立。

2）合同成立的方式

（1）合同书方式成立。自双方当事人签字或者盖章时合同成立。

（2）确认书方式成立。当事人采用信件、数据电文等形式订立合同的，可以在合同成立之前要求签订确认书，签订确认书时合同成立。

（3）实践履行方式成立。法律、行政法规规定或者当事人约定采用书面形式订立合同，当事人未采用书面形式，但一方已经履行主要义务，对方接受的，该合同成立。采用合同书形式订立合同，在签字或者盖章之前，当事人一方已经履行主要义务，对方接受的，该合同成立。

另外，当事人签订要式合同的，以法律、法规规定的特殊形式要求完成的时间为合同成立时间。

**案例 4-5**

某乳制品厂（以下简称甲方）为生产优质乳制品向某机械厂（以下简称乙方）订购一套乳制品加工设备，双方本应按照约定签订书面合同，但由于乙方说没关系，表示肯定能够在两个月内送货上门，并安装调试至顺利生产，故双方没有签订书面合同。两个月后，乙方准时将设备送到甲方，并进行了安装调试，在安装完毕之后的试生产过程中，机器出现故障。甲方请乙方的专业人员又进行了两次调试，但故障仍未排除，于是，甲方以合同未采用法律规定的书面形式为由，要求认定合同不成立，并退货。

请问：

（1）甲方要求认定合同不成立的请求有无法律依据？为什么？

（2）此案应如何处理？

【分析】

（1）没有。案中双方虽然没有按法律规定签订书面合同，但是合同当事人乙方已经履行了主要义务，而甲方也接受了，因此双方达成的协议已经成立（见《合同法》第36条）。

（2）至于机器没有调试成功，乙方应当继续调试，如果多次调试均不成功，设备的确存在质量问题，可以认为乙方没有按合同的要求履行，甲方可以请求换货；如果乙方的确不可能提供合格产品，也可以请求解除合同，但不能请求认定合同不成立。

> 合同成立的地点有何规定？

3）合同成立的地点

承诺生效的地点为合同成立的地点；采用数据电文形式订立合同的，收件人的主营业地为合同成立的地点；没有主营业地的，其经常居住地为合同成立的地点；当事人另有约定的，按照其约定；当事人采用合同书形式订立合同的，双方当事人签字或者盖章的地点为合同成立的地点。

## 第三节　合同的效力

依法成立的合同自成立时生效。合同生效后，即在当事人之间产生法律效力，同时对当事人以外的第三人产生法律约束力。法律、行政法规规定应当办理批准、登记等手续生效的，自批准、登记时生效。合同的效力是指合同是否有效。有效合同对当事人具有法律约束力，国家法律予以保护；无效合同不具有法律约束力。《合同法》对合同的效力规定了4种情况：有效合同、无效合同、可撤销合同、效力待定合同。

### 1. 有效合同

当事人对合同的效力可以约定附条件。附生效条件的合同自条件成就时生效；附解除条件的合同自条件成就时失效。当事人为自己的利益不正当地阻止条件成就的，视为条件成就；不正当地促成条件成就的，视为条件不成立。当事人对合同的效力可以约定附期限，附生效期限的合同自期限届至时生效；附终止期限的合同自期限届满时失效。

**案例 4-6**

小杨与小李签订了一份汽车转让合同，合同约定，小杨的汽车使用2年后按6折转让给小李。

请分析该合同属于什么合同？是否有效？

【分析】

小杨与小李签订的合同属于附生效期限的合同，生效期限是小杨使用汽车2年后合同生效，小杨的汽车按约定按6折转让给小李，是有效合同。

### 2. 无效合同

无效合同是指因违反法律、法规要求，国家不予承认和保护的不具有法律约束力和不发生履行效力的合同。无效合同根据其无效程度和范围，分为部分无效合同和全部无效合同两种。有下列情形之一的，合同无效：

（1）一方以欺诈、胁迫的手段订立合同，损害国家利益。

（2）恶意串通，损害国家、集体或者第三人利益。

（3）以合法形式掩盖非法目的。

（4）损害社会公共利益。

（5）违反法律、行政法规的强制性规定。

（6）无行为能力人订立的合同；限制行为能力人订立的与其年龄、智力、健康状况不相适应的合同；行为人在神志不清的状态下订立的合同。

《合同法》第 53 条规定，合同中的下列免责条款无效：

（1）造成对方人身伤害的；

（2）因故意或者重大过失造成对方财产损失的。无效合同自始没有法律约束力。合同部分无效，不影响其他部分效力的，其他部分仍然有效。

### 案例 4-7

某百货公司购进一批新型相机，每部定价为 3980 元。售货员在制作标价牌时，误将 3980 元标为 2680 元。某日，顾客小孙入店，发现在别处卖近 4000 元的相机在这里只卖 2680 元，于是便买了一部。事后，当售货员再次去库房取货时，才发现该部相机少收了 1300 元。百货公司经多方查找，终于找到小孙，要求补足差价或退货。小孙称，自己买回相机是付了钱的，买卖已成交，岂有退货、补差价之理。百货公司遂以小孙为被告诉至法院，要求退货或补足差价。

合同无效的情形有哪些？

请问：百货公司与小孙之间民事行为的性质及法律后果如何？百货公司对小孙的诉讼请求能否成立？为什么？

【分析】

百货公司与小孙之间发生的照相机买卖这一民事行为，因百货公司在要约过程中存在意思表示的错误，所以属于因重大误解而订立的合同。《合同法》第 54 条规定，因重大误解订立的合同，当事人一方有权请求人民法院或者仲裁机构变更或者撤销。所以，百货公司对小孙的要求（退货或补足差价）的诉讼请求能够成立。

3. 可撤销合同

可撤销合同是指因合同当事人订立合同时意思表示不真实，通过有撤销权的当事人行使撤销权，可使已经生效的合同变更或归于无效的合同。

下列合同，当事人一方有权请求人民法院或者仲裁机构变更或者撤销：

（1）因重大误解订立的。

（2）在订立合同时显失公平的。一方以欺诈、胁迫的手段或者乘人之危，使对方在违背真实意思的情况下订立的合同，受损害方有权请求人民法院或者仲裁机构变更或者撤销。当事人请求变更的，人民法院或者仲裁机构不得撤销。

有下列情形之一的，撤销权消灭：

（1）具有撤销权的当事人自知道或者应当知道撤销事由之日起 1 年内没有行使撤销权；

（2）具有撤销权的当事人知道撤销事由后明确表示或者以自己的行为放弃撤销权。

被撤销的合同与无效合同一样，自始没有法律约束力。因该合同取得的财产应该予以返还；不能返还或者没有必要返还的，应当折价补偿。有过错一方应当赔偿对方因此所受的损失，双方都有过错的，应当各自承担相应的责任。

### 案例 4-8

老林家中有一幅古画，是其曾祖父留下的。夏某听说老林家有一幅祖传古画，遂上门索购。老林不知该古画真实价值，夏某用 2 万元买下此古画。随后，夏某将该古画送至某拍卖行进行拍卖，卖得价款 8 万元。老林得知此事后，认为夏某欺骗了自己，便找到夏某，要求夏某退回古画。夏某以买卖古画是双方自愿的，不存在欺骗为由，拒绝老林的请求。经人指点，老林到夏某所在地人民法院提起诉讼，请求撤销合同，并请求夏某返还古画。

请问：

（1）老林的诉讼请求有无法律依据？为什么？

（2）法院应如何处理？

【分析】

（1）有。夏某与老林之间的合同属于显失公平的买卖合同，且显失公平系由于老林欠缺交易经验所致，因此老林有权依据《合同法》第 54 条之规定，请求法院撤销合同，并依据《合同法》第 58 条之规定，请求夏某返还古画。

（2）法院应根据《合同法》第 54 条之规定撤销该古画买卖合同，并依据《合同法》第 58 条之规定，要求夏某将古画退还给老林，老林将收到的古画款退还给夏某。若夏某愿意支付与该古画价值相当的价款，老林也同意接受，老林可以不用撤销该合同，由夏某补齐余下的价款即可。

### 4．效力待定合同

效力待定合同是对于某些方面不符合合同生效的要件，但并不属于无效合同或可撤销合同，法律允许根据情况予以补救的合同。

下列情形下订立的合同为效力待定合同：

（1）限制民事行为能力人订立的合同。该合同经法定代理人追认后，该合同有效。但如果是纯获利益的合同或者是与其年龄、智力、精神健康状况相适应而订立的合同，不必经法定代理人追认，合同当然有效。相对人也可以催告法定代理人在 1 个月内予以追认，法定代理人未作表示的，视为拒绝追认。所谓限制民事行为能力人，是指具有限制民事行为能力的公民。

（2）行为人没有代理权、超越代理权或者代理权终止后以被代理人名义订立的合同。该合同未经被代理人追认，该合同对被代理人不发生效力，由行为人承担责任。相对人可以催告被代理人在 1 个月内予以追认，被代理人未作表示的，视为拒绝追认。合同被追认之前，善意相对人有撤销的权利，撤销应当以通知的方式作出。

（3）无处分权的人处分他人财产而订立的合同。该合同经权利人追认或者无处分权的人订立合同后取得处分权的，该合同有效。

> **知识链接**
>
> 　　表见代表是指法人代表的行为虽然超越了法人的代表权限，但善意相对人基于一定客观事实有正当相信其有代表法人之权的理由并与之从事交易行为，从法律上来说该代表行为有效的制度。
> 　　表见代理是指行为人没有代理权、超越代理权或者代理权终止后仍然以被代理人的名义行使代理权，但是相对人有理由相信他有代理权，这种代理当然有效。
> 　　表见代表与表见代理的区别在于表见代表一定是法人代表，而表见代理是普通的代理人的越权行为。

### 案例 4-9

杨某孤身一人，因外出打工，将一幅祖传古画交由邻居石某保管。石某因儿子结婚用钱，便将古画卖给了收藏商随某，得款 12 万元。

请问：

（1）石某与随某之间的买卖合同效力如何？为什么？

（2）随某能否取得该古画的所有权？为什么？

【分析】

（1）合同的效力未定。因为石某的行为属无权处分行为，无权处分行为产生的合同效力未定。

（2）随某能取得古画所有权。因为随某的行为符合善意取得的条件，随某因善意取得而取得所有权。

## 第四节　合同的履行

### 1．合同履行的概念

合同的履行是指合同生效后，双方当事人按照合同规定的各项条款，完成各自承担的义务和实现各自享受的权利，使双方当事人的合同目的得以实现的行为。

### 2．合同履行的原则

1）实际履行原则

实际履行原则即当事人约定采用书面形式订立合同，在还没有采用书面形式订立合同之前，一方当事人已经履行，而另一方也已经接受的，合同成立；法律、行政法规规定应当采用书面形式订立合同，双方当事人在签字盖章之前，一方当事人已经履行了义务，对方接受，则合同成立。

2）全面履行原则

全面履行原则即当事人应当按照法律的规定或合同的约定全面、正确地履行义务。

3）诚实信用原则

诚实信用原则即当事人在合同履行中要诚实守信，相互协作，共同努力完成合同规定的义务。任何一方在履行合同过程中出现什么问题，都必须如实告知对方，不能欺骗对方。

### 3. 合同履行的规则

合同生效后，当事人就质量、价款或者报酬、履行地点等内容没有约定或者约定不明确的，可以协议补充；不能达成补充协议的，按照合同有关条款或者交易习惯确定。

当事人就有关合同内容约定不明确，依照《合同法》第 61 条的规定仍不能确定的，适用下列规定：

（1）质量要求不明确的，按照国家标准、行业标准履行；没有国家标准、行业标准的，按照通常标准或者符合合同目的的特定标准履行。

（2）价款或者报酬不明确的，按照订立合同时履行地的市场价格履行；依法应当执行政府定价或者政府指导价的，按照规定履行。

（3）履行地点不明确，给付货币的，在接受货币一方所在地履行；交付不动产的，在不动产所在地履行；给付其他标的的，在履行义务一方所在地履行。

（4）履行期限不明确的，债务人可以随时履行，债权人也可以随时要求履行，但应当给对方必要的准备时间。

（5）履行方式不明确的，按照有利于实现合同目的的方式履行。

（6）履行费用的负担不明确的，由履行义务一方负担。《合同法》第 63 条规定，执行政府定价或者政府指导价的，在合同约定的交付期限内政府价格调整时，按照交付时的价格计价。逾期交付标的物的，遇价格上涨时，按照原价格执行；价格下降时，按照新价格执行。逾期提取标的物或者逾期付款的，遇价格上涨时，按照新价格执行；价格下降时，按照原价格执行。

### 4. 抗辩权的行使

抗辩权是指在双务合同中，一方当事人有依法对抗对方请求权或否认对方主张的权利。《合同法》规定了同时履行抗辩权、后履行抗辩权和不安（先履行）抗辩权 3 种。

双务合同就是指合同各方当事人既享有权利，也负有义务的合同。绝大多数合同都是双务合同。

1）同时履行抗辩权

同时履行抗辩权是指合同当事人互负债务，没有先后履行顺序的，应当同时履行。一方在对方履行之前有权拒绝其履行要求；一方在对方履行债务不符合约定时，有权拒绝其相应的履行要求。

同时履行抗辩权只是暂时阻止对方当事人请求权的行使，不是永久的抗辩权。当对方当事人履行了合同义务，同时履行抗辩权即消灭，主张抗辩权的当事人就应当履行自己的义务。

### 案例 4-10

某连锁店与某乳制品公司签订一份买卖鲜奶的购销合同,约定提货时付款。该连锁店提货时,称其他厂家欠款明天到账,要求先提货,明天钱一到账便把货款送来,该乳制品公司拒绝了连锁店的要求。

请分析该公司是否可以拒绝连锁店的要求?

【分析】

在本案中,由于连锁店和乳制品公司互负债务,没有先后履行顺序,如连锁店不能支付货款,根据同时履行抗辩权制度,该公司可以拒绝向连锁店交付商品。

> 同时履行抗辩权的条件是什么?

2)后履行抗辩权

后履行抗辩权是指合同当事人互负债务,有先后履行顺序,先履行一方未履行的,后履行一方有权拒绝其履行要求;先履行一方履行债务不符合约定的,后履行一方有权拒绝其相应的履行要求。

### 案例 4-11

甲公司与乙公司签订一份买卖药材的合同,合同约定卖方乙公司应在合同生效后 5 日内向买方甲公司发货,甲公司收到货物验收后即结清货款。乙公司按约定发货至甲公司。甲公司收到货物后经验收发现药材质量不符合合同约定,遂及时通知乙公司并拒绝支付货款。

请问:

(1)甲公司拒绝支付货款是否合法?甲公司的行为若合法,法律依据是什么?

(2)甲公司行使的是什么权利?

【分析】

(1)甲公司拒绝支付货款是合法的。《合同法》第 67 条规定:"当事人互负债务,有先后顺序,先履行一方未履行的,后履行一方有权拒绝其履行要求。先履行一方履行债务不符合约定的,后履行一方有权拒绝其相应的履行要求。"乙公司虽然将药材如期运至甲公司,但其药材质量不符合合同约定的质量。因此,甲公司有权拒绝支付货款。

(2)甲公司行使的是后履行抗辩权。

3)不安抗辩权

不安抗辩权又称先履行抗辩权,是指双务合同成立后,应当先履行债务的当事人有确切证据证明对方不能履行债务或者有不能履行债务的可能时,在对方没有履行或者没有提供担保之前,有权中止履行合同义务。

应当先履行债务的当事人,有确切证据证明对方有下列情形之一的,可以中止履行合同义务:

(1)经营状况严重恶化。

(2)转移财产、抽逃资金,以逃避债务。

(3)丧失商业信誉。

> 行使不安抗辩权的当事人有何法定义务?

（4）有丧失或者可能丧失履行债务能力的其他情形。

《合同法》对行使不安抗辩权的一方当事人规定了两项义务：

（1）举证责任。在诉讼或仲裁中，主张不安抗辩权一方应负举证义务。

（2）通知义务。行使不安抗辩权无须征得对方同意，但为了避免因此受到损害，行使不安抗辩权要及时通知对方。

4）三种抗辩权的共同点

（1）抗辩权都是在双务合同中。

（2）抗辩权都是依法行使的，必须出现法律规定的事由，才可暂时中止合同的履行。

（3）法定事由一旦消失，当事人就必须立即履行合同，否则违约。

### 案例 4-12

夏小姐为当红歌手，某日，夏小姐与某演出公司签订了一份演出合同，约定夏小姐在演出公司主办的一场演出中演唱两首歌曲，由演出公司预先支付给夏小姐演出劳务费10万元。后来，在合同约定支付劳务费的期限到来之前，夏小姐因一场火灾而受伤住院。演出公司得知在演出日之前，夏小姐的身体有康复的可能，但也不排除夏小姐的伤情会恶化，以至于不能参加原定的演出。基于上述情况，演出公司向夏小姐发出通知，主张暂不予支付合同中所约定的10万元劳务费。

请问：本案中，演出公司的行为属于什么行为，是否合法？

演出公司的行为属于在商言商，可以理解！

【分析】

本案中，夏小姐与演出公司双方的债务是因同一双务合同而发生，并且按合同约定，演出公司有先履行给付演出劳务费的义务。在该双务合同成立后，夏小姐因火灾而造成身体伤害，以致有届时不能履行出场演出义务的可能。演出公司在询问医生，得知夏小姐届时履行其出场演出义务的能力尚不确定时，对夏小姐发出了通知，告知夏小姐其演出劳务费不能按合同原定予以提前支付，这是演出公司行使不安抗辩权的正当行为，完全符合不安抗辩权行使的法定要件，符合民法中的诚实信用原则和公平原则。对于演出公司的该种行为，在法律上和法理上都是应当给予支持的。

**5. 保全措施**

合同的保全措施是指为防止因债务人的财产不当减少而给债权人的债权带来危害，法律允许债权人为保全其债权的实现而采取的法律措施。包括代位权和撤销权两种。

1）代位权

代位权是指因债务人怠于行使其到期债权，对债权人造成损害，债权人可以向人民法院请求以自己的名义代位行使债务人的债权。

代位权的行使须满足3个条件：

（1）合同关系已到期，债务人迟迟不履行。

（2）债务人怠于行使其到期债权，对债权人造成损害。

（3）债务人的债权不是专属于债务人自身的债权。代位权的行使范围以债权人的债权为限。债权人行使代位权的必要费用由债务人负担。

> **知识链接**
> 专属于债务人自身的债权是指基于扶养关系、抚养关系、赡养关系、继承关系产生的给付请求权和劳动报酬、退休金、养老金、抚恤金、安置费、人寿保险、人身伤害赔偿请求权等权利。

### 案例 4-13

甲公司向银行贷款 200 万元,期限 5 年,但 5 年过后,甲公司以资金周转不足为由,迟迟不归还银行贷款。据了解,甲公司向乙公司多次销售产品,而乙公司始终不支付货款,甲公司也未向乙公司追索。

请问:银行应如何保护自己的权益?

【分析】

本案中如果甲公司不向乙公司追索货款,就会影响到甲公司向银行归还贷款。根据法律规定,如果甲公司既不以诉讼方式,也不以仲裁方式向乙公司主张债权,银行就可以向人民法院提起对乙公司的代位权诉讼,要求法院准许银行以自己的名义向乙公司主张债权。

2)撤销权

撤销权是指因债务人放弃其到期债权或者无偿转让财产,对债权人造成损害的,或者债务人以明显不合理的低价转让财产,对债权人造成损害,并且受让人知道该情形的,债权人可以请求人民法院撤销债务人的行为。引起撤销权发生的要件包括放弃到期债权、无偿转让财产或以明显不合理的低价转让财产。无偿行为不论第三人善意、恶意取得,均可撤销;有偿转让行为以第三人的恶意取得为要件,若第三人主观上无恶意,则不能撤销其善意取得的行为。债权人行使撤销权所支付的律师代理费、差旅费等必要费用由债务人负担;第三人有过错的,应当适当分担。撤销权自债权人知道或者应当知道撤销事由之日起 1 年内行使。自债务人的行为发生之日起 5 年内没有行使撤销权的,该撤销权消灭。

### 案例 4-14

甲公司欠银行 100 万元到期债务迟迟不还,后来银行得知,甲公司将其价值 300 万元的厂房以 120 万元的价格卖给了其关联公司乙公司,而且乙公司在购买房屋时已经得知甲公司濒临破产。

请问:根据《合同法》的规定,银行可以行使什么权利?

【分析】

本案中甲公司欠银行的到期债务不还,还将固定资产以低价卖给乙公司,并且乙公司购买房屋时也已得知甲公司濒临破产,则乙公司属于恶意取得资产。所以,银行为了索要债务,可以请求人民法院撤销债务人甲公司以明显不合理的低价转让财产的行为。

## 第五节　合同的担保

**1. 合同担保的概念**

合同的担保是指为保障合同债权的实现，由当事人双方依照法律规定，经过协商一致而设定的具有法律约束力的保证措施。

合同的担保一般在订立合同的同时成立，既可以是单独订立的书面合同，如当事人之间具有担保性质的信函、传真等，也可以是主合同中的担保条款。担保合同是主合同的从合同，主合同无效，担保合同无效。

**2. 合同担保的方式**

根据《担保法》的规定，在借贷、买卖、货物运输等经济活动中，债权人需要以担保方式保障其债权实现的，可以设定保证、抵押、质押、留置和定金等5种方式的担保。其中"抵押、质押、留置"已在物权法中担保物权单元详述。

1）保证

保证是指第三人（保证人）为债务人的债务履行做担保。由保证人和债权人约定，当债务人不履行债务时，保证人按照约定履行债务或者承担责任的行为。

（1）保证人的资格。根据《担保法》的规定，具有代为清偿债务能力的法人、其他组织或者公民，可以做保证人。国家机关、学校、幼儿园、医院等以公益为目的的事业单位、社会团体，企业法人的分支机构、职能部门，不得作为保证人；国家机关在经过国务院批准时，可以为使用外国政府或国际经济组织贷款进行转贷的情况做保证人；企业法人的分支机构有法人书面授权的，可以在授权范围内作为保证人。

（2）保证的方式。

① 一般保证。一般保证的保证人在主合同纠纷未经审判或者仲裁，并就债务人财产依法强制执行仍不能履行债务前，对债权人可以拒绝承担保证责任。

② 连带责任保证。连带责任保证的债务人在主合同规定的债务履行期届满没有履行债务的，债权人可以要求债务人履行债务，也可以要求保证人在保证范围内履行保证责任。当事人对保证方式没有约定或约定不明确的，按连带责任保证承担保证责任。

一般保证追偿顺序：先债务人，后保证人。
连带责任保证追偿顺序：可以先债务人，也可以先保证人，没有明确的顺序。

（3）保证责任。保证人在约定的保证担保范围内承担保证责任。保证担保的范围包括主债权及利息、违约金、损害赔偿金和实现债权的费用。保证合同另有约定的，按照约定。当事人对保证担保的范围没有约定或者约定不明确的，保证人应当对全部债务承担责任。

① 同一债务有两个以上保证人的。保证人应当按照保证合同约定的保证份额承担保证责任；没有约定保证份额的，应当认定为连带共同保证，即保证人承担连

带责任。已经承担保证责任的保证人，有权向债务人追偿，或者要求承担连带责任的其他保证人清偿其应当承担的份额。

② 同一债权既有保证又有物的担保的。保证人对物的担保以外的债权承担保证责任；债权人放弃物的担保的，保证人在债权人放弃权利的范围内免除保证责任。保证人在与债权人约定的保证期间或者法律规定的保证期间内承担保证责任。

### 案例 4-15

丁公司向银行贷款 100 万元，同时以办公楼作为抵押，抵押担保价值 40 万元，同时让 A 公司作保证，保证担保价值 60 万元。如果贷款到期，丁公司不能按期还款，银行又放弃了物的担保。

请问：保证人 A 公司该如何承担保证责任？

【分析】

根据《担保法》的规定，同一债权既有保证又有物的担保的，如债权人放弃物的担保，保证人在债权人放弃权利的范围内免除保证责任。因此，如果银行放弃了物的担保，即放弃了办公楼 40 万元的担保，保证人 A 则在其担保价值 60 万元中免除 40 万元的保证责任。

（4）保证责任的期间。保证人在与债权人约定的保证期间或法律规定的保证期间内承担保证责任；保证人与债权人未约定保证期间的，保证期间为主债务履行期限届满之日起 6 个月。保证期间，债权人依法将主债权转让给第三人的，保证人在原保证担保的范围内继续承担保证责任。

（5）保证合同的诉讼时效。一般保证的债权人在保证期间届满前对债务人提起诉讼或者申请仲裁的，从判决或者仲裁裁决生效之日起开始计算保证合同的诉讼时效。连带责任保证的债权人在保证期间届满前要求保证人承担保证责任的，从债权人要求保证人承担保证责任之日起开始计算保证合同的诉讼时效。

2）定金

定金是指合同当事人约定一方向对方给付一定数额的货币作为债权的担保。债务人履行债务后，定金抵作价款或者收回。

（1）定金合同的形式与生效。定金应当以书面形式约定。当事人在定金合同中应当约定交付定金的期限，定金合同以实际交付定金之日起生效。

（2）定金的数额。定金的数额由当事人约定，但不得超过主合同标的额的 20%。实际交付的定金数额多于或者少于约定数额的，视为变更定金合同，收受定金一方提出异议并拒绝接受定金的，定金合同不生效。当事人约定的定金数额超过主合同标的额 20%的，超过的部分，人民法院不予支持。

（3）定金罚则。当事人一方不完全履行合同，应当按照未履行部分所占合同约定内容的比例，适用定金罚则。给付定金的一方不履行约定的债务的，无权要求返还定金；收受定金的一方不履行约定的债务的，应当双倍返还定金。

### 案例 4-16

甲公司与乙公司于 2017 年 10 月签订一份买卖钢材的合同，总价值 35 万元，并约定甲公司于 2017 年 12 月前交付货物，乙公司向甲公司支付了 6.5 万元的定金。合同签订后，钢材价格急剧上涨，甲公司受利益驱动，虽经乙公司多次催促，直至合同履行期届满仍未交货。于是，乙公司要求甲公司返还定金。

请问：

（1）甲公司和乙公司约定的定金是否有效？

（2）乙公司可以向甲公司请求返还多少金额？

【分析】

（1）甲、乙两公司约定的定金 6.5 万元合法有效。根据我国《担保法》的有关规定，当事人可以约定一方向对方给付定金作为债权的担保，定金数量由当事人约定，但不得超过主合同标的总额 20%。本案中，甲、乙两公司在签订买卖钢材的合同中约定定金作为担保，且约定定金的金额为 6.5 万元，未超过主合同标的 35 万元的 20%，故合法有效。

（2）乙公司可以请求甲公司返还 13 万元定金。《担保法》第 89 条规定："当事人可以约定一方向对方给付定金作为债权的担保。债务人履行债务后，定金应当抵作价款或者收回。给付定金的一方不履行约定的债务的，无权要求返还定金；收受定金的一方不履行约定的债务的，应当双倍返还定金。"本案中甲公司收受乙公司定金 6.5 万元后，不履行约定的义务，应双倍返还乙公司定金 13 万元。

## 第六节　合同的变更和转让

### 1. 合同的变更

合同变更与合同转让有何不同？

合同的变更是指合同没有履行或者没有完全履行时，当事人双方根据客观情况的变化，依照法律规定的条件和程序，对原合同内容进行修改、补充或者完善。合同的变更是在合同的主体不改变的前提下对合同内容的变更，合同性质和标的性质并不改变，实质上仍是同一合同。

### 2. 合同的转让

1）合同转让的概念及特征

合同转让是指合同主体的变更，也就是在不变更合同内容的前提下，当事人一方将合同的权利义务全部或部分转让给第三人。法律特征如下：

（1）合同的转让是合同主体的变更。

（2）合同转让没有引起合同的内容、客体的变化。

（3）合同转让是合同的权利、义务的转移。

2）合同转让的种类

合同转让包括合同权利转让（债权转让）、合同义务转移（债务转让）、合同权利义务的一并转让（债权与债务同时转让）。

（1）合同权利转让（债权转让）。合同权利转让又称债权让与，是指不改变合同的内容，由债权人将合同的权利全部或部分转让给第三人。债权人转让主权利时，附属于主权利的从权利也一并转让，受让人在取得债权时，也取得与债权有关的从权利，但该从权利专属于债权人自身的除外。债权人不得转让债权的情形：

① 根据合同性质不得转让。

② 根据当事人约定不得转让。

③ 依照法律规定不得转让。债权人转让权利，不需要经债务人同意，但应当通知债务人。未经通知，该转让对债务人不发生效力。债权人转让权利的通知不得撤销，但经受让人同意的除外。

#### 案例 4-17

某学校从某电脑公司购买电脑 100 台，价款 50 万元，暂未支付。同时，电脑公司向银行借款 50 万元，于是电脑公司与银行达成协议，把自己对学校的债权让与银行。

请问：电脑公司是否有权这样做，电脑公司要怎样做才能使该协议发生效力？

【分析】

债权人转让权利不需经债务人同意，但应当通知债务人。因此，电脑公司有权将对学校的债权让与银行，并应当通知学校把 50 万元直接还给银行，此时，协议生效，学校的债权人由电脑公司变更为银行。

（2）合同义务转移（债务转让）。

合同义务转移又称债务承担，是指经债权人同意，债务人将合同的义务全部或者部分转移给第三人。转移合同义务是法律赋予债务人的一项权利。债务人转移义务，新的债务人取得合同债务人的地位，承担履行合同义务的责任，享有债务人所应享有的抗辩权，可以主张原债务人对债权人的抗辩。同时，与所转移的主债务有关的从债务，也应当由新债务人承担，但该从债务专属于原债务人自身的除外。

（3）合同权利义务的一并转让（债权与债务同时转让）。

合同权利义务的一并转让又称债权债务的概括转移，即合同一方当事人将自己在合同中的权利和义务一并转让给第三人。这种转让又可分为合同承受和因当事人合并、分立发生的权利和义务转让。

① 合同承受。它是指当事人一方经对方同意，将自己在合同中的权利和义务一并转让给第三人。

② 因当事人合并、分立发生的权利和义务转让。

《合同法》第 90 条规定，当事人订立合同后合并的，由合并后的法人或者其他组织行使合同权利，履行合同义务。当事人订立合同后分立的，除债权人和债务人另有约定的以外，由分立的法人或者其他组织对合同的权利和义务享有连带债权，承担连带债务。

# 第七节 合同的解除与终止

**1. 合同的权利义务终止的概念**

合同的权利义务终止的概念是依法生效的合同,因具备法定情形和当事人约定的情形,合同债权、债务归于消灭,债权人不再享有合同权利,债务人也不必再履行合同义务,合同当事人双方终止合同关系,合同的效力随之消灭。合同的权利义务终止又称合同的终止。合同的终止与合同的变更和转让不同,合同终止后,权利义务关系不再存在;而合同变更或转让后,权利义务关系依然存在。

**2. 合同的权利义务终止的具体情形**

1)债务已经按照约定履行

合同生效后,当事人按照约定履行自己的义务,合同因此终止。这种终止属于正常终止,又叫作履行终止。

2)合同解除

合同解除是指合同依法成立后,在尚未履行或者未全部履行的情况下,当具备法律规定的合同解除条件时,因当事人一方或双方的意思表示而使合同关系归于消灭的行为。合同解除有两种情况:一是协议解除,二是法定解除。

(1)协议解除是指当事人双方在合同成立后,未履行或者未完全履行之前,通过协商一致解除合同,或者在订立合同时就约定解除合同的条件,当条件成就时,合同自然被解除。

(2)法定解除是指在合同成立后,未履行或者未完全履行之前,由于出现了法定解除情形,当事人一方行使法定解除权而使合同终止。

《合同法》第94条规定,有下列情形之一的,当事人可以解除合同:

① 因不可抗力致使不能实现合同目的;

② 在履行期限届满之前,当事人一方明确表示或者以自己的行为表明不履行主要债务;

③ 当事人一方迟延履行主要债务,经催告后在合理期限内仍未履行;

④ 当事人一方迟延履行债务或者有其他违约行为致使不能实现合同目的;

⑤ 法律规定的其他情形。

当事人一方主张解除合同时,应当通知对方,合同自通知到达对方时解除。对方有异议的,可以请求人民法院或者仲裁机构确认解除合同的效力。法律、行政法规规定解除合同应当办理批准、登记等手续的,依照其规定。合同解除后,尚未履行的,终止履行;已经履行的,根据履行情况和合同性质,当事人可以要求恢复原状、采取其他补救措施,并有权要求赔偿损失。合同的权利和义务终止,不影响合同中结算和清理条款的效力。

### 案例 4-18

小宋为给儿子办升学宴，与甲公司签订了用其司仪担当升学宴主持的口头协议，小宋先交了 1000 元作为定金。但到了升学宴那天，甲公司派司仪过去，小宋不用了，因为她又请了别人。于是甲公司提出要解除合同且不予返还定金，而小宋认为根本没用甲公司司仪，定金应予返还一部分。双方发生纠纷，诉至法院。

请问：法院应如何处理？

【分析】

本案中，小宋已经以自己的行为表明不履行合同义务，因此，甲公司有权解除合同，解除合同的通知到达小宋处时合同解除。定金是为了保证合同履行而设的担保方式，既然小宋没有履行合同，故无权要求返还定金。法院应支持甲公司解除合同并不予退还定金的主张。

3) 债务相互抵消

当事人互负到期债务，该债务标的物种类、品质相同的，任何一方可以将自己的债务与对方债务抵消，但依照法律规定或者合同性质不得抵消的除外。当事人主张抵消的，应当通知对方，通知自到达对方时生效。抵消不得附条件或者附期限。当事人互负债务，标的物种类、品质不相同的，经双方协商一致，也可以抵消。

4) 债务人依法将标的物提存

提存是指合同履行期已届满，由于债权人的原因，债务人无法向其交付合同标的物而将该标的物交给提存机关，从而消灭合同的制度。

《合同法》第 101 条规定，有下列情形之一，难以履行债务的，债务人可以将标的物提存：

（1）债权人无正当理由拒绝受领；

（2）债权人下落不明；

（3）债权人死亡未确定继承人或者丧失民事行为能力未确定监护人；

（4）法律规定的其他情形。

标的物不适于提存或者提存费用过高的，债务人依法可以拍卖或者变卖标的物，提存所得的价款。标的物提存后，除债权人下落不明的以外，债务人应当及时通知债权人或者债权人的继承人、监护人。

《合同法》第 103 条规定，标的物提存后，毁损、灭失的风险由债权人承担。提存期间，标的物的孳息归债权人所有。提存费用由债权人负担。

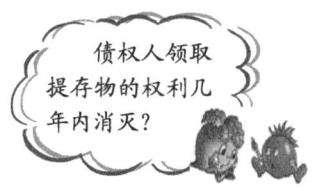

《合同法》规定，债权人可以随时领取提存物，但债权人对债务人负有到期债务的，在债权人未履行债务或者提供担保之前，提存部门根据债务人要求应当拒绝其领取提存物。债权人领取提存物的权利自提存之日起 5 年内不行使而消灭，提存物扣除提存费用后归国家所有。

### 案例 4-19

水果店老板于某让批发商徐某从乡下果园订购了 200 斤苹果,并支付了货款。徐某将苹果运到城里要交付给水果店,但于某以当地苹果价格下跌,近来生意不好为由,拒绝接受 200 斤苹果。徐某没有办法,不知如何保管苹果,于是便将 200 斤苹果低价变卖,所得价款交当地公证处提存,并通知于某到公证处领取价款。于某认为自己没有接受货物,徐某应将原购买苹果价款全额返还,徐某交给公证处的价款低于其支付给徐某的货款,故不能接受。

请问:徐某的做法是否符合法律规定?该行为的法律后果是什么?

【分析】

徐某将苹果变卖并提存到当地公证处符合法律规定。根据《合同法》的规定,债权人无正当理由拒绝受领标的物,致使债务人难以履行债务的,债务人可以将标的物提存,标的物不适于提存或提存费用过高的,债务人可以依法拍卖或者变卖标的物,提存所得价款。故徐某的行为符合法律规定,徐某通过提存行为消灭债务,使合同权利和义务终止。

5)债权人免除债务

债权人免除债务即债权人自愿放弃债权,债务人的债务即被解除。债权人免除债务人部分或者全部债务的,合同的权利义务部分或者全部终止。

6)债权债务同归于一人

由于某种事实的发生,使一项合同中原本由一方当事人享有的债权和由另一方当事人承担的债务统归于一人时,合同的履行就失去了实际意义,合同的权利义务终止。例如,合并、收购、婚姻、继承等事实的发生,使合同主体发生变化,原本为双方当事人的合同主体混为同一个民事主体。法律规定,债权和债务同归于一人的,合同的权利义务终止,但涉及第三人利益的除外。

《合同法》解释二有关情势变更原则解释:第 26 条规定,合同成立以后客观情况发生了当事人在订立合同时无法预见的、非不可抗力造成的不属于商业风险的重大变化,继续履行合同对于一方当事人明显不公平或者不能实现合同目的,当事人请求人民法院变更或者解除合同的,人民法院应当根据公平原则,并结合案件的实际情况确定是否变更或者解除。所谓不可抗力,是指"不能预见、不能避免并不能克服的客观情况",只要是因发生不可抗力,而导致合同不能履行或造成他人损失的,均可基于法律规定免予承担责任。因不可抗力与情势变更均要求所发生的是"不能预见、不能避免并不能克服"的客观情况,故二者的"情势"

常发生重合,但二者仍有区别:不可抗力表现为人力不可抗拒的自然力,如地震、台风、洪水、海啸、旱灾等(自然灾害),也包括社会异常事件,如战争、罢工、暴动等;情势变更表现为意外事件、社会经济形势的急剧变化、物价飞涨、货币严重贬值、金融危机和国家政策的转变等事由。

# 第八节 违约责任

**1. 违约责任的概念**

违约责任是合同当事人一方或双方不履行合同义务或者履行合同义务不符合约定时，依照法律规定或者合同约定所承担的法律责任。

**2. 承担违约责任的主要形式**

违约当事人承担违约责任的主要形式有继续履行、采取补救措施、赔偿损失、支付违约金、给付或者双倍返还定金等。具体适用哪种违约责任，由当事人根据自己的要求加以选择。

1）继续履行

继续履行合同既是为了实现合同目的，又是一种违约责任。当事人一方未支付价款或者报酬的，对方可以要求其支付价款或者报酬。当事人一方不履行非金钱债务或者履行非金钱债务不符合约定的，对方可以要求履行，但有下列情形之一的除外：

（1）法律上或者事实上不能履行；

（2）债务的标的不适于强制履行或者履行费用过高；

（3）债权人在合理期限内未要求履行。

2）采取补救措施

质量不符合约定的，应当按照当事人的约定承担违约责任。对违约责任没有约定或者约定不明确的，当事人可以协议补充，或者按照合同有关条款或交易习惯确定；仍不能确定的，受损害方根据标的的性质及损失的大小，可以合理选择要求对方承担修理、更换、重做、退货、减少价款或者报酬等违约责任。

3）赔偿损失

当事人一方不履行合同义务或者履行合同义务不符合约定的，在履行义务或者采取补救措施后，对方还有其他损失的，应当赔偿损失。支付赔偿金是承担违约责任的一种主要形式。它虽然是对违约方的一种经济制裁，但不具有惩罚性，主要目的在于弥补损失，具有补偿性质。支付赔偿金的条件有4个：

（1）有违约事实。

（2）当事人一方主观有过错。

（3）有损害事实。

（4）违约行为与损害事实之间有因果关系。

当事人一方不履行合同义务或者履行合同义务不符合约定，给对方造成损失的，损失赔偿额应当相当于因违约所造成的损失，包括合同履行后可以获得的利益，但不得超过违反合同一方订立合同时预见到或者应当预见到的因违反合同可能造成的损失。当事人一方违约后，对方应当采取适当措施防止损失的扩大；没有采取适当措施致使损失扩大的，不得就扩大的损失要求赔偿。当事人因防止损失扩大而支出的合理费用，由违约方承担。

## 案例 4-20

某药业公司与某农场签订了买卖 5000 千克五味子的合同，合同约定，药业公司一个月内到农场提货，然后再交钱。由于药业公司事务繁忙，没有在规定的时间内提货，农场就将该批五味子露天晾晒，后遭遇大雨，五味子部分发生变质，损失近 8000 元。农场遂向法院起诉，要求药业公司赔偿其全部损失。

请问：农场的要求是否符合法律规定？法院应如何处理？

**【分析】**

根据《合同法》的规定，当事人一方违约后，对方应当采取适当措施防止损失扩大；没有采取适当措施致使损失扩大的，不得就扩大的损失要求赔偿。本案中，药业公司没有按期提货，而农场也没有采取措施避免损失的扩大，无权就扩大的损失要求赔偿。所以，法院作出判决：由某药业公司赔偿 5000 元，农场自负 3000 元。

4）支付违约金

违约金是指当事人一方因违约，按法律规定或合同约定向对方支付的一定数量的货币。支付违约金的条件，一是要有违约行为，二是当事人主观有过错。

违约金分为惩罚性违约金和赔偿性违约金两类。当事人可以约定，一方违约时应当根据违约情况向对方支付一定数额的违约金，也可以约定因违约产生的损失赔偿额的计算方法。约定的违约金低于造成的损失的，当事人可以请求人民法院或者仲裁机构予以增加；约定的违约金过分高于造成的损失的，当事人可以请求人民法院或者仲裁机构予以适当减少。当事人就迟延履行约定违约金的，违约方支付违约金后，还应当履行债务。

5）给付或者双倍返还定金

当事人可以依法约定一方向对方给付定金作为债权的担保。债务人履行债务后，定金应当抵作价款或者收回。给付定金的一方不履行约定的债务的，无权要求返还定金；收受定金的一方不履行约定的债务的，应当双倍返还定金。违约金具有惩罚性和补偿性。《合同法》第 116 条规定：当事人既约定违约金，又约定定金的，一方违约时，对方可以选择适用违约金或者定金条款，但二者不能并用。

违约金分为哪两种？如何约定？

## 案例 4-21

小美为了结婚时穿上最美丽的婚纱，自己设计了婚纱样式并与影楼签订了加工承揽合同，小美支付给影楼 5000 元的定金，双方又约定违约金为合同标的额的 20%。后小美违约，导致影楼损失 1 万元，影楼要求小美承担违约责任。除定金不予返还外，还需支付违约金 3000 元，另外赔偿损失 1 万元。双方协商未果，诉至法院。

请问：法院对影楼的主张是否应予支持？

**【分析】**

根据《合同法》的规定，当事人既约定违约金，又约定定金的，只能选择适用违约金条款或者定金条款要求违约方承担违约责任。由于违约金或定金数额已足以弥补影楼的损失，故法院不再支持影楼的其他诉讼主张。

### 3. 违约的免责条件

违约免责是指违约的当事人在法律规定的或双方约定的情况出现时，不承担违约责任。如果当事人一方违约是由于某些无法防止的客观原因造成的，则可以根据情况免除违约方的违约责任。违约的免责条件主要包括：发生了不可抗力；法律有免责条件的规定；当事人双方在合同中约定免责条款。根据《合同法》第117条的规定，因不可抗力不能履行合同的，根据不可抗力的影响，部分或者全部免除责任，但法律另有规定的除外。当事人迟延履行后发生不可抗力的，不能免除责任。当事人一方因不可抗力不能履行合同的，应当及时通知对方，以减轻可能给对方造成的损失，并应当在合理期限内提供证明。

**议一议**

本模块要点主要有合同的特征；合同法的调整范围；合同的订立原则、主要条款；合同效力的4种情况；合同履行的原则；合同的变更、转让；合同权利义务终止的具体情形；违反《合同法》的违约责任。

## 练习与自测

### 一、单项选择题

1. 根据合同法律制度的规定，下列选项中，属于要约的是（　　）。
   A. 拍卖行关于拍卖古董的广告　　B. 招股说明书
   C. 在招标过程中的投标　　　　　D. 寄送的价目表

2. 杨某以信件向高某发出要约，2月6日，杨某将信件投入邮箱；邮局加盖2月8日邮戳发出；2月10日，信件送达高某家中；高某因事外出，直至2月15日才知悉信件内容。根据《合同法》的规定，该要约的生效时间为（　　）。
   A. 2月6日　　　B. 2月8日　　　C. 2月10日　　　D. 2月15日

3. 根据《合同法》的规定，下列合同中，属于效力待定合同的是（　　）。
   A. 13岁的小明将自己的书包以20元卖给同班的小军
   B. 某公司业务员田某超越权限与第三人孙某订立的买卖合同
   C. 自然人刘某、王某、徐某各自出资10万元购买楼房一栋，徐某未经刘某、王某同意以80万元将该楼房转卖给杜某
   D. 甲乘人之危以3万元自乙处购得本田轿车一辆

4. 根据合同法律制度的规定，合同权利义务的终止是（　　）。
   A. 合同效力的消灭　　　　B. 合同的变更
   C. 合同效力的中止　　　　D. 合同的转让

5. 根据合同法律制度的规定，下列各项中，关于撤销权的表述，不符合法律规定的是

( )。
  A．以债权人自己的名义提出
  B．以债权人的债权为限
  C．债务人、第三人的行为被撤销的，其行为自始无效
  D．行使撤销权的必要费用由第三人承担

6．甲公司于3月5日向乙企业发出签订合同的要约信函。3月8日乙企业收到甲公司声名该要约作废的传真。3月10日乙公司收到该要约的信函。根据《合同法》的规定，甲公司发出传真声名要约作废的行为属于（  ）。
  A．要约撤回　　　　　　　　B．要约撤销
  C．要约生效　　　　　　　　D．要约失效

7．根据《合同法》的规定，由于债权人的原因，债务人无法向债权人交付合同标的物时，可以将该标的物交给提存机关，从而消灭债务，终止合同。在提存期间，标的物的孳息归（  ）所有。
  A．提存机关　　　　　　　　B．债务人
  C．债权人和债务人　　　　　D．债权人

8．甲公司于11月4日打电话向乙公司购买一批货物，约定以合同书形式订立合同。乙公司于11月14日向甲公司发出货物，甲公司当天接收该批货物。12月13日甲公司与乙公司在合同书上签字并盖章，合同约定该合同12月25日生效。根据合同法律制度的规定，该合同的成立时间是（  ）。
  A．11月4日　　B．11月14日　　C．12月13日　　D．12月25日

9．根据合同法律制度的规定，合同生效后，当事人就价款或报酬约定不明确的，无法协议补充，亦无法按照合同有关条款或者交易习惯确定；那么按照市场价格履行，依法应当执行政府定价或者执行政府指导价的，按照规定履行。该市场价格的确定标准是（  ）。
  A．订立合同时履行地的市场价格　　B．订立合同时签订地的市场价格
  C．履行合同时交货地的市场价格　　D．履行合同时签订地的市场价格

10．根据合同法律制度的规定，下列关于定金罚则的表述不正确的是（  ）。
  A．因合同关系以外第三人的过错，致使主合同不能履行时，适用定金罚则
  B．当事人一方不完全履行合同的，应当按已履行部分所占合同约定内容的比例适用定金罚则
  C．因不可抗力、意外事件致使主合同不能履行的，不适用定金罚则
  D．当事人既约定违约金，又约定定金的，一方违约时，对方可以选择适用违约金或者定金

二、多项选择题

1．下列哪些情形不属于合同法的调整范围（  ）。
  A．涉及婚姻、收养协议　　　B．企业间签订的买卖合同
  C．劳动争议　　　　　　　　D．行政争议

2．根据合同法律制度的规定，下列各项中，属于要约失效的情形有（  ）。
  A．要约人依法撤回要约

B. 受要约人对要约内容作出实质性变更
C. 承诺期限届满，受要约人未作出承诺
D. 要约人依法撤销要约

3. 张某与丁某签订一份楼房买卖合同。合同约定，如果张某母亲死亡，则张某将楼房卖给丁某。根据合同法律制度的规定，下列表述中，正确的有（　　）。
   A. 该合同既未成立，也未生效
   B. 该合同已经成立，但未生效
   C. 该合同是附条件的合同
   D. 该合同是附期限的合同

4. 下列合同中属于可撤销合同的是（　　）。
   A. 因重大误解订立的合同
   B. 损害社会公共利益签订的合同
   C. 在显失公平时订立的合同
   D. 一方以欺诈、胁迫的手段或者乘人之危，使对方在违背真实意思的情况下订立的合同

5. 谢某是甲公司采购员，已离职。乙公司是甲公司的客户，已被告知谢某离职的事实，但当谢某持甲公司盖章的空白合同书，以甲公司名义与乙公司洽谈购买钢材时，乙公司仍与其签订了买卖合同。根据合同法律制度的规定，下列表述中，不正确的是（　　）。
   A. 谢某的行为构成无权代理，合同效力待定
   B. 谢某的行为构成无权代理，合同无效
   C. 乙公司有权在甲公司追认合同之前，行使撤销权
   D. 乙公司可以催告甲公司追认合同，如甲公司在一个月内未作表示，合同有效

6. 北京市甲公司与天津市乙公司签订了一份日用品的买卖合同，但合同中未约定交货地与付款地，双方就此未达成补充协议，按照合同有关条款或者交易习惯也不能确定。根据合同法律制度的规定，下列关于交货地及付款地的表述中，正确的有（　　）。
   A. 北京市为交货地
   B. 天津市为交货地
   C. 北京市为付款地
   D. 天津市为付款地

7. 债权人银行认为债务人甲公司怠于行使其债权给自己造成损害，欲提起代位诉讼。根据合同法律制度的规定，下列各项中，不得提起代位权诉讼的有（　　）。
   A. 安置费给付请求权
   B. 劳动报酬请求权
   C. 人身伤害赔偿请求权
   D. 因继承关系产生的给付请求权

8. 2011年8月5日，甲与乙签订了一份买卖合同，合同约定甲向丙交付货物。乙于8月12日交付60%的货款30万元；8月14日，丙急需该批货物，告知甲交付货物，甲以乙未支付剩余货款为由拒绝发货，丙由此遭受损失。下列各项中，表述不正确的有（　　）。
   A. 甲拒绝发货的理由成立
   B. 甲拒绝发货的理由不成立
   C. 丙有权要求损害赔偿
   D. 丙无权要求损害赔偿

9. 根据合同法律制度的规定，债务人下列行为中，债权人可以请求人民法院予以撤销的有（　　）。
   A. 债务人放弃其到期的债权，对债权人造成损害
   B. 债务人放弃其未到期的债权，对债权人造成损害
   C. 债务人放弃其债权担保，对债权人造成损害

D. 债务人恶意延长到期债权的履行期，对债权人造成损害

10. 甲将一辆轿车赠与乙并要求乙租房子给甲，乙表示同意。甲将汽车交付给乙时，此轿车的刹车不灵，但甲、乙对此均不知情。后乙驾驶该轿车出游，由于轿车的刹车不灵，途中发生了交通事故，造成乙受伤。根据规定，下列表述中，正确的有（ ）。
A. 合同未采取书面形式，合同不成立
B. 该合同为单务合同
C. 乙有权请求甲承担违约责任
D. 乙无权要求甲承担违约责任

### 三、案例分析题

1. 长虹公司与宏宇公司于2017年9月5日签订一份冰箱购销合同，约定长虹公司向宏宇公司购买200台冰箱，每台冰箱单价6500元，宏宇公司负责代办托运，长虹公司于货到后立即付款。宏宇公司于9月12日发出了该200台冰箱。长虹公司由于发生资金周转困难，于9月14日传真告知宏宇公司，自己将不能履行合同。宏宇公司收到传真后，努力寻找新的买家，于9月19日与金劢公司签订了该200台冰箱的购销合同。合同约定：金劢公司购买200台托运中的冰箱，每台单价6000元，金劢公司于订立合同时向宏宇公司支付10万元定金，在收到货物后20天内付清全部货款；在金劢公司付清全部货款前，宏宇公司保留对冰箱的所有权；如有违约，违约方应承担合同总价款20%的违约金。宏宇公司同时于当日传真通知长虹公司解除与长虹公司签订的合同。9月24日，运输公司在运输该批冰箱的过程中遇到泥石流，其中有50台冰箱毁损。金劢公司于9月29日收到150台完好无损的冰箱后，又与达利公司签订合同准备将这150台冰箱全部卖与达利公司。同时金劢公司以其未能如约收到200台冰箱为由拒绝向宏宇公司付款。宏宇公司认为金劢公司拒绝付款构成违约，决定不返还其定金，同时要求其按合同约定给付违约金。

请问：
（1）宏宇公司可否在与长虹公司的合同履行期届满前解除合同？并说明理由。
（2）遭遇泥石流而毁损的冰箱的损失应由谁承担？并说明理由。
（3）宏宇公司的主张能否得到支持？并说明理由。
（4）金劢公司与达利公司所签合同的效力如何？并说明理由。

2. 原盛安公司业务员孙某在外出旅游时遇到盛安公司关系户红宝公司业务部长田某，闲聊中孙某得知红宝公司正准备购置一台车床。孙某表示可以代为采购，双方达成协议。红宝公司按规定时间向盛安公司寄去预付款8万元人民币。但到合同约定的交货日期，盛安公司却以孙某在与红宝公司签订合同时已是该公司下岗人员，没有该公司业务代理权为由，拒绝履行合同；红宝公司却认为盛安公司并没有把解除孙某业务代理权的情况通知自己，且孙某仍具有盖有盛安公司合同专用章的空白合同书，自己没有过错。双方为此发生纠纷。经协商，盛安公司同意在20日内履行合同，红宝公司同意追加1%的代理费。但20日后，盛安公司仍未能购到红宝公司需要的车床。红宝公司催告盛安公司因时间紧迫，只能再给5日的宽限期，届时仍不履行合同，将解除合同并追究责任。但期限过后，盛安公司仍未能购到红宝公司急需的车床。红宝公司为此损失16万元人民币。于是红宝公司提出解除该合同，要求盛安公司退还预付款并赔偿损失。

请问：
（1）孙某代表盛安公司与红宝公司签订的合同是否有效，为什么？

（2）盛安公司与红宝公司就履行时间和代理费达成的协议属于订立的新合同，还是原合同的补充，是否有效？为什么？

（3）红宝公司向盛安公司提出解除合同、退还预付款并赔偿自己损失的要求，是否有法律依据，为什么？

**法律名言：**

法律的力量仅限于禁止每一个人损害别人的权利，而不禁止他行使自己的权利。

——[法]罗伯斯庇尔：《革命法制和审判》

# 第五章 企 业 法

> 企业是社会财富的生产者和流通者，是发展社会生产力的主要承担者，千千万万个企业的生产和经营活动，不仅决定着市场经济的发展状况，而且决定着我国社会经济活动的生机和活力。无论是哪种形式的企业，其经济业务往来均受到《企业法》的规范。

*[关 键 词]*

企业和企业法概述、个人独资企业法和合伙企业法

*[学习目标]*

通过学习，能解决以下问题：

- 什么是企业、企业法？
- 什么是个人独资企业的设立、变更、事务管理等？
- 什么是普通合伙企业的设立条件、利润分配、亏损、入伙和退伙等？
- 什么是特殊普通合伙企业的概念、责任承担与追偿？
- 什么是有限合伙企业的概念、法律适用、财产出质、债务清偿和合伙人性质转变？
- 什么是合伙企业的解散与清算？

# 第一节 企业法概述

**案例 5-1**

王某大学三年级时就做起了计算机生意并注册了个人独资企业，生意顺利，但 2 月的一笔近 22 万元的生意因上当受骗，按合同约定王某要赔偿全部损失，而王某称自己财产仅 7 万元，无偿还能力，于是对方要求其家长负连带责任，声称若不偿还，就起诉到法院。王某怕事态闹大，无奈只得请父母出面帮助解决。

请问：这一案例涉及个人独资企业法哪些相关问题？

> 自然人是在自然状态之下而作为民事主体存在的人，其有权参加民事活动，享有权利并承担义务。

**【分析】**

（1）个人独资企业的出资人是一个自然人，是具有完全民事行为能力，且不能是法律、行政法规禁止从事营利性活动的人。

（2）个人独资企业的财产归投资人个人所有。投资人是个人独资企业财产的唯一合法所有者。

（3）投资人以其个人财产对企业债务承担无限责任。仅在企业设立登记时明确以其家庭共有财产作为个人出资的，才依法以家庭共有财产对企业债务承担无限责任。

（4）个人独资企业不具有法人资格。因此，对方要求父母承担责任完全没有依据，得不到法院支持。

## 1．企业的概念

企业是依法设立的、以盈利为目的的、从事生产经营活动的独立核算的社会经济组织。

企业的特征：

（1）社会经济组织。

（2）以盈利为目的。

（3）依法设立。

## 2．企业的分类

（1）按企业的所有制性质不同，可分为全民所有制企业、集体所有制企业等。

（2）按企业所属的行业不同，可分为工业企业、商业企业、金融企业等。

（3）按企业的出资者不同，可分为内资企业、外商投资企业等。

（4）按企业的组织形式不同，可分为独资企业、合伙企业、公司制企业等。

（5）按企业的法律地位不同，可分为法人企业和非法人企业。

## 3．企业法的概念

企业法是调整企业在设立、组织、活动、终止过程中发生的社会关系的法律规范的总称。以下主要介绍《个人独资企业法》和《合伙企业法》的有关法律、法规的内容。

> **知识链接**
>
> 我国现行的个人独资企业法是1999年8月30日第九届全国人大常委会第十一次会议通过的《中华人民共和国个人独资企业法》(以下简称《个人独资企业法》);现行的合伙企业法是2006年8月27日经第十届全国人民代表大会第二十三次会议修订,自2007年6月1日起实施的《中华人民共和国合伙企业法》(以下简称《合伙企业法》)。

## 第二节 个人独资企业法

**案例 5-2**

2016年1月15日,甲出资5万元设立A个人独资企业。甲聘请乙管理企业事务,规定乙对外签订标的额超过1万元以上的合同,须经甲同意。2月10日,乙未经甲同意,以A企业名义向善意第三人丙购入价值2万元的货物。2017年7月4日,A企业亏损,不能支付到期的丁的债务,甲决定解散该企业,并请求人民法院指定清算人进行清算;经查A企业和甲的资产及债权债务情况如下:

(1) A企业欠缴税款2000元,欠乙工资5000元,欠社会保险费用5000元,欠丁10万元;

(2) A企业的银行存款1万元,实物折价8万元;

(3) 甲在B合伙企业出资6万元,占50%的出资额,B合伙企业每年可向合伙人分配利润;

(4) 甲个人其他可执行的财产价值2万元。

请问:

(1) 乙以A企业名义向丙购买价值2万元货物的行为是否有效?

(2) 试述A企业的财产清偿顺序。

(3) 如何满足丁的债权请求?

【分析】

(1) 有效。因为个人独资企业的投资人与受托人或者被聘用的人员之间有权利与义务的限制只对受托人或者被聘用人员有效,对第三人并无约束力,受托人或者被聘用人员超出投资人的限制与善意第三人的有关业务交往应当有效。

(2) 偿还顺序:法律规定首先应偿还所欠职工工资和社会保险,接着偿还所欠税款,最后是其他债务。所以应先偿还乙工资5000元和社会保险5000元,接着是税款2000元,最后偿还丁10万元债务。

(3) 首先清算甲在A企业财产,共计9万元。在偿还清楚职工工资、社会保险和税款共计1.2万元后,剩余7.8万元偿还丁;不足清偿丁债务,用可执行财产2万元偿还丁;剩余2000元债务,甲可以用B企业分配的利润偿还丁。因为法律规定,个人独资企业财产不足以清偿债务的,投资人应当以其个人的其他财产予以清偿。所以甲应当用他的银行存款和实物折价后的钱偿还乙的工资、社会保险和税款,剩下的偿还丁,不足的部分用B企业的分配利润偿还。

**要点提示**

善意第三人通常是指合法交易中不知道法律关系双方真实情况,并已经办理了权利登记的第三方人。

### 1. 个人独资企业概述

个人独资企业是指在中国境内依法设立的,由一个自然人投资,财产为投资者个人所有,投资人以其个人财产对企业债务承担无限责任的经营实体。

个人独资企业的特征:

(1)一个自然人投资的企业。

(2)企业财产归投资者个人所有,投资人对企业的债务承担无限责任。当企业资产不足清偿到期债务时,投资人应以个人的全部财产用于清偿。

(3)非法人企业,不具有法人资格,无独立承担民事责任的能力,但是独立的民事主体,可以自己的名义从事民事活动。

### 2. 个人独资企业的设立与变更

设立的条件:

(1)投资人为一个自然人,且只能是中国公民。

(2)有合法的企业名称。个人独资企业的名称中不得使用"有限"、"有限责任"或者"公司"字样。

(3)有投资人申报的出资。《个人独资企业法》没有对注册资金最低额作出明确规定。投资人可以用货币出资,也可以用实物、土地使用权、知识产权或者其他财产权利出资。个人独资企业投资人在申请企业设立登记时,明确以家庭共有财产作为个人出资的,应当依法以家庭共有财产对企业债务承担无限责任。

(4)有固定的生产经营场所和必要的生产经营条件。

(5)有必要的从业人员。

个人独资企业的变更:企业存续期间登记事项发生变更的,应当在作出变更决定之日起15日内,依法向登记机关办理变更登记。

### 3. 个人独资企业的投资人及事务管理

1)个人独资企业的投资人

个人独资企业的投资人为一个具有中国国籍的自然人,目前我国法律法规禁止从事营利性活动的人主要有不具有行为能力的人、国家公务员、警官、检察官、法官、商业银行的工作人员、党政机关的干部等。但法律、行政法规禁止从事营利性活动的人,不得作为投资人申请设立个人独资企业。

2)个人独资企业的事务管理

个人独资企业投资人可以自行管理企业事务,也可以委托或者聘用其他具有民事行为能力的人负责企业的事务管理。投资人委托或者聘用他人管理个人独资企业事务,应当与受托人或者被聘用的人签订书面合同,合同应订明委托的具体内容、授权范围等。投资人对受托人或者被聘用的人员职权的限制，不得对抗善意第三人。投资人委托或者聘用的管理人员不得有下列行为：

（1）利用职务上的便利，索取或者收受贿赂。

（2）利用职务或者工作上的便利侵占企业财产。

（3）挪用企业的资金归个人使用或者借贷给他人。

（4）擅自将企业资金以个人名义或者以他人名义开立账户储存。

（5）擅自以企业财产提供担保。

（6）未经投资人同意，从事与本企业相竞争的业务。

（7）未经投资人同意，同本企业订立合同或者进行交易。

（8）未经投资人同意，擅自将企业商标或者其他知识产权转让给他人使用。

（9）泄露本企业的商业秘密。

（10）法律、行政法规禁止的其他行为。

个人独资企业可以依法申请贷款、取得土地使用权、拥有拒绝摊派权，并享有法律、行政法规规定的其他权利；应依法设置会计账簿，进行会计核算、与招用的职工签订劳动合同，保障职工的劳动安全，按时足额发放职工工资，并按照国家规定参加社会保险，为职工缴纳社会保险费。

**知识链接**

公务员辞去公职，原系领导成员的在离职三年内，其他公务员在离职两年内，不得到与原工作业务直接相关的企业或者其他营利性组织任职，不得从事与原工作业务直接相关的营利性活动。

——《公务员辞去公职规定（试行）》人社部发〔2009〕69号

**案例 5-3**

甲以夫妻共有的写字楼作为出资设立个人独资企业。企业设立后，其妻乙购体育彩票中奖100万元，后提出与甲离婚。离婚诉讼期间，甲的独资企业宣告解散，尚欠银行债务120万元。

请问：该项债务的清偿责任应如何确定？

【分析】

甲应以全部家庭共有财产承担无限责任，包括乙中奖的100万元在内。《个人独资企业法》第18条规定："个人独资企业投资人在申请企业设立登记时明确以其家庭共有财产作为个人出资的，应当依法以家庭共有财产对企业债务承担无限责任。"甲以夫妻共有的写字楼作为出资，可见其是以家庭共有财产作为个人投资，因而应该以家庭共有财产对此债务承担无限连带责任。乙购买彩票后中奖的100万元，属于夫妻关系存续期间取得的财产，归夫妻共同所有，因而也要包括在内。

**4．个人独资企业的解散与清算**

1）个人独资企业的解散

个人独资企业有下列情形之一的，应当解散：

（1）投资人决定解散；

（2）投资人死亡或者被宣告死亡，无继承人或者继承人放弃继承；

（3）被依法吊销营业执照；

（4）法律、行政法规规定的其他情形。

> **案例 5-4**
>
> 张某于 2014 年 3 月成立一家个人独资企业。同年 5 月，该企业与甲公司签订一份买卖合同，根据合同，该企业应于同年 8 月支付给甲公司货款 15 万元，后该企业一直未支付该款项。2017 年 1 月该企业解散。2017 年 5 月，甲公司起诉张某，要求张某偿还上述 15 万元债务。
>
> 请问：法院会支持甲公司的诉讼请求吗？
>
> 【分析】
>
> 《个人独资企业法》第 28 条规定："个人独资企业解散后，原投资人对个人独资企业存续期间的债务仍应承担偿还责任，但债权人在五年内未向债务人提出偿债请求的，该责任消灭。"因此，法院会支持甲公司的诉讼请求。

2）个人独资企业的清算

个人独资企业解散时，由投资人自行清算或者由债权人申请人民法院指定清算人进行清算。投资人自行清算的，应当在清算前 15 日内书面通知债权人，无法通知的，应当予以公告。债权人应当在接到通知之日起 30 日内，未接到通知的应当在公告之日起 60 日内，向投资人申报其债权。个人独资企业解散的，财产应当按照下列顺序清偿：

（1）所欠职工工资和社会保险费用。

（2）所欠税款。

（3）其他债务。个人独资企业财产不足以清偿债务的，投资人应当以其个人的其他财产予以清偿。个人独资企业解散后，原投资人对个人独资企业存续期间的债务仍应承担偿还责任，但债权人在 5 年内未向债务人提出偿债请求的，该责任消灭。

# 第三节　合伙企业法

> **案例 5-5**
>
> 王某、张某、李某、范某开办的独资企业与甲共同签订了一份合伙协议，拟共同生产经营一种新式取暖设备，王某、甲各出资 30 万元，张某以其取暖设备专利作价出资 50 万元，李某则以其劳务作价出资 20 万元，对以上出资四合伙人经协商确定，不再委托法定评估机构进行评估。同时向企业登记机关申请设立登记，企业名称定为"光明有限合伙厂"，在申请登记期间，恰有一厂家急需取暖设备，于是四合伙厂便以光明有限合伙厂名义与该厂家签订了一份购销合同。
>
>
>
> 有限责任指投资人仅以自己投入企业的资本对企业债务承担清偿责任，资不抵债的，其多余部分自然免除的责任形式。
>
>

请问：上述内容哪些不符合《合伙企业法》的规定？为什么？

【分析】

（1）合伙企业名称不能使用"有限"或"有限责任"字样，在本案中光明有限合伙厂违反了此规定，易使人误解。

（2）合伙企业领取营业执照前合伙人不得以合伙企业名义从事经营活动，而本案中，合伙企业尚未核发营业执照就以"光明有限合伙厂"名义订立合同，是违反《合伙企业法》的。

1. 合伙企业的概念和特征

1）合伙企业的概念

合伙企业是指自然人、法人和其他组织依照《合伙企业法》（2006年修订）在中国境内设立的，由两个或两个以上的合伙人订立合伙协议，为经营共同事业，共同出资、合伙经营、共享收益、共担风险的营利性组织，其包括普通合伙企业和有限合伙企业。

2）合伙企业的特征

（1）生命有限。合伙企业比较容易设立和解散。新合伙人的加入、旧合伙人的退伙、死亡、自愿清算、破产清算等均可造成原合伙企业的解散，以及新合伙企业的成立。

（2）责任无限。合伙组织作为一个整体对债权人承担无限责任。合伙企业可分为普通合伙和有限合伙。普通合伙的合伙人对合伙企业的债务承担无限连带责任。

（3）相互代理。合伙企业的经营活动，合伙人有执行和监督的权利。合伙负责人和其他人员的经营活动，由全体合伙人承担民事责任。

（4）财产共有。合伙人投入的财产，由合伙人统一管理和使用，不经其他合伙人同意，任何一位合伙人不得将合伙财产移为他用。只提供劳务，不提供资本的合伙人仅有权分享一部分利润，而无权分享合伙财产。

（5）利益共享。合伙企业在生产经营活动中所取得、积累的财产，归合伙人共有。如有亏损则亦由合伙人共同承担。损益分配的比例，应在合伙协议中明确规定；未经规定的可按合伙人出资比例分摊，或平均分摊。以劳务抵作资本的合伙人，除另有规定者外，一般不分摊损失。

2. 普通合伙企业

### 案例 5-6

甲、乙、丙、丁四人决定投资设立一普通合伙企业，并签订了书面合伙协议。合伙协议的部分内容如下：①甲、乙、丙以货币出资。②丁以劳务折价出资，但丁不得过问企业事务，也不承担企业亏损的民事责任。③由甲执行合伙企业事务，对外代表合伙企业，但签订标的1万元以上的合同应经其他合伙人同意。合伙企业在存续期间，发生下列事实：①甲擅自以合伙企业的名义与善意第三人A公司签订标的2万元合同，乙合伙人获知后，认为该合同不符合合

**案外音**

连带责任是指根据法律规定或当事人有效约定，两个或两个以上的连带义务人都对不履行义务承担全部责任。

伙企业利益，经与丙、丁商议后，即向 A 公司表示对该合同不予承认。②合伙人丁提出退伙，合伙企业又接纳戊新入伙。后合伙企业的债权人 A 公司就合伙人丁退伙前发生的债务 24 万元要求合伙企业的现合伙人甲、乙、丙、戊及退伙人丁共同承担连带清偿责任。丁以自己已经退伙为由，拒绝承担清偿责任。戊以自己新入伙为由，拒绝对其入伙前的债务承担清偿责任。

请问：

（1）合伙协议中是否有不合法之处？并说明理由。

（2）甲以合伙企业名义与 A 公司所签的代销合同是否有效？并说明理由。

（3）丁和戊拒绝承担清偿责任的主张是否成立？并说明理由。

【分析】

（1）合伙协议中丁不承担企业亏损的民事责任的约定违反了法律规定。根据《合伙企业法》的规定，各合伙人均应依法承担无限责任，不允许有承担有限责任的合伙人。

（2）甲以合伙企业名义与 A 公司所签的代销合同有效。根据《合伙企业法》的规定，合伙企业对合伙人执行合伙企业事务，以及对外代表合伙企业权利的限制，不得对抗不知情的善意第三人。

（3）丁和戊的主张均不成立。根据《合伙企业法》的规定，退伙人对其退伙前已发生的合伙企业债务，与其他合伙人承担连带责任。入伙的新合伙人对入伙前合伙企业的债务承担连带责任。

1）普通合伙企业的设立条件

（1）2 个以上合伙人。普通合伙人，是指在合伙企业中对合伙企业的债务依法承担无限责任的自然人，也可以是法人或其他组织。合伙人为自然人的，应当具有完全民事行为能力。国有独资公司、国有企业、上市公司，以及公益性的事业单位、社会团体不得成为普通合伙人。

（2）有书面合伙协议。

（3）有合伙人认缴或者实际缴付的出资。合伙人可以用货币、实物、知识产权、土地使用权或者其他财产权利出资，也可以用劳务出资。合伙人以劳务出资的，其评估办法由全体合伙人协商确定，并在合伙协议中载明。以非货币财产出资的，依照法律、行政法规的规定，需要办理财产权转移手续的，应当依法办理。

（4）普通合伙企业名称中应当标明"普通合伙"字样。

（5）有合伙企业的名称和生产经营场所。合伙企业的主要经营场所只能有一个，并且应当在其企业登记机关登记管辖区域内。

（6）法律、行政法规规定的其他条件。

**要点提示**

知识产权是指人们对于自己智力活动创造的成果和经营管理活动中的标记、信誉依法享有的权利，包括版权（著作权等）和工业产权（专利权、商标权等）。

2）合伙企业的设立程序

（1）申请人与登记机关。设立合伙企业应由全体合伙人指定的代表或者共同委托的代理人向企业登记机关申请设立登记。登记机关为工商行政管理部门。

（2）申请时应提交的材料。应向企业登记机关提交登记申请书、合伙协议书、全体合伙人的身份证明等文件。

（3）登记。企业登记机关应自收到申请人提交所需的全部文件之日起20日内，作出是否登记的决定。予以登记的，发给营业执照，合伙企业的营业执照签发日期，为合伙企业成立之日。不予登记的，登记机关应当给予书面答复并说明理由。

3）合伙企业财产

领取营业执照之前，合伙人不得以合伙企业的名义从事合伙业务。合伙企业可以设立分支机构。设立分支机构的，应当向分支机构所在地的企业登记机关申请登记，领取营业执照。

合伙企业财产的构成及性质。合伙企业的财产由两部分构成，一部分是合伙人的出资，一部分是以合伙企业名义取得的收益。根据《合伙企业法》的规定，合伙企业的财产只能由合伙人共同管理和使用，合伙企业的财产属共有并且是共同共有。

合伙企业财产的管理。

（1）合伙企业的合伙人出资份额的转让。合伙企业存续期间，经其他合伙人的一致同意，合伙人可以向合伙人以外的人转让在合伙企业的全部或者部分财产份额，合伙人依法转让其财产份额的，在同等条件下，其他合伙人享有优先购买权。合伙人之间转让合伙企业中的全部或部分财产份额的应当通知其他合伙人。

（2）合伙企业的合伙人以其出资份额质押的规定。合伙人以其在合伙企业中的财产份额出质的，须经其他合伙人一致同意。未经其他合伙人一致同意，合伙人以其在合伙企业中的财产份额出质的，其行为无效，或者作为退伙处理。由此给合伙人造成损失的，依法承担赔偿责任。

4）合伙企业的事务执行

合伙企业是由合伙人共同出资设立的，合伙人共享合伙企业的收益，共担合伙企业风险，并对合伙企业的债务承担无限连带责任。

合伙企业事务执行的形式：合伙人对执行合伙事务享有同等的权利。合伙企业事务执行的方式可以在协议中事先予以约定。对此没有约定的，可由全体合伙人共同决定。可供选择的合伙企业事务执行的具体方式有：

（1）全体合伙人共同执行；

（2）各合伙人分别执行；

（3）委托一名合伙人执行；

（4）委托数名合伙人执行。

执行合伙企业事务的合伙人对外代表合伙企业。

合伙企业事务执行后果的承担：执行合伙事务的合伙人，对外代表合伙组织，其执行所产生的收益归全体合伙人，所产生的亏损或民事责任，由全体合伙人承担。

合伙事务的决定：合伙事务的决定只能由合伙人依法作出，不得委托其他合伙人或合伙人以外的人进行。

（1）必须经全体合伙人同意的合伙事务：

① 处分合伙企业的不动产；

② 改变合伙企业名称；

③ 转让或处分合伙企业的知识产权和其他财产权利；

④ 向企业登记机关申请办理变更登记手续；

⑤ 以合伙企业名义为他人提供担保；

⑥ 聘任合伙人以外的人担任合伙企业的经营管理人员；

⑦ 依照合伙协议约定的其他有关事项，如增加对合伙企业的出资，延长合伙企业的经营期限等事项。

（2）其他的合伙事务的决定或由全体合伙人决定，或依合伙协议约定决定，而且合伙协议的约定优先。

5）合伙企业的利润分配与亏损分担

合伙损益是指合伙利润和合伙亏损。合伙企业的利润和亏损由合伙人依照合伙协议约定的比例分配和分担；合伙协议未约定或者约定不明确的，由合伙人协商决定；协商不成的，由合伙人按照实缴出资比例分配、分担；无法确定出资比例的，由合伙人平均分配、分担。合伙协议不得约定将全部利润分配给部分合伙人或由部分合伙人承担全部亏损。

### 案例 5-7

甲、乙、丙三人组成一普通合伙企业，约定企业头三年利润归甲，如发生亏损由三人平均分担，后企业第一年发生亏损，债权人丁要求甲还钱，甲只愿承担1/3，丁找丙，丙清偿了全部债权。第二年，戊加入合伙，企业合伙人扩充为四人。

请问：

（1）约定企业头三年利润归甲是否合法，为什么？

（2）约定发生亏损由三人平均分担是否有效，为什么？

（3）甲能否拒绝债权人丁的要求，为什么？

（4）丙清偿了全部债权可以向谁追偿，如何追偿？

（5）戊加入合伙应符合什么条件？

（6）对入伙前的企业债务，戊要承担责任吗，承担何种责任？

【分析】

（1）不合法。法律规定，"合伙协议不得约定将全部利润分配给部分合伙人"。

（2）约定发生亏损由三人平均分担对内有效，但是对外无效。对外，全体合伙人需承担无限连带责任；如果承担的赔偿责任超过之前的约定范围，有权向其他合伙人追偿。

（3）无权拒绝。甲应承担无限连带责任。

（4）向其他合伙人清偿。要求其他合伙人承担约定的责任范围。

（5）新合伙人入伙的，必须经全体合伙人一致同意，并签订书面入伙协议。入伙的新合伙人与原合伙人享有同等的权利，承担同等的责任，除非入伙协议另有约定。入伙的新合伙人对入伙前合伙企业的债务承担连带责任。

（6）要承担责任。入伙的新合伙人对入伙前合伙企业的债务承担连带责任。

6）合伙企业与第三人的关系

（1）合伙企业与善意第三人的关系。《合伙企业法》规定，合伙企业对合伙人执行合伙企业事务，以及对外代表权的限制不得对抗不知情的善意第三人。

（2）合伙企业与企业债权人的关系。合伙企业应先以其全部财产对其债务进行清偿。合伙企业财产不足清偿到期债务的，各合伙人应承担无限连带清偿责任。以合伙企业财产清偿企业债务时，其不足部分由各合伙人依合伙协议约定的债务分担比例，以其在合伙企业以外的财产承担清偿责任，合伙人实际支付的债务数额超过其依照既定比例所应承担的数额，该合伙人有权就超过部分向其他未支付或者未足额支付的合伙人追偿。

（3）合伙企业与合伙人个人的债权人的关系。合伙企业中某一合伙人的债权人，不得以该债权抵消其对合伙企业的债务；合伙人个人负有债务，其债权人不得代位行使该合伙人在合伙企业中的权利；合伙人个人财产不足清偿其个人所负债务的，该合伙人只能以其从合伙企业中分取的收益用于清偿，债权人也可依法请求人民法院强制执行该合伙人在合伙企业中的财产份额用于清偿。

7）入伙与退伙

（1）入伙。入伙是指在合伙企业存续期间，合伙人以外的第三人加入合伙企业，从而取得合伙人资格。新合伙人入伙时，除合伙协议另有约定外应当经全体合伙人同意，并依法重新订立合伙协议。订立入伙协议时，原合伙人应当向新合伙人告知原合伙企业经营状况和财务状况。入伙的新合伙人与原合伙人享有同等的权利，承担同等的义务。但是，如果原合伙人愿意以更优越的条件吸引新合伙人入伙，或者新合伙人愿意以较为不利的条件入伙，也可以在入伙协议中另行约定。新入伙的合伙人对入伙前合伙企业的债务承担连带清偿责任。

（2）退伙。退伙是指合伙人退出合伙企业，从而丧失合伙人资格。依据退伙的原因，退伙可分4种：

① 协议退伙。合伙协议约定合伙企业的经营期限的，有下列情形之一时，合伙人可以退伙：合伙协议约定的退伙事由出现；经全体合伙人同意退伙；发生合伙人难以继续参加企业的事由；其他合伙人严重违反合伙协议约定的义务。

② 通知退伙。合伙协议未约定合伙企业的经营期限的，合伙人在不给合伙企业事务执行造成不利影响的情况下，可以退伙，但应当提前30日通知其他合伙人。

③ 当然退伙。合伙人有下列情形之一的，当然退伙：死亡或者被依法宣告死亡；被依法宣告为无民事行为能力人或者限制民事行为能力人；个人丧失偿债能力；被人民法院强制执行在合伙企业中的全部财产份额；作为合伙人的法人或者其他组织依法被吊销营业执照、责令关闭撤销，或者被宣告破产；法律规定或者合伙协议约定合伙人必须具有相关资格而丧失该资格。当然退伙以法定事由实际发生之日为退伙生效日。

④ 除名退伙。合伙人有下列情形之一的，经其他合伙人一致同意，可以决议将其除名：未履行出资义务；因故意或者重大过失给合伙企业造成损失；执行合伙企业事务时有不正当行为；合伙协议约定的其他事由。对合伙人的除名决议应当书面通知被除名人。被除名人

自接到除名通知之日起,除名生效,被除名退伙。《合伙企业法》规定,退伙人对其退伙前已发生的合伙企业债务,与其他合伙人承担连带清偿责任。

### 案例 5-8

注册会计师甲、乙、丙投资设立 A 会计师事务所,该会计师事务所的形式为特殊的普通合伙企业,提供审计鉴证业务和验资业务。在 2016 年的审计业务中,发生了下列事项:

(1)甲在对 B 上市公司的年度会计报告进行审计过程中,因重大过失遗漏了一笔销售收入,经人民法院判决由该事务所向 B 上市公司的相关股东承担赔偿责任,甲认为自己并非故意造成的损失,该赔偿责任应该由全体合伙人共同承担连带责任。

(2)乙在对 C 公司设立过程的验资服务中,因疏忽大意而出具了证明不实的验资报告,该报告直接给 C 公司的债权人造成了一定的经济损失,经人民法院认定,乙的疏忽大意并不属于重大过失。

请问:

(1)甲的说法是否正确?为什么?

(2)对于乙造成的损失,合伙企业的合伙人应该按照何种方式来承担责任?为什么?

【分析】

(1)甲的说法不正确。根据规定,一个合伙人或者数个合伙人在执业活动中因故意或者重大过失造成合伙企业债务的,应当承担无限责任或者无限连带责任,其他合伙人以其在合伙企业中的财产份额为限承担责任。本案中,由于甲是因为重大过失造成的损失,因此应该由其承担无限责任,其他合伙人承担有限责任。

(2)对于乙造成的损失,应该由全体合伙人承担无限连带责任。根据规定,合伙人在执业活动中非因故意或者重大过失造成的合伙企业债务,以及合伙企业的其他债务,由全体合伙人承担无限连带责任。本案中,乙的行为被认定为非重大过失,因此而造成的损失应该由全体合伙人承担无限连带责任。

8)特殊的普通合伙企业

(1)特殊的普通合伙企业是指以专业知识和专门技能为客户提供有偿服务的专业服务机构。企业名称中应当标明"特殊普通合伙"字样。

什么是特殊的普通合伙企业?请举例说明

(2)责任形式。

① 责任承担:一个合伙人或者数个合伙人在执业活动中因故意或者重大过失造成合伙企业债务的,应当承担无限责任或者无限连带责任,其他合伙人以其在合伙企业中的财产份额为限承担责任。重大过失是指明知可能造成损失而轻率地作为或者不作为。

② 责任追偿:合伙人在执业活动中因故意或者重大过失造成合伙企业债务,以合伙企业财产对外承担责任后,该合伙人应当按照合伙协议的约定对给合伙企业造成的损失承担赔偿责任。

(3)特殊的普通合伙企业的执业风险防范。特殊的普通合伙企业应当建立执业风险基金、办理职业保险。

3. 有限合伙企业

### 案例 5-9

2016年10月，物流专业应届大学毕业生王、张、胡、周在家庭的经济资助下，决定自行创业，并按照《合伙企业法》的规定，共同投资设立一从事商品流通的有限合伙企业。合伙协议约定了以下事项：（1）王以现金4万元出资，张以房屋作价6万元出资，胡以劳务作价3万元出资，另外以商标权作价3万元出资，周以现金8万元出资；（2）周为普通合伙人，王、张、胡均为有限合伙人；（3）各合伙人按相同比例分配盈利、分担亏损；（4）合伙企业的事务由胡和周执行，王和张不执行合伙企业事务，也不对外代表合伙企业；（5）普通合伙人向合伙人以外的人转让财产份额的，不需要经过其他合伙人同意；（6）合伙企业名称为"信诚物流合伙企业"。

请问：

（1）合伙人胡以劳务作价出资的做法是否符合规定？
（2）合伙企业事务执行方式是否符合规定？
（3）关于合伙人转让出资的约定是否符合法律规定？
（4）合伙企业名称是否符合规定？
（5）各合伙人按照相同比例分配盈利、分担亏损的约定是否符合规定？

【分析】

（1）胡以劳务作价出资的做法不符合规定。根据规定，有限合伙人不得以劳务出资。

（2）合伙企业的事务由胡和周执行的做法不符合规定。根据规定，有限合伙人不执行合伙企业事务，不得对外代表合伙企业。

（3）合伙人转让出资的约定符合法律规定。按照规定，只要合伙协议中约定了转让的方式，那么就可以按照合伙协议的约定来处理。

（4）合伙企业名称不符合规定。根据规定，有限合伙企业名称中应当标明"有限合伙"字样。

（5）各合伙人按照相同比例分配盈利、分担亏损的约定符合规定。根据规定，合伙企业的利润分配、亏损分担，按照合伙协议的约定办理。

1）有限合伙企业的概念及法律适用

（1）有限合伙企业是指由普通合伙人和有限合伙人组成，普通合伙人对合伙企业债务承担无限连带责任，有限合伙人以其认缴的出资额为限对合伙企业债务承担责任的合伙组织。

（2）在法律适用中，凡是《合伙企业法》中对有限合伙企业有特殊规定的，应当适用其特殊规定。无特殊规定的，适用有关普通合伙企业及其合伙人的一般规定。

有限合伙企业的设立有何特殊规定？

2）有限合伙企业设立的特殊规定

（1）有限合伙企业人数。有限合伙企业由2个以上50个以下合伙人设立，其中至少应当有一个普通合伙人。自然人、法人和其他组织可以依照法律规定设立有限合伙企业，但国有独资公司、国有企业、上市公司，以及公益性的事业单位、社会团体不得成为有限合伙企业的普通合伙人。有限合伙企业中必须包括有限合伙人和普通合伙人两部分,当企业仅剩有限合伙人的,应当解散;仅剩普通合伙人的,转为普通合伙企业。

(2)有限合伙企业名称。有限合伙企业名称中应当标明"有限合伙"字样。不能标明"普通合伙""特殊普通合伙""有限公司""有限责任公司"等字样。

(3)有限合伙企业协议。有限合伙企业协议除应符合普通合伙企业合伙协议的规定外,还应当载明下列事项:

① 普通合伙人和有限合伙人的姓名或者名称、住所;
② 执行事务合伙人应具备的条件和选择程序;
③ 执行事务合伙人权限与违约处理办法;
④ 执行事务合伙人的除名条件和更换程序;
⑤ 有限合伙人入伙、退伙的条件、程序及相关责任;
⑥ 有限合伙人和普通合伙人相互转变程序。

(4)有限合伙人出资形式。有限合伙人可以用货币、实物、知识产权、土地使用权或者其他财产权利作价出资,但不得以劳务出资。

(5)有限合伙人的出资义务。有限合伙人应当按照合伙协议的约定按期足额缴纳出资;未按期足额缴纳的,应当承担补缴义务,并对其他合伙人承担违约责任。

(6)有限合伙企业登记事项中应当载明有限合伙人的姓名或者名称及认缴的出资数额。

3)有限合伙企业事务执行的特殊规定

(1)有限合伙企业事务执行人。有限合伙企业由普通合伙人执行合伙事务。执行事务合伙人可以要求在合伙协议中确定执行事务的报酬及报酬提取方式。如合伙协议无约定,全体普通合伙人是合伙事务的共同执行人。合伙事务执行人除享有一般合伙人相同的权利外,还要接受其他合伙人的监督和检查,若因自己的过错造成合伙财产损失的,应向合伙企业或其他合伙人负赔偿责任。

(2)禁止有限合伙人执行合伙事务。有限合伙人不执行合伙事务,不得对外代表有限合伙企业。有限合伙人的下列行为,不视为执行合伙事务:参与决定普通合伙人入伙、退伙;对企业的经营管理提出建议;参与选择承办有限合伙企业审计业务的会计师事务所;获取经审计的有限合伙企业财务会计报告;对涉及自身利益的情况,查阅有限合伙企业财务会计账簿等财务资料;在有限合伙企业中的利益受到侵害时,向有责任的合伙人主张权利或者提起诉讼;执行事务合伙人怠于行使权利时,督促其行使权利或者为了本企业的利益以自己的名义提起诉讼;依法为本企业提供担保。第三人有理由相信有限合伙人为普通合伙人并与其交易的,该有限合伙人对该笔交易承担与普通合伙人同样的责任。有限合伙人未经授权以有限合伙企业名义与他人进行交易,给有限合伙企业或者其他合伙人造成损失的,该有限合伙人应当承担赔偿责任。

(3)有限合伙企业利润分配。有限合伙企业不得将全部利润分配给部分合伙人;但是,合伙协议另有约定的除外。

(4)有限合伙人的权利。有限合伙人可以同本有限合伙企业进行交易,但是,合伙协议另有约定的除外;有限合伙人可以自营或者同他人合作经营与本有限合伙企业相竞争的业务,但是，合伙协议另有约定的除外。

4）有限合伙企业财产出质与转让的特殊规定

（1）有限合伙人可以将其在有限合伙企业中的财产份额出质；但是，合伙协议另有约定的除外。

（2）有限合伙人可以按照合伙协议的约定向合伙人以外的人转让其在有限合伙企业中的财产份额，但应当提前30日通知其他合伙人。

5）有限合伙人债务清偿的特殊规定

有限合伙人的自有财产不足清偿其与合伙企业无关的债务的，该合伙人可以以其从有限合伙企业中分取的收益用于清偿；债权人也可以依法请求人民法院强制执行该合伙人在有限合伙企业中的财产份额用于清偿。人民法院强制执行有限合伙人的财产份额时，应当通知全体合伙人。在同等条件下，其他合伙人有优先购买权。

6）有限合伙企业入伙与退伙的特殊规定

（1）入伙。《合伙企业法》规定，新入伙的有限合伙人对入伙前有限合伙企业的债务，以其认缴的出资额为限承担责任。

（2）退伙。

① 有限合伙人出现下列情形是当然退伙：作为合伙人的自然人死亡或者被依法宣告死亡；作为合伙人的法人或者其他组织依法被吊销营业执照、责令关闭撤销，或者被宣告破产；法律规定或者合伙协议约定合伙人必须具有相关资格而丧失该资格；合伙人在合伙企业中的全部财产份额被人民法院强制执行。

② 作为有限合伙人的自然人在有限合伙企业存续期间丧失民事行为能力的，其他合伙人不得因此要求其退伙。

③ 作为有限合伙人的自然人死亡、被依法宣告死亡或者作为有限合伙人的法人及其他组织终止时，其继承人或者权利承受人可以依法取得该有限合伙人在有限合伙企业中的资格。

④ 有限合伙人退伙后，对基于其退伙前的原因发生的有限合伙企业债务，以其退伙时从有限合伙企业中取回的财产承担责任。

7）合伙人性质转变的特殊规定

除合伙协议另有约定外，普通合伙人转变为有限合伙人，或者有限合伙人转变为普通合伙人，应当经全体合伙人一致同意。有限合伙人转变为普通合伙人的，对其作为有限合伙人期间有限合伙企业发生的债务承担无限连带责任。普通合伙人转变为有限合伙人的，对其作为普通合伙人期间合伙企业发生的债务承担无限连带责任。

**4．合伙企业的解散与清算**

1）合伙企业解散

合伙企业有下列情形之一的，应当解散：

（1）合伙期限届满，合伙人决定不再经营；

（2）合伙协议约定的解散事由出现；

（3）全体合伙人决定解散；

（4）合伙人已不具备法定人数满 30 天；

（5）合伙协议约定的合伙目的已经实现或者无法实现；

（6）依法被吊销营业执照、责令关闭或者被撤销；

（7）法律、行政法规规定的其他原因。

2）合伙企业的清算

（1）确定清算人。清算人由全体合伙人担任，经全体合伙人过半数同意，可以自合伙企业解散事由出现后 15 日内指定一个或者数个合伙人，或者委托第三人，担任清算人。自合伙企业解散事由出现之日起 15 日内未确定清算人的，合伙人或者其他利害关系人可以申请人民法院指定清算人。

（2）清算人的职责。清理合伙企业财产，分别编制资产负债表和财产清单；处理与清算有关的合伙企业未了结事务；清缴所欠税款；清理债权、债务；处理合伙企业清偿债务后的剩余财产；代表合伙企业参加诉讼或者仲裁活动。

3）通知或公告债权人

清算人自被确定之日起 10 日内将合伙企业解散事项通知债权人，并于 60 日内在报纸上公告。债权人应当自接到通知书之日起 30 日内，未接到通知书的自公告之日起 45 日内，向清算人申报债权。

4）财产清偿顺序

支付清算费用、职工工资、社会保险费用、法定补偿金，以及缴纳所欠税款，清偿债务后的剩余财产，依照法律规定（《合伙企业法》第 33 条第 1 款）进行分配。

5）注销登记

清算结束，清算人应当编制清算报告，经全体合伙人签名、盖章后，在 15 日内向企业登记机关报送清算报告，申请办理合伙企业注销登记。合伙企业注销后，原普通合伙人对合伙企业存续期间的债务仍应承担无限连带责任。

6）不能清偿到期债务的处理

合伙企业不能清偿到期债务的，债权人可以依法向人民法院提出破产清算申请，也可以要求普通合伙人清偿。合伙企业依法被宣告破产的，普通合伙人对合伙企业债务仍应承担无限连带责任。

## 捋一捋

本模块要点主要有企业、企业法的概念；个人独资企业的设立、变更、事务管理；普通合伙企业的设立条件、利润分配、亏损、入伙和退伙等；特殊普通合伙企业的概念、责任承担与追偿；有限合伙企业的概念、法律适用、财产出质、债务清偿和合伙人性质转变；合伙企业的解散与清算。

练习与自测

一、单项选择题

1. 下列关于个人独资企业法律特征的表述中，符合规定的是（   ）。
   A．个人独资企业没有独立承担民事责任的能力
   B．个人独资企业不能以自己的名义从事民事活动
   C．个人独资企业具有法人资格
   D．个人独资企业对企业债务承担有限责任

2. 根据《个人独资企业法》的规定，不能成为个人独资企业投资人出资的是（   ）。
   A．劳务　　　　B．土地使用权　　　C．专利权　　　D．家庭共有的房屋

3. 根据《个人独资企业法》的规定，登记机关应当在收到设立个人独资企业申请文件之日起一定期限内，对符合条件的予以登记，发给《营业执照》。该一定的期限为（   ）。
   A．15 日　　　　B．30 日　　　　C．45 日　　　　D．90 日

4. 林某以个人财产出资设立一个人独资企业，聘请陈某管理该企业事务。林某病故后，因企业负债较多，林某的妻子作为唯一继承人明确表示不愿继承该企业，该企业只得解散。根据法律的规定，关于该企业清算人的下列表述中，正确的是（   ）。
   A．由陈某进行清算　　　　　　　　B．由林某的妻子进行清算
   C．由债权人进行清算　　　　　　　D．由债权人申请法院指定清算人进行清算

5. 个人独资企业违反法律规定，应当承担民事赔偿责任和缴纳罚款、罚金，其财产不足以支付的，或者被判处没收财产的，应当先（   ）。
   A．承担民事赔偿责任　　　　　　　B．缴纳罚款
   C．缴纳罚金　　　　　　　　　　　D．没收财产

6. 关于普通合伙企业的出资，下列说法错误的是（   ）。
   A．合伙人可以分期缴付出资
   B．合伙人首次缴付的出资不得低于认缴数额的 20%
   C．合伙人以劳务出资的，其评估办法由全体合伙人协商确定
   D．合伙人可以用房屋所有权出资

7. 根据《合伙企业法》的规定，合伙人对合伙企业有关事项作出决议，按照合伙协议约定的表决办法办理。合伙协议未约定或者约定不明确，《合伙企业法》又没有规定的，实行（   ）的表决办法。
   A．合伙人一人一票并经全体合伙人过半数通过
   B．合伙人一人一票并经全体合伙人 2/3 以上通过
   C．合伙人一人一票并经全体合伙人一致通过
   D．合伙人一人一票并经出席会议的合伙人过半数通过

8. 根据《合伙企业法》的规定，合伙协议未约定合伙利润分配和亏损分担比例的，合伙人之间分配利润和分担亏损的原则是（   ）。
   A．按各合伙人的实缴出资比例分配和分担

B．按各合伙人贡献大小分配和分担

C．在全体合伙人之间平均分配和分担

D．由各合伙人协商决定如何分配和分担

9．下列有关有限合伙企业设立条件的表述中，不符合《合伙企业法》规定的是（　　）。

A．有限合伙企业至少应当有一个普通合伙人

B．有限合伙企业名称中应当标明"特殊普通合伙"字样

C．有限合伙人可以用知识产权作价出资

D．有限合伙企业登记事项中应载明有限合伙人的姓名或名称

10．李某为一有限合伙企业中的有限合伙人。根据《合伙企业法》的规定，李某的下列行为中，不符合法律规定的是（　　）。

A．对企业的经营管理提出建议　　B．对外代表有限合伙企业

C．参与决定普通合伙人入伙　　　D．依法为本企业提供担保

## 二、多项选择题

1．下列有关个人独资企业设立条件的表述中，符合法律规定的有（　　）。

A．投资人可以是中国公民，也可以是中国的企业

B．投资人可以家庭共有财产作为个人出资

C．企业名称中不得使用"公司"字样

D．企业必须有符合规定的最低注册资本

2．根据《个人独资企业法》的规定，在下列情形中，个人独资企业应当解散的有（　　）。

A．投资人决定解散　　　　　　　B．个人独资企业被依法吊销营业执照

C．投资人死亡无继承人　　　　　D．个人独资企业破产

3．根据法律规定，在普通合伙企业中，不能成为普通合伙人的是（　　）。

A．国有独资公司　　　　　　　　B．国有企业

C．上市公司　　　　　　　　　　D．公益性的事业单位

4．根据《合伙企业法》的规定，除合伙协议另有约定外，下列各项中，应当由全体合伙人一致同意才能作出决议的是（　　）。

A．修改合伙协议　　　　　　　　B．改变合伙企业名称

C．处分合伙企业的不动产　　　　D．吸收新的合伙人

5．根据《合伙企业法》的规定，下列关于普通合伙企业合伙人权利和义务的表述中，符合法律规定的有（　　）。

A．合伙人对执行合伙事务享有同等的权利

B．合伙人可以查阅企业会计账簿

C．合伙人可以自营与本企业相竞争的业务

D．执行企业事务的合伙人可以自行决定是否向其他合伙人报告企业经营状况

6．根据《合伙企业法》的规定，下列各项中，属于普通合伙人当然退伙的情形是（　　）。

A．合伙人未履行出资义务　　　　B．合伙人个人丧失偿债能力

C．合伙人故意给合伙企业造成损失　D．合伙人被依法宣告死亡

7．根据《合伙企业法》的规定，属于有限合伙人当然退伙的情形是（　　）。

A. 作为有限合伙人的自然人死亡
B. 有限合伙人个人丧失偿债能力
C. 有限合伙人在合伙企业中的全部财产份额被人民法院强制执行
D. 作为有限合伙人的自然人在有限合伙企业存续期间丧失民事行为能力

8. 根据《合伙企业法》的规定，下列情形中，经其他合伙人一致同意，可以决议将其除名的有（    ）。
   A. 普通合伙人甲在执行事务中有贪污合伙企业财产的行为
   B. 普通合伙人乙未履行出资义务
   C. 普通合伙人丙个人丧失偿债能力
   D. 普通合伙人丁参加了另一同类营业的合伙组织

9. 根据《合伙企业法》的规定，除合伙协议另有约定外，有限合伙企业的下列事项中，应当经全体合伙人一致同意的有（    ）。
   A. 有限合伙人按照合伙协议的约定向合伙人以外的人转让其在合伙企业中的全部或者部分财产份额
   B. 普通合伙人之间转让其在合伙企业中的全部或者部分财产份额
   C. 有限合伙企业的普通合伙人转变为有限合伙人
   D. 有限合伙企业的有限合伙人转变为普通合伙人

10. 甲、乙、丙、丁欲设立一有限合伙企业，合伙协议中约定了如下内容，其中符合合伙企业法律制度规定的有（    ）。
    A. 甲仅以出资额为限对企业债务承担责任，同时被推举为合伙事务执行人
    B. 丙以其劳务出资，为普通合伙人，其出资份额经各合伙人商定为5万元
    C. 合伙企业的利润由甲、乙、丁三人分配，丙仅按营业额提取一定比例的劳务报酬
    D. 经全体合伙人同意，有限合伙人可以全部转为普通合伙人，普通合伙人也可以全部转为有限合伙人

## 三、案例分析题

甲、乙、丙、丁四人出资设立A有限合伙企业，其中甲、乙为普通合伙人，丙、丁为有限合伙人。合伙企业存续期间，发生以下事项：

（1）6月，合伙人丙同A合伙企业进行了120万元的交易，合伙人甲认为，由于合伙协议对此没有约定，因此，有限合伙人丙不得同本合伙企业进行交易。

（2）6月，合伙人丁自营同A合伙企业相竞争的业务，获利150万元。合伙人乙认为，由于合伙协议对此没有约定，因此，丁不得自营同本合伙企业相竞争的业务，其获利150万元应当归A合伙企业所有。

（3）7月，A合伙企业向B银行贷款100万元。

（4）8月，经全体合伙人一致同意，普通合伙人乙转变为有限合伙人，有限合伙人丙转变为普通合伙人。

（5）9月，甲、丁提出退伙。经结算，甲从合伙企业分回10万元，丁从合伙企业分回20万元。

（6）10月，戊、庚新入伙，戊为有限合伙人，庚为普通合伙人。其中，戊、庚的出资均

为30万元。

（7）12月，B银行100万元的贷款到期，A合伙企业的全部财产只有40万元。

请问：

（1）根据本题要点（1）所提示的内容，指出甲的主张是否符合法律规定？

（2）根据本题要点（2）所提示的内容，指出乙的主张是否符合法律规定？

（3）对于不足的60万元，债权人B银行能否要求合伙人甲清偿全部的60万元？

（4）对于不足的60万元，债权人B银行能否要求合伙人乙清偿全部的60万元？

（5）对于不足的60万元，债权人B银行能否要求合伙人丙清偿全部的60万元？

（6）对于不足的60万元，债权人B银行能否要求退伙人丁清偿全部的60万元？

（7）对于不足的60万元，债权人B银行能否要求合伙人戊清偿全部的60万元？

（8）对于不足的60万元，债权人B银行能否要求合伙人庚清偿全部的60万元？

**法律名言:**

我已经发现,混乱和一切祸害的起源、原因和发展都与各种社会的腐败的法制有关。

——[法]摩莱里:《自然法典》

# 第六章 公 司 法

任何一个国家在宏观经济方面的成功,大都是该国各个企业或公司所获成就的综合体现。没有强有力的公司和企业,就不会有持续的经济增长。公司法是随着公司的产生和发展逐渐形成和完善的,对公司的健康发展有着巨大的推动作用。

## [关 键 词]

公司概述、有限责任公司、一人有限责任公司、国有独资公司、股份有限公司

## [学习目标]

通过学习,能解决以下问题:

- 什么是公司、有限责任公司、一人有限责任公司、国有独资公司、股份有限公司?
- 公司董事、监事、高级管理人员的资格、义务和责任是什么?
- 什么是公司债券?
- 如何编制公司财务会计报告?
- 公司如何合并、分立、解散和清算?

# 第一节 公司法概述

**案例 6-1**

甲、乙、丙、丁等29人拟共同出资设立一有限责任公司规定共同制定公司章程。在公司章程中,对董事任期、监事会组成、股权转让规则等事项作了如下规定:

（1）公司董事任期为4年；

（2）公司设立监事会,监事会成员为7人,其中包括2名职工代表；

（3）股东向股东以外的人转让股权,必须经其他股东2/3以上同意。

**案外音**：公司章程是指公司依法制定的,规定公司名称、住所、经营范围、经营管理制度等重大事项的基本文件。

请问:

（1）公司章程中关于董事任期的规定是否合法？简要说明理由。

（2）公司章程中关于监事会职工代表人数的规定是否合法？简要说明理由。

（3）公司章程中关于股权转让的规定是否合法？简要说明理由。

【分析】

（1）公司章程中关于董事任期的规定不符合规定。根据规定,董事任期由公司章程规定不得超过3年。

（2）公司章程中关于监事会职工代表人数的规定不合法。根据规定,监事会应该包括股东代表和适当比例的公司职工代表,其中职工代表的比例不得低于1/3,具体比例由公司章程规定。

（3）公司章程中关于股权转让的规定合法。根据规定,公司章程对股权转让另有规定的,从其规定。

## 1. 公司的概念和特征

公司是指依照《公司法》的规定设立,并以盈利为目的的企业法人。主要特征如下:

（1）依照《公司法》规定设立的经济组织；

（2）以盈利为目的；

（3）具有法人资格。

**知识链接**：公司与企业的区别：我国企业的法律形式有三种,即独资企业、合伙企业、公司企业。前两者一般不具备法人资格,企业主或合伙人对企业的债务承担连带无限责任。而公司企业则是依照法律程序设立的以盈利为目的的社团法人。公司法调整的范围仅限于依照本法在中国境内设立的有限责任公司和股份有限公司两种形式。我国确定公司国籍的标准为复合标准说,凡在我国登记成立、住所地在我国的公司为我国公司。

## 2. 公司的种类

公司主要有以下分类：

（1）以股东对公司债务承担的责任形式为划分标准，可分为无限公司、有限责任公司、两合公司和股份有限公司。无限公司是指全体股东就公司债务负连带无限责任的公司；有限责任公司是指全体股东仅以各自的出资额为限对公司的债务承担责任的公司；两合公司是指一部分股东对公司债务负无限责任，另一部分股东负有限责任的公司；股份有限公司是指把公司资本划分为若干金额相等的股份，全体股东以自己认购的股份为限对公司债务承担责任的公司。我国法律只规定两种公司形式，即有限责任公司和股份有限公司。

（2）以公司之间的控制与依附关系为划分标准，可分为母公司与子公司。

（3）以公司管辖与被管辖关系为划分标准，可分为总公司和分公司。总公司是指依法设立并管辖公司全部组织的总机构；分公司是指总公司管辖之下的分支机构，不具有独立的法人资格，其民事责任由总公司承担，但可以在核准登记的范围内以自己的名义开展业务活动。

（4）以公司国籍为划分标准，可分为本国公司与外国公司。外国公司是指依照外国法律在中国境外登记设立的公司。

（5）按照公司信用基础为划分标准，可分为人合公司、资合公司和两合公司。人合公司是指以股东个人信用为基础的公司，如无限公司；资合公司是指以资本额作为其对外信用基础的公司，股份有限公司就是最为典型的资合公司；两合公司是指兼具股东个人信用和资本信用两种因素的人合兼资合公司，如有限责任公司、两合公司。

# 第二节 有限责任公司

### 案例 6-2

某市有甲、乙、丙三家国有企业，经市政府有关部门批准，共同出资组建某有限责任公司。该公司以生产经营为主，甲企业以货币出资，乙企业以厂房、设备等出资，丙企业以商标权和专利权出资。各方约定，公司董事会由 7 人组成。

**案外音**：子公司有法人资格，分公司没有。

请问：

（1）该有限责任公司应在哪级工商行政管理部门办理设立登记手续？

（2）该公司的注册资本额应为多少？

（3）各发起人的出资额应该如何确认、缴纳？

（4）公司董事会应由哪些方面人员组成？

【分析】

（1）应在市工商行政管理部门办理。

（2）有限责任公司注册资本的最低限额为人民币 3 万元。

（3）乙和丙的出资应在出资评估后以确认的金额来确定。

（4）两个以上国有企业组成的有限责任公司，除应由甲、乙、丙三个代表以外组成董事会外，还应由公司职工代表共同组成公司董事会。

## 1. 有限责任公司的概念与特征

1）有限责任公司的概念

有限责任公司是指依照《公司法》在中国境内设立的,由50个以下股东共同出资,股东以其认缴的出资额为限对公司承担有限责任,公司以其全部资产对公司的债务承担责任的企业法人。

2）有限责任公司的特征

(1) 股东责任的有限性。

(2) 设立程序的简便性。公司不能发行股票,不能向社会公开募集资本,一般只要有公司章程,股东出资额达到要求,并取得验资证明,最后经登记,公司即告成立。

(3) 股东人数的限制性。有限责任公司由50人以下股东出资设立。

(4) 两合公司。有限责任公司是资合公司,同时兼具较强的人合因素。

## 2. 有限责任公司的设立

1）有限责任公司设立的必备条件

(1) 股东符合法定的人数。有限责任公司由50个以下股东出资设立。

(2) 股东出资达到法定资本的最低限额。公司全体股东的首次出资额不得低于注册资本的20%,也不得低于法定的注册资本最低限额即3万元,其余部分由股东自公司成立之日起2年内缴足,其中,投资公司可以在5年内缴足。法律、行政法规对有限责任公司注册资本的最低限额有较高规定的,从其规定。

(3) 股东共同制定公司章程。公司章程是关于公司组织和行为的基本准则性文件,是以书面形式固定下来的全体股东共同一致的意思表示,是设立公司的必要条件。公司章程应当载明下列事项：

① 公司名称和住所。

② 公司经营范围。

③ 公司注册资本。

④ 股东的姓名或者名称。

⑤ 股东的出资方式、出资额和出资时间。

⑥ 公司机构及其产生办法、职权、议事规则。

⑦ 公司法定代表人。

⑧ 股东会会议认为需要规定的其他事项。

股东应当在公司章程上签名、盖章。

(4) 有公司名称,建立符合有限责任公司要求的组织机构。必须在公司名称中标明"有限责任公司"字样,同时,必须建立与法律规定相一致的组织机构,即设立股东会、董事会或执行董事、监事会或监事。

(5) 有公司住所。公司住所即公司的主要办事机构所在地,也包括其他经营场所。

2）有限责任公司的设立程序

(1) 签订发起人协议,即合伙协议,具有法律效力。

（2）进行公司名称预先核准。设立有限责任公司应当由全体股东指定的代表或者共同委托的代理人向登记机关申请公司名称预先核准。

（3）订立公司章程。股东应在公司章程上签名、盖章。

（4）特殊情形下的行政审批。公司设立一般实行准则主义，即只要符合《公司法》规定的设立条件，无须行政机关审批，就可以在工商行政管理机关注册登记而成立。

（5）发起人缴纳出资。一人有限责任公司的注册资本最低限额为人民币 10 万元。股东应当一次足额缴纳公司章程规定的出资额；其他有限责任公司全体发起人的首次出资额不得低于注册资本的 20%，其余部分由发起人自公司成立之日起两年内缴足；其中，投资公司可以在 5 年内缴足。在缴足前，不得向他人募集股份。股东可以用货币出资，也可以用实物、知识产权、土地使用权、货币估价并可依法转让的非货币财产作价出资；但是，法律、行政法规规定不得作为出资的财产除外。对作为出资的非货币财产应当评估作价，核实财产，不得高估或者低估作价。法律、行政法规对评估作价有规定的，从其规定。全体股东的货币出资金额不得低于有限责任公司注册资本的 30%。公司的注册资本和实收资本应当以人民币表示，股东不得以劳务、信用、自然人姓名、商誉、特许经营权或者设定担保的财产等作价出资。公司成立后，股东不得抽逃出资。股东缴纳出资后，必须经依法设立的验资机构验资并出具证明。

无形资产会计上通常做狭义的理解，即专利权、商标权等。

（6）申请设立登记。由全体股东指定的代表或者共同委托的代理人向公司登记机关报送公司登记申请书、公司章程、验资证明等文件，申请设立登记。

（7）领取营业执照。依法设立的公司，由公司登记机关发给公司营业执照。公司营业执照签发日期为公司成立日期。公司营业执照应当载明公司的名称、住所、注册资本、经营范围、法定代表人姓名等事项。

### 案例 6-3

甲、乙、丙、丁四个自然人签订协议，投资建立以生产性为主的有限责任公司，注册资本为 40 万元人民币。甲、乙、丙三个人均以货币出资，投资额分别为 10 万元、10 万元、5 万元，丁以专利技术投资，该专利技术已向国家专利局申报，但尚未拿到专利证书。该专利协议作价 20 万元。同时，协议还规定：

（1）公司章程由丁独立起草，无须公司董事会审议通过。

（2）公司不设董事会，只设执行董事，甲为执行董事，并担任法定代表人及公司总经理。

（3）由甲提议，乙担任公司财务负责人，并兼任公司监事。

（4）公司成立后不足资金通过发行公司债券筹集，并计划发行公司债券 20 万元。

（5）修改公司章程或与其他公司合并时，需经全体公司董事过半数通过。

（6）公司前 3 年无论盈利与否，均不提取盈余公积金。

请结合《公司法》的规定，分析说明以上不妥之处。

【分析】

（1）丁以专利权出资时不符合规定，因为其还未成为该专利的合法所有人，另外该专利应以作价评估价值为主。

（2）公司章程应由全体股东共同起草并通过方为有效。
（3）乙可以担任公司财务负责人，但不得担任监事。
（4）公司不具有发行债券的主体资格。
（5）修改公司章程或公司合并时必须经代表2/3以上表决权的股东通过。
（6）公司只要有盈利必须提取法定的公积金与公益金。

### 3．有限责任公司的股权转让

1）股权转让一般规定

有限责任公司的股东之间可以相互转让其全部或者部分股权。股东向股东以外的人转让股权，应当经其他股东过半数同意。股东应就其股权转让事项书面通知其他股东征求同意，其他股东自接到书面通知之日起满30日未答复的，视为同意转让。其他股东半数以上不同意转让的，不同意的股东应当购买该转让的股权；不购买的，视为同意转让。经股东同意转让的股权，在同等条件下，其他股东有优先购买权。两个以上股东主张行使优先购买权的，协商确定各自的购买比例；协商不成的，按照转让时各自的出资比例行使优先购买权。公司章程对股权转让另有规定的，从其规定。

2）强制性股权转让

人民法院依照法律规定的强制执行程序转让股东的股权时，应当通知公司及全体股东，其他股东在同等条件下有优先购买权。其他股东自人民法院通知之日起满20日不行使优先购买权的，视为放弃优先购买权。转让股权后，公司应当注销原股东的出资证明书，向新股东签发出资证明书，并相应修改公司章程和股东名册中有关股东及其出资额的记载。对公司章程的该项修改不需再由股东会表决。

3）回购股权

有下列情形之一的，对股东会该项决议投反对票的股东可以请求公司按照合理的价格收购其股权：

（1）公司连续5年不向股东分配利润，而公司该5年连续盈利，并且符合《公司法》规定的分配利润条件的；

（2）公司合并、分立、转让主要财产的；

（3）公司章程规定的营业期限届满或者章程规定的其他解散事由出现，股东会会议通过决议修改章程使公司存续的。自股东会会议决议通过之日起60日内，股东与公司不能达成股权收购协议的，股东可以自股东会会议决议通过之日起90日内向人民法院提起诉讼。

4）股权继承

自然人股东死亡后，其合法继承人可以继承股东资格；但是，公司章程另有规定的除外。

### 案例 6-4

下列选项中,对股东会该项决议投反对票的股东能够请求公司按照合理的价格收购其股权的有(　　)。

A. 甲有限责任公司连续 3 年盈利,但却连续 3 年不向股东分配利润

B. 乙有限责任公司与 A 有限责任公司合并

C. 丙农机有限责任公司将其生产农业机械的生产线出售给 B 公司

D. 丁有限责任公司章程规定的营业期限已经届满,但股东会会议作出决议修改了公司章程,延长营业期限 10 年

【分析】

本题考核点是股东的股权回购请求权。本题 A 选项应为 5 年。正确答案:B、C、D。

#### 4. 有限责任公司的组织机构

1)有限责任公司的股东会

(1)股东会的性质和权利。股东会由全体股东组成,是公司的权力机构。股东会行使下列职权:

① 决定公司的经营方针和投资计划。

② 选举和更换非由职工代表担任的董事、监事,决定有关董事、监事的报酬事项。

③ 审议批准董事会的报告。

④ 审议批准监事会或者监事的报告。

⑤ 审议批准公司的年度财务预算方案、决算方案。

⑥ 审议批准公司的利润分配方案和弥补亏损方案。

⑦ 对公司增加或者减少注册资本作出决议。

⑧ 对发行公司债券作出决议。

⑨ 对公司合并、分立、变更公司形式、解散和清算等事项作出决议。

⑩ 修改公司章程。

⑪ 公司章程规定的其他职权。

(2)股东会会议。首次股东会会议由出资最多的股东召集和主持,依照法律行使职权。

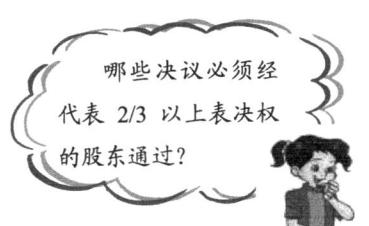

股东会会议分为定期会议和临时会议。定期会议应当按照公司章程的规定按时召开。代表 1/10 以上表决权的股东,1/3 以上的董事、监事会或者不设监事会的公司的监事提议召开临时会议的,应当召开临时会议。有限责任公司设立董事会的,股东会会议由董事会召集,董事长主持;董事长不能履行职务或者不履行职务的,由副董事长主持;副董事长不能履行职务或者不履行职务的,由半数以上董事共同推举一名董事主持。有限责任公司不设董事会的,股东会会议由执行董事召集和主持。董事会或者执行董事不能履行或者不履行召集股东会会议职责的,由监事会或者不设监事会的公司的监事召集和主持;监事会或者监事不召集和主持的,代表 1/10 以上表决权的股东可以自行召集和主持。

召开股东会会议,应当于会议召开15日以前通知全体股东;但公司章程另有规定或者全体股东另有约定的除外。股东会应当对所议事项的决定做成会议记录,出席会议的股东应当在会议记录上签名。股东会会议由股东按照出资比例行使表决权,但公司章程另有规定的除外。股东会的议事方式和表决程序,除《公司法》有规定的以外,由公司章程规定。股东会会议作出修改公司章程,增加或者减少注册资本,公司合并、分立、解散或者变更公司形式的决议,必须经代表2/3以上表决权的股东通过。

2) 有限责任公司的董事会和经理

(1) 董事会的设立及职权。有限责任公司设董事会,其成员为3~13人。但股东人数较少或者规模较小的有限责任公司,可以设1名执行董事,不设董事会。2个以上的国有企业或者其他两个以上的国有投资主体投资设立的有限责任公司,其董事会成员中应当有公司职工代表;其他有限责任公司董事会成员中也可以有公司职工代表。董事会中的职工代表由公司职工通过职工代表大会、职工大会或者其他形式民主选举产生。董事任期由公司章程规定,每届任期不得超过3年。董事任期届满,连选可以连任。董事任期届满未及时改选,或者董事在任期内辞职导致董事会成员低于法定人数的,在改选出的董事就任前,原董事仍应当依照法律、行政法规和公司章程的规定履行董事职务。董事会对股东会负责,行使下列职权:

① 召集股东会会议,并向股东会报告工作。
② 执行股东会的决议。
③ 决定公司的经营计划和投资方案。
④ 制订公司的年度财务预算方案、决算方案。
⑤ 制订公司的利润分配方案和弥补亏损方案。
⑥ 制订公司增加或者减少注册资本,以及发行公司债券的方案。
⑦ 制订公司合并、分立、变更公司形式、解散的方案。
⑧ 决定公司内部管理机构的设置。
⑨ 决定聘任或者解聘公司经理及其报酬事项,并根据经理的提名,决定聘任或者解聘公司副经理、财务负责人及其报酬事项。
⑩ 制定公司的基本管理制度。
⑪ 公司章程规定的其他职权。

(2) 董事会会议。董事会会议由董事长召集和主持;董事长不能履行职务或者不履行职务的,由副董事长召集和主持;副董事长不能履行职务或者不履行职务的,由半数以上董事共同推举一名董事召集和主持。董事会的议事方式和表决程序,除《公司法》有规定的之外,由公司章程规定。董事会应当对所议事项的决定做成会议记录,出席会议的董事应当在会议记录上签名。董事会决议的表决,实行一人一票。

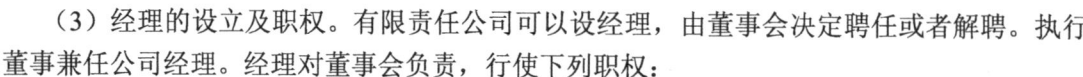
经理对董事会负责,可行使哪些职权?

(3) 经理的设立及职权。有限责任公司可以设经理,由董事会决定聘任或者解聘。执行董事兼任公司经理。经理对董事会负责,行使下列职权:

① 主持公司的生产经营管理工作,组织实施董事会决议。
② 组织实施公司年度经营计划和投资方案。

③ 拟订公司内部管理机构设置方案。
④ 拟订公司的基本管理制度。
⑤ 制定公司的具体规章。
⑥ 提请聘任或者解聘公司副经理、财务负责人。
⑦ 决定聘任或者解聘除应由董事会决定聘任或者解聘以外的负责管理人员。
⑧ 董事会授予的其他职权。

公司章程对经理职权另有规定的，从其规定。经理列席董事会会议。

3）有限责任公司的监事会或者监事

（1）监事会或者监事的设立。有限责任公司设立监事会，其成员不得少于 3 人。股东人数较少或者规模较小的有限责任公司，可以设 1～2 名监事，不设立监事会。监事会应当包括股东代表和适当比例的公司职工代表，其中职工代表的比例不得低于 1/3，具体比例由公司章程规定。监事会中的职工代表由公司职工通过职工代表大会、职工大会或者其他形式民主选举产生。监事会设主席 1 人，由全体监事过半数选举产生。监事会主席召集和主持监事会会议；监事会主席不能履行职务或者不履行职务的，由半数以上监事共同推举 1 名监事召集和主持监事会会议。董事、高级管理人员不得兼任监事。监事的任期每届为 3 年。监事任期届满，连选可以连任。监事任期届满未及时改选，或者监事在任期内辞职导致监事会成员低于法定人数的，在改选出的监事就任前，原监事仍应当依照法律、行政法规和公司章程的规定，履行监事职务。

（2）监事会或监事的职权。监事会、不设监事会的公司的监事行使下列职权：

① 检查公司财务。
② 对董事、高级管理人员执行公司职务的行为进行监督，对违反法律、行政法规、公司章程或者股东会决议的董事、高级管理人员提出罢免的建议。

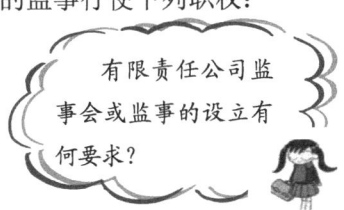
有限责任公司监事会或监事的设立有何要求？

③ 当董事、高级管理人员的行为损害公司的利益时，要求董事、高级管理人员予以纠正。
④ 提议召开临时股东会会议，在董事会不履行《公司法》规定的召集和主持股东会会议职责时召集和主持股东会会议。
⑤ 向股东会会议提出提案。
⑥ 依照《公司法》第 152 条的规定，对董事、高级管理人员提起诉讼。
⑦ 公司章程规定的其他职权。

监事行使职权所必需的费用由谁承担？

监事可以列席董事会会议，并对董事会决议事项提出质询或者建议。监事会、不设监事会的公司的监事发现公司经营情况异常，可以进行调查；必要时，可以聘请会计师事务所等协助其工作，费用由公司承担。监事会每年度至少召开一次会议，监事可以提议召开临时监事会会议。监事会的议事方式和表决程序，除《公司法》有规定的之外，由公司章程规定。监事会决议应当经半数以上监事通过。监事会应当对所议事项的决定做成会议记录，出席会议的监事应当在会议记录上签名。监事会、不设监事会的公司的监事行使职权所必需的费用由公司承担。

### 5. 一人有限责任公司

**案例 6-5**

根据《公司法》的规定，下列选项中，属于一人有限责任公司与其他有限责任公司不同之处的有（　　）。

A. 关于注册资本最低限额的规定
B. 关于股东出资可否分期缴付的规定
C. 关于年终财务报告是否须经会计师事务所审计的规定
D. 关于股东是否承担有限责任的规定

【分析】

（1）选项 A：普通的有限责任公司注册资本的最低限额为 3 万元，一人有限责任公司注册资本的最低限额为 10 万元。

（2）选项 B：普通的有限责任公司可以分期出资，一人有限责任公司不得分期出资。

（3）选项 C：一人有限责任公司应当在每一个会计年度结束时编制财务会计报告，并经会计师事务所审计，普通的有限责任公司同样应当在每一个会计年度结束时编制财务会计报告，并依法经会计师事务所审计。

（4）选项 D：普通的有限责任公司和一人有限责任公司的股东均承担有限责任，但二者都有法人人格否定的法律规定。

正确答案：A、B。

**知识链接** 法人人格否定即当公司的独立人格和股东有限责任被公司背后的股东滥用时，就具体法律关系中的特定事实，将公司与其背后的股东视为一体并追究其共同的连带法律责任，以保护公司债权人或其他利害关系群体的利益。

1) 一人有限责任公司的概念

一人有限责任公司是指只有一个自然人股东或者一个法人股东的有限责任公司。

2) 一人有限责任公司的特别规定

（1）一人有限责任公司的注册资本最低限额为人民币 10 万元，股东应当一次足额缴纳公司章程规定的出资额。一个自然人只能投资设立一个一人有限责任公司，该一人有限责任公司不能投资设立新的一人有限责任公司。

（2）一人有限责任公司应当在公司登记中注明自然人独资或者法人独资，并在公司营业执照中载明。

（3）一人有限责任公司章程由股东制定。

（4）一人有限责任公司不设股东会。股东作出《公司法》第 38 条所列决定时，应当采用书面形式，并由股东签名后置备于公司。

（5）一人有限责任公司应当在每一会计年度终了时编制财务会计报告，并经会计师事务所审计。

（6）一人有限责任公司的股东不能证明公司财产独立于股东自己的财产的，应当对公司债务承担连带责任。

**要点提示**

一人有限责任公司是法人，个人独资企业不是。

### 6. 国有独资公司

**案例 6-6**

某国有独资公司董事会成员有 5 人，其中 4 人是国家投资机构任命的干部，1 人为职工代表。因该职工代表经常提意见，董事会投票决定撤掉该职工代表董事职务，在没有合适人选前，董事会成员暂时为 4 人。另外，董事会决定设立一子公司，该子公司为有限责任公司，企业对此子公司投资 100 万元。经介绍，该子公司决定与某乡镇企业合作开办啤酒厂，该子公司投入资金 180 万元，其中包括从银行的贷款 100 万元。由于生产的啤酒质次价高，几乎无人问津。该子公司与某乡镇企业合谋假冒当地名牌啤酒，后被查获，180 万元全部亏损，被债权人申请破产。该子公司提出和解协议，经债权人会议通过，由人民法院审查认可。在和解期间，该子公司决定放弃原母公司对其的欠款 50 万元，并且将自己的汽车无偿转让给母公司。债权人知道后向法院举报，要求宣告其破产。

请问：

（1）该国有独资公司董事会目前的组成是否合法？并说明理由。

（2）该国有独资公司是否应对子公司的全部债务承担连带责任？并说明理由。

（3）该子公司假冒当地名牌啤酒是何种行为？应负何种民事责任？

（4）债权人要求宣告该子公司破产的申请，能否得到法院的支持？并说明理由。

**【分析】**

（1）该国有独资公司董事会目前的组成不符合规定。根据规定，国有独资公司的董事会成员中应当有公司的职工代表，董事会的职工代表由公司职工民主选举产生。而本案中目前国有独资公司的董事会中没有职工代表，这不符合规定。

（2）该国有独资公司对子公司的全部债务仅以其 100 万元出资额为限承担有限责任，而不承担连带责任。根据《公司法》规定，子公司具有企业法人资格，依法独立承担民事责任。子公司应以其全部资产对其债务承担责任。

（3）该子公司行为属于侵犯注册商标专用权。侵权法律责

任包括：民事责任、行政责任和刑事责任。民事责任主要包括：停止侵犯、消除影响、赔偿损失等。根据《商标法》的规定，侵犯商标专用权的赔偿数额，为侵权人在侵权期间因侵权所获得的利益，或者被侵权人在被侵权期间因被侵权所受到的损失，包括被侵权人为制止侵权行为所支付的合理的开支。上述所称侵权人因侵权所得利益，或者被侵权人因被侵权所受损失难以确定的，由人民法院根据侵权行为的情节判决给予 50 万元以下的赔偿。

（4）债权人要求宣告该子公司破产符合法律规定，法院应当支持。根据规定，债务人不能执行或者不执行和解协议的，人民法院经债权人请求，应当裁定终止和解协议的执行，并宣告债务人破产。题中该子公司在和解期间，无偿将汽车转让给母公司，并放弃了对母公司的债权，这说明子公司不执行和解协议。因此，债权人要求法院终止该企业的和解，宣告其破产，法院应当予以支持。

1）国有独资公司的概念

国有独资公司是指国家单独出资、由国务院或者地方人民政府授权本级人民政府国有资产监督管理机构履行出资人职责的有限责任公司。

2）国有独资公司的组织机构

国有独资公司章程由国有资产监督管理机构制定，或者由董事会制定报国有资产监督管理机构批准。

国有独资公司不设股东会，由国有资产监督管理机构行使股东会职权。国有资产监督管理机构可以授权公司董事会行使股东会的部分职权，决定公司的重大事项，但公司的合并、分立、解散、申请破产的，应当由国有资产监督管理机构决定，其中，重要的国有独资公司合并、分立、解散、申请破产的，应当由国有资产监督管理机构审核后，报本级人民政府批准。

国有独资公司设董事会，董事会的职权与普通有限责任公司的相同。董事会每届任期不超过3年。董事任期届满，连选可以连任。董事会成员中应当有公司职工代表。董事会成员由国有资产监督管理机构委派，但是，董事会中的职工代表由公司职工通过职工代表大会产生。董事会设董事长1人，可以设副董事长。董事长和副董事长由国有资产监督管理机构从董事会成员中指定。国有独资公司设经理，由董事会聘任或者解聘。经理的职权与普通有限责任公司的相同。经国有资产监督管理机构同意，董事会成员可以兼任经理。国有独资公司的董事长、副董事长、董事、高级管理人员，未经国有资产监督管理机构同意，不得在其他有限责任公司、股份有限公司或者其他经济组织兼职。国有独资公司监事会成员不得少于5人，其中职工代表的比例不得低于1/3，具体比例由公司章程规定。监事会成员由国有资产监督管理机构委派，但是，监事会成员中的职工代表由公司职工代表大会选举产生。监事会主席由国有资产监督管理机构从监事会成员中指定。

## 第三节　股份有限公司

### 案例6-7

丰润集团等5家发起人协议决定，采取募集方式设立以货物批发为主要经营范围的远大科技股份有限公司。公司拟筹集股本总额2亿元人民币，并决定发起人认购的部分和向社会公开发行的部分依《公司法》规定的比例办理。丰润集团作为发起人和第一大股东，准备以厂房、机器设备、专利技术和土地使用权作出资。5 家发起人为筹办远大科技股份有限公司，履行了以下必要的手续：进行公司名称预先核准申请，向国务院证券监督委员会递交了募股申请，经证监会批准后公开募集股份，待全部股款筹集齐备后召开了创立大会，并向登记管理部门申请设立登记。

请问：

（1）远大公司的 5 家发起人依法如何申请公司名称的预先核准？

（2）第一大股东专利技术出资，应如何处理？

（3）如何召开临时股东大会？

【分析】

（1）设立股份有限公司，应当由全体发起人指定的代表或者共同委托的代理人向公司登记机关申请名称预先核准，并提交由股份有限公司的全体发起人签署的公司名称预先核准申请书，全体发起人指定代表或者共同委托代理人的证明。

（2）对非货币资产出资应当评估作价以抵股款。股份有限公司成立后，发现作为设立公司出资的非货币财产的实际价额显著低于公司章程所定价额的，应当由交付该出资的发起人补足其差额，其他发起人承担连带责任。

（3）单独或者合计持有公司股份10%以上的股东请求时，应当在2个月内召开临时股东大会。召开股东大会，应当将会议审议的事项于会议召开20日以前通知各股东。临时股东大会不得对通知中未列明的事项作出决议。股东可以委托代理人出席股东大会。

> **知识链接**
>
> 非货币性资产指货币性资产以外的资产，包括存货、固定资产、无形资产、股权投资，以及不准备持有至到期的债券投资等。非货币性资产有别于货币性资产的最基本特征是，其在将来为企业带来的经济利益，即货币金额是不固定的或不可确定的。

### 1．股份有限公司的概念和特征

1）股份有限公司的概念

股份有限公司是指公司全部资本划分为若干金额相等的股份，股东仅以自己认购的股份为限对公司承担责任，公司以全部资产对公司债务承担责任的企业法人。

2）股份有限公司的特征

（1）股东责任的有限性。股东仅以自己持有的股份为限对公司承担责任。

（2）股东人数的广泛性。股份有限公司可以公开向社会募集资本，股份可以自由转让，这就决定了股份有限公司股东人数的广泛性。

（3）资本的股份性。股份有限公司的全部资本划分为若干股份，每股金额相等。

（4）设立程序的严格性和复杂性。其设立的要求和管理严格，设立程序复杂。

（5）经营状况的公开性。公司的经营状况不仅要向股东公开，还要向社会公开。

## 2. 股份有限公司的设立

### 1）股份有限公司的设立条件

（1）发起人符合法定人数。设立股份有限公司，应当有 2 人以上 200 以下为发起人，其中须有半数以上的发起人在中国境内有住所。

（2）发起人认购和募集的股本达到法定资本最低限额。股份有限公司采取发起设立方式设立的，注册资本为在公司登记机关登记的全体发起人认购的股本总额。公司全体发起人的首次出资额不得低于注册资本的 20%，其余部分由发起人自公司成立之日起两年内缴足；其中，投资公司可以在 5 年内缴足。在缴足前，不得向他人募集股份。股份有限公司采取募集方式设立的，注册资本为在公司登记机关登记的实收股本总额。股份有限公司注册资本的最低限额为人民币 500 万元。法律、行政法规对股份有限公司注册资本的最低限额有较高规定的，从其规定。

（3）股份发行、筹办事项符合法律规定。

（4）发起人制定公司章程，采用募集方式设立的经创立大会通过。股份有限公司章程应当载明下列事项：

① 公司名称和住所、公司经营范围、公司设立方式。

② 公司股份总数、每股金额和注册资本。

③ 发起人的姓名或者名称、认购的股份数、出资方式和出资时间。

④ 董事会的组成、职权、任期和议事规则。

⑤ 公司法定代表人。

⑥ 监事会的组成、职权、任期和议事规则。

⑦ 公司利润分配办法。

⑧ 公司的解散事由与清算办法。

⑨ 公司的通知和公告办法。

⑩ 股东大会认为需要规定的其他事项。

（5）有公司名称，建立符合股份有限公司要求的组织机构。股份有限公司的名称必须标明"股份有限公司"字样。

（6）有公司住所。

### 2）设立方式和设立程序

股份有限公司的设立可以采取发起设立或者募集设立的方式。发起设立是指由发起人认购公司应发行的全部股份而设立公司。募集设立是指由发起人认购公司应发行股份的一部分，其余部分向社会公开募集或者向特定对象募集而设立公司。

（1）发起设立程序：

① 签订发起人协议。

② 申请公司名称预先核准。

③ 制定公司章程。

④ 发起人缴纳出资。首次出资额不得低于注册资本的 20%，其余部分由发起人自公司成

立之日起两年内缴足;其中,投资公司可以在5年内缴足。在缴足前,不得向他人募集股份。以货币以外的其他财产或者权利出资的,必须对其进行评估作价,以抵股款,并且应当依法办理财产权的转移手续。股东缴纳出资后应经法定的验资机构验资并出具证明。

⑤ 选举董事会和监事会。

⑥ 申请设立登记。

⑦ 登记发照并依法公告。

(2)募集设立程序:

① 签订发起人协议。

② 申请公司名称预先核准。

③ 制定公司章程。

④ 发起人缴纳出资。发起人在认购股份后,就应当缴纳所认购股份的全部金额。以货币以外的其他财产或者权利出资的,必须对其评估作价以抵股款,并且应当依法办理财产权的转移手续。所有发起人承诺购买的股份数额必须达到公司股份总数的35%。

⑤ 公开募集股份。发起人认购一定数额的股份后,其余股份应向社会公开募集。

⑥ 缴纳股款。社会公众认购股份后,应当依法缴纳自己所认购股份的全部股款。

⑦ 举行创立大会。公司采取募集方式设立的,发行股份的股款缴足后,经法定的验资机构验资并出具证明后,发起人应当在30日内主持召开公司创立大会。创立大会由发起人、认股人组成。若发行的股份超过招股说明书规定的截止日期尚未募足的或发行股份的股款缴足后,发起人在30日内未召开创立大会的,认股人可以按照所缴股款并加算银行同期存款利息,

要求发起人返还。发起人应当在创立大会召开15日前将会议日期通知各认股人或者予以公告。创立大会应有代表股份总数过半数的发起人、认股人出席,方可举行。创立大会行使下列职权:审议发起人关于公司筹办情况的报告、通过公司章程、选举董事会成员、选举监事会成员、对公司的设立费用进行审核、对发起人用于抵作股款的财产的作价进行审核。发生不可抗力或者经营条件发生重大变化直接影响公司设立的,可以作出不设立公司的决议。创立大会对上述事项作出决议,必须经出席会议的认股人所持表决权的过半数通过。

⑧ 申请设立登记。董事会应于创立大会结束后30日内,向公司登记机关报送文件,申请设立登记。

⑨ 登记发照并依法公告。公司营业执照签发日期即为公司成立日期,同时应当依法进行公告。

### 3. 股份有限公司的组织机构

1)股份有限公司的股东大会

(1)股东大会的性质和职权。股东大会由全体股东组成,是公司的权力机构,行使公司的最高决策权。股东大会的职权与有限责任公司的职权相同。

(2)股东大会的召开。股东大会的会议方式分为定期会议和临时会议两类。定期会议每年召开一次年会。

有下列情形之一的，应当在两个月内召开临时股东大会临时会议：

① 董事人数不足法定的人数或者公司章程所定人数的 2/3 时；
② 公司未弥补的亏损达股本总额的 1/3 时；
③ 持有公司股份 10%以上的股东请求时；
④ 董事会认为必要时；
⑤ 监事会提议召开时；
⑥ 公司章程规定的其他情形。

股东大会会议由董事会负责召集，由董事长主持。董事长不能履行职务或者不履行职务的，由副董事长主持。副董事长不能履行职务或者不履行职务的，由半数以上董事共同推举 1 名董事主持。董事会不能履行职务或者不履行召集股东大会会议职责的，监事会应当及时召集和主持；监事会不召集和主持的，连续 90 日以上单独或者合计持有公司 10%以上股份的股东可以自行召集和主持。召开股东大会，应当将会议召开的时间、地点和审议的事项于会议召开 20 日以前通知各股东；临时股东大会应当于会议召开 15 日前通知各股东；发行无记名股票的，应当于会议召开 30 日前公告会议召开的时间、地点和审议的事项。单独或者合计持有公司 3%以上股份的股东，可以在股东大会召开 10 日前提出临时提案并书面提交董事会；董事会应当在收到提案后 2 日内通知其他股东，并将该临时提案提交股东大会审议。临时提案的内容应当属于股东大会职权范围，并有明确议题和具体决议事项。股东大会不得对通知中未列明的事项作出决议。无记名股票持有人出席股东大会会议的，应当于会议召开 5 日前至股东大会闭会时将股票交存于公司。

（3）股东大会的议事规则。股东出席股东大会，所持每一股份有一表决权。股东大会作出决议，必须经出席会议的股东所持表决权的过半数通过。但是，公司持有的本公司股份没有表决权。股东大会对修改公司章程、增加或者减少注册资本，以及公司合并、分立、解散或者变更公司形式作出决议，必须经出席会议的股东所持表决权的 2/3 以上通过。公司转让、受让重大资产或者对外提供担保等事项必须经股东大会作出决议的，董事会应当及时召集股东大会会议，由股东大会就上述事项进行表决。股东可以委托代理人出席股东大会，代理人应当向公司提交股东授权委托书，并在授权范围内行使表决权。股东大会应当对所议事项的决定做成会议记录，主持人、出席会议的董事应当在会议记录上签名。会议记录应当与出席股东的签名册及代理出席的委托书一并保存。

2）股份有限公司的董事会和经理

（1）董事会。股份有限公司设董事会，董事会成员为 5~19 人。董事会对股东大会负责。董事会设董事长 1 人，可以设副董事长。董事长和副董事长由以全体董事的过半数选举产生。董事会成员中可以有公司职工代表，其由公司职工通过职工代表大会、职工大会或者其他形式民主选举产生。董事长召集和主持董事会会议，检查董事会决议的实施情况。副董事长协助董事长工作，董事长不能履行职务或者不履行职务的，由副董事长履行职务；副董事长不能履行职务或者不履行职务的，由半数以上董事共同推举 1 名董

事履行职务。董事的任期每届不超过 3 年，可连选连任。股份有限公司设董事会的职权与有限责任公司的相同，共 10 项。

董事会每年度至少召开两次会议，每次会议应当于会议召开 10 日以前通知全体董事和监事。董事会召开临时会议，可以另定召集董事会的通知方式和通知时限。董事会会议应有过半数的董事出席方可举行。董事会决议的表决，实行一人一票。董事会作出决议，必须经全体董事的过半数通过。董事会会议应由董事本人出席。董事因故不能出席，可以书面委托其他董事代为出席董事会，委托书中应载明授权范围。董事会应当对会议所议事项的决定做成会议记录，出席会议的董事在会议记录上签名。董事应当对董事会的决议承担责任。董事会的决议违反法律、行政法规或者公司章程，致使公司遭受严重损失的，参与决议的董事对公司负赔偿责任。但经证明在表决时曾表明异议并记载于会议记录的，该董事可以免除责任。

（2）经理。股份有限公司设经理，有限责任公司经理职权的规定，适用于股份有限公司经理。

### 案例 6-8

某股份有限公司共有甲、乙、丙、丁、戊、己、庚七位董事。某次董事会会议，董事甲、乙、丙、丁、戊、己参加，庚因故未能出席，也未书面委托其他董事代为出席。该次会议通过一项违反法律规定的决议，给公司造成严重损失。该次会议的会议记录记载，董事戊在该项决议表决时表明了异议。根据《公司法》的规定，应对公司负赔偿责任的董事是（    ）。

A. 董事甲、乙、丙、丁、戊、己、庚
B. 董事甲、乙、丙、丁、戊、己
C. 董事甲、乙、丙、丁、己、庚
D. 董事甲、乙、丙、丁、己

【分析】

董事戊在该次会议上曾就该项决议表决时表示了异议，并且记录在董事会会议记录中，不应承担责任；庚因故未出席也未书面委托其他董事代为出席，并没有参与该事项的决议，因此也不承担责任。正确答案：D。

3）监事会

（1）监事会的组成。股份有限公司设监事会，其成员不得少于 3 人。监事会应在其组成人员中推选 1 名召集人。监事会应当包括股东代表和适当比例的公司职工代表，其中，职工代表的比例不得低于 1/3，具体比例由公司章程规定。监事会设主席 1 人，可以设副主席。监事会主席和副主席由全体监事过半数选举产生。董事、经理及财务负责人不得兼任监事。

（2）监事会的职权和任期。监事的职权和任期和有限责任公司的相同。

（3）其他。监事会主席召集和主持监事会会议；监事会主席不能履行职务或者不履行职务的，由监事会副主席履行职务；监事会副主席不能履行职务或者不履行职务的,由半数以上监事共同推举 1 名监事召集和主持监事会会议。监事会的议事方式和表决程序由公司章程规定。监事会行使职权所必需的费用由公司承担。监事会每 6 个月至少召开一次会议。监事可以提议召开临时监事会会议。监事会决议应当经半数以上监事通过。

> **案例 6-9**
>
> A 公司是一家上市公司,B 公司是 A 公司的关联企业。当 A 公司讨论为 B 公司提供担保事项时,下列说法不符合《公司法》规定的是(   )。
> A. 有关联关系的董事不可以参加会议
> B. 董事会会议由过半数的无关联关系董事出席方可举行
> C. 有关联关系的董事不得代理其他董事行使表决权
> D. 出席董事会的无关联关系董事人数不足 3 人的,应将该事项提交上市公司股东大会审议
>
> 【分析】
> 上市公司董事与董事会会议决议事项所涉及的企业有关联关系的,不得对该项决议行使表决权,但不限制参加会议。正确答案:A。

4)上市公司组织机构的特别规定

上市公司是指其股票在证券交易所上市交易的股份有限公司。《公司法》对上市公司的组织机构方面进行了若干特别的规定,内容如下:

(1)上市公司在一年内购买、出售重大资产或者担保金额超过公司资产总额 30% 的,应当由股东大会作出决议,并经出席会议的股东所持表决权的 2/3 以上通过。

(2)上市公司设立独立董事制度。

(3)上市公司设董事会秘书,负责公司股东大会和董事会会议的筹备、文件保管,以及公司股东资料的管理,办理信息披露事务等事宜。

(4)上市公司董事与董事会会议决议事项所涉及的企业有关联关系的,不得对该项决议行使表决权,也不得代理其他董事行使表决权。该董事会会议由过半数的无关联关系董事出席即可举行,董事会会议所作决议须经无关联关系董事过半数通过。出席董事会的无关联关系董事人数不足 3 人的,应将该事项提交上市公司股东大会审议。

**4. 股份有限公司的股份发行和转让**

1)股份发行

(1)股份和股票的概念。股份有限公司的资本划分为股份,每一股的金额相等。公司的股份采取股票的形式。股票是公司签发的证明股东所持股份的凭证。

(2)股份发行的原则。股份的发行,实行公平、公正的原则,同种类的每一股份应当具有同等权利。同次发行的同种类股票,每股的发行条件和价格应当相同;任何单位或者个人所认购的股份,每股应当支付相同价额。股票发行价格可以按票面金额,也可以超过票面金额,但不得低于票面金额。

(3)股票的形式和分类。股票采用纸面形式或者国务院证券监督管理机构规定的其他形

式。股票由法定代表人签名，公司盖章。发起人的股票，应当标明发起人股票字样。公司发行的股票，可以为记名股票，也可以为无记名股票。公司向发起人、法人发行的股票，应当为记名股票，并应当记载该发起人、法人的名称或者姓名，不得另立户名或者以代表人姓名记名。

2）股份转让

股东持有的股份可以依法转让。

（1）股份转让的规则。股东转让其股份，应当在依法设立的证券交易场所进行或者按照国务院规定的其他方式进行。记名股票，由股东以背书方式或者法律、行政法规规定的其他方式转让；转让后由公司将受让人的姓名或者名称及

住所记载于股东名册。股东大会召开前 20 日内或者公司决定分配股利的基准日前 5 日内，不得进行股东名册的变更登记。但是，法律对上市公司股东名册变更登记另有规定的，从其规定。无记名股票的转让，由股东将该股票交付给受让人后即发生转让的效力。

（2）股份转让的限制。

① 发起人持有的本公司股份，自公司成立之日起一年内不得转让。公司公开发行股份前已发行的股份，自公司股票在证券交易所上市交易之日起一年内不得转让。

② 公司董事、监事、高级管理人员应当向公司申报所持有的本公司的股份及其变动情况，在任职期间每年转让的股份不得超过其所持有本公司股份总数的 25%；所持本公司股份自公司股票上市交易之日起一年内不得转让。上述人员离职后半年内，不得转让其所持有的本公司股份。公司章程可以对公司董事、监事、高级管理人员转让其所持有的本公司股份作出其他限制性规定。

### 案例 6-10

根据《公司法》的规定，股份有限公司在发生下列事项时，可以收购本公司股份的有（　　）。

A. 减少公司注册资本
B. 与持有本公司股份的其他公司合并
C. 将股份奖励给本公司职工
D. 股东因对股东大会作出的公司合并、分立决议持异议，要求公司收购其股份

【分析】

公司不得收购本公司股份，但有下列情形之一的除外：

（1）减少公司注册资本；
（2）与持有本公司股份的其他公司合并；
（3）将股份奖励给本公司职工；
（4）股东因对股东大会作出的公司合并、分立决议持异议，要求公司收购其股份的。

正确答案：A、B、C、D。

（3）股份自己收购的限制。公司不得收购本公司股份。但是，有下列情形之一的除外：

① 减少公司注册资本；

② 与持有本公司股份的其他公司合并；

③ 将股份奖励给本公司职工（也即职工持股计划）；

④ 股东因对股东大会作出的公司合并、分立决议持异议，要求公司收购其股份的。

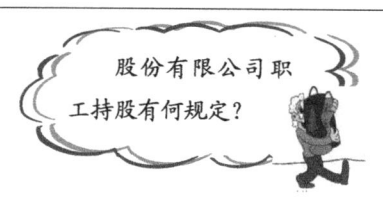

公司因前款第①项至第③项的原因收购本公司股份的，应当经股东大会决议。公司依照前款规定收购本公司股份后，属于第①项情形的，应当自收购之日起 10 日内注销；属于第②项、第④项情形的，应当在 6 个月内转让或者注销。公司依照第一款第③项规定收购的本公司股份，不得超过本公司已发行股份总额的 5%；用于收购的资金应当从公司的税后利润中支出；所收购的股份应当在一年内转让给职工。

（4）对公司股票质押的限制。公司不得接受本公司的股票作为质押权的标的。

## 第四节 董事、监事、高级管理人员资格、义务、责任

> **案例 6-11**
>
> 某股份有限公司计划招聘一名新董事参与本公司经营活动，以下候选人当中，可以被选为董事的有（    ）。
>
> A. 赵某，酷爱行为艺术，举止怪异遭人非议
>
> B. 钱某，曾担任一家公司董事，到任后仅一个上午该公司即宣告破产
>
> C. 孙某，曾因打架被判刑 10 年，现已释放 3 年，一直靠在街头摆摊为生
>
> D. 李某，现任某医院大夫，曾因谈恋爱受过刺激
>
> 【分析】
>
> （1）举止怪异不是法定的任职资格的障碍，赵某可以被选为董事；
>
> （2）钱某显然和公司的破产无关，所以可以任职；
>
> （3）孙某由于并非经济类犯罪，因此没有任职资格障碍；
>
> （4）受过刺激与不能完全辨认自己行为的精神病人不是一回事，李某可以任职。
>
> 正确答案：A、B、C、D。

1. 资格

有下列情形之一的，不得担任公司的董事、监事、高级管理人员：

（1）无民事行为能力或者限制民事行为能力；

（2）因贪污、贿赂、侵占财产、挪用财产或者破坏社会主义市场经济秩序，被判处刑罚，执行期满未逾 5 年，或者因犯罪被剥夺政治权利，执行期满未逾 5 年；

（3）担任破产清算的公司、企业的董事或者厂长、经理，对该公司、企业的破产负有个人责任的，自该公司、企业破产清算完结之日起未逾 3 年；

（4）担任因违法被吊销营业执照、责令关闭的公司、企业的法定代表人，并负有个人责任的，自该公司、企业被吊销营业执照之日起未逾3年；

（5）个人所负数额较大的债务到期未清偿。

公司违反以上情形规定选举、委派董事、监事或者聘任高级管理人员的，该选举、委派或者聘任无效。董事、监事、高级管理人员在任职期间出现第一款所列情形的，公司应当解除其职务。

### 2. 义务

董事、监事、高级管理人员应当遵守法律、行政法规和公司章程，对公司负有忠实义务和勤勉义务。不得利用职权收受贿赂或者其他非法收入，不得侵占公司的财产。不得有下列行为：

（1）挪用公司资金；

（2）将公司资金以其个人名义或者以其他个人名义开立账户存储；

（3）违反公司章程的规定，未经股东会、股东大会或者董事会同意，将公司资金借贷给他人或者以公司财产为他人提供担保；

（4）违反公司章程的规定或者未经股东会、股东大会同意，与本公司订立合同或者进行交易；

（5）未经股东会或者股东大会同意，利用职务便利为自己或者他人谋取属于公司的商业机会，自营或者为他人经营与所任职公司同类的业务；

（6）接受他人与公司交易的佣金归为己有；

（7）擅自披露公司秘密；

（8）违反对公司忠实义务的其他行为。董事、高级管理人员违反前款规定所得的收入应当归公司所有。

### 3. 责任

董事、监事、高级管理人员执行公司职务时违反法律、行政法规或者公司章程的规定，给公司造成损失的，应当承担赔偿责任。如有此情形的，有限责任公司的股东、股份有限公司连续180日以上单独或者合计持有公司1%以上股份的股东，可以书面请求监事会或者不设监事会的有限责任公司的监事向人民法院提起诉讼；监事有此情形的，前述股东可以书面请求董事会或者不设董事会的有限责任公司的执行董事向人民法院提起诉讼。监事会、不设监事会的有限责任公司的监事，或者董事会、执行董事收到前款规定的股东书面请求后拒绝提起诉讼，或者自收到请求之日起30日内未提起诉讼，或者情况紧急、不立即提起诉讼将会使公司利益受到难以弥补的损害的，前款规定的股东有权为了公司的利益以自己的名义直接向人民法院提起诉讼。他人侵犯公司合法权益，给公司造成损失的，前款规定的股东可以依照前两款的规定向人民法院提起诉讼。董事、高级管理人员违反法律、行政法规或者公司章程的规定，损害股东利益的，股东可以向人民法院提起诉讼。

# 第五节 公 司 债 券

**1. 公司债券的概念**

公司债券是指公司依照法定程序发行、约定在一定期限还本付息的有价证券。公司债券是公司向债券持有人出具的债务凭证。公司以实物券方式发行公司债券的，必须在债券上载明公司名称，债券票面金额、利率、偿还期限等事项，并由法定代表人签名，公司盖章。

**2. 公司债券的特点和特征**

1）特点

（1）风险性较大，公司债券持有人承担着损失利息甚至本金的风险；

（2）收益率较高，风险与收益成正比；

（3）对于某些债券而言，发行者与持有者之间可以相互给予一定的选择权；

（4）因其反映的是债权关系，故不拥有对公司的经营权，但是可以于股东优先享有索取利息和优先要求补偿和分配剩余资产的权利。

2）特征

（1）公司债券是要式有价证券；

（2）公司债券是融资证券；

（3）公司债券是流通证券，可以转让、抵押而流转；

（4）公司债券是证权证券。

**3. 公司债券的种类**

公司债券可以分为记名债券和无记名债券。公司发行公司债券应当置备公司债券存根簿。发行记名公司债券的，应当在公司债券存根簿上载明下列事项：债券持有人的姓名或者名称及住所；债券持有人取得债券的日期及债券的编号；债券总额，债券的票面金额、利率、还本付息的期限和方式；债券的发行日期。发行无记名公司债券的，应当在公司债券存根簿上载明债券总额、利率、偿还期限和方式、发行日期及债券的编号。记名公司债券的登记结算机构应当建立债券登记、存管、付息、兑付等相关制度。

**4. 公司债券的转让**

公司债券可以转让，转让价格由转让人与受让人约定。公司债券在证券交易所上市交易的，按照证券交易所的交易规则转让。记名公司债券，由债券持有人以背书方式或者法律、行政法规规定的其他方式转让；转让后由公司将受让人的姓名或者名称及住所记载于公司债券存根簿。无记名公司债券的转让，由债券持有人将该债券交付给受让人后即发生转让的效力。

**5. 可转换公司债券**

上市公司经股东大会决议可以发行可转换为股票的公司债券，并在公司债券募集办法中

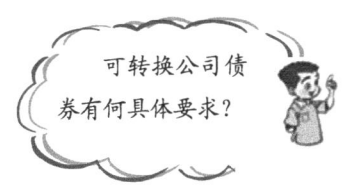

规定具体的转换办法。上市公司发行可转换为股票的公司债券，应当报国务院证券监督管理机构核准。发行可转换为股票的公司债券，应当在债券上标明可转换公司债券字样，并在公司债券存根簿上载明可转换公司债券的数额。发行可转换为股票的公司债券的，公司应当按照其转换办法向债券持有人换发股票，但债券持有人对转换股票或者不转换股票有选择权。

## 第六节　公司财务、会计

### 1. 财务会计报告

公司应当在每一会计年度终了时制作财务会计报告，并依法经会计师事务所审计。有限责任公司应当按照公司章程规定的期限将财务会计报告送交各股东。股份有限公司的财务会计报告应当在召开股东大会年会的 20 日前置备于本公司，供股东查阅。公开发行股票的股份有限公司必须公告其财务会计报告。公司聘用、解聘承办公司审计业务的会计师事务所，依照公司章程的规定，由股东会、股东大会或者董事会决定。就解聘会计师事务所进行表决时，应当允许会计师事务所陈述意见。

### 2. 利润分配

1）利润分配的顺序

公司利润是指公司在一定时期内从事经营活动的财务成果，包括营业利润、投资净收益及营业外收支净额。分配顺序是：

（1）弥补以前年度的亏损。

（2）缴纳所得税。

（3）提取法定公积金。公司分配当年税后利润时，应当提取利润的 10% 列入公司法定公积金。当公司法定公积金累计额为公司注册资本的 50% 以上的，可不再提取。

（4）提取任意公积金。公司在从税后利润中提取法定公积金后，经股东会决议或股东大会决议，可以提取任意公积金。

（5）向股东分配利润。股份有限公司依照股东持有的股份比例进行分配，但股份有限公司章程规定不按持股比例分配的除外。公司持有的本公司股份不得分配利润。股东会或者董事会违反规定，在弥补亏损和提取法定公积金之前向股东分配利润的，必须将违反规定分配的利润退还公司。

2）公积金的提取、使用和股利的分配

（1）公积金的提取和使用。公积金是公司为预防亏损和增加财力、扩大营业规模，依照法律和公司章程的规定或股东大会决议，从公司盈余或公司资本收益中提取的一种储备金。公积金分为资本公积金和盈余公积金。资本公积金是直接由资本原因形成的公积金，如超过票面金额发行股份所得的溢价款、法定财产重估增值、接受捐赠的资产价值等。盈余公积金是从公司盈余中提取的公积金，分为法定盈余公积金（又称法定公积金）和任意盈余公积金。

公积金主要有两方面用途:一是弥补亏损,二是转增资本。公司为了实现增加资本的目的,可以将公积金的一部分转为资本,但用法定公积金转增资本时,法律规定公司所留存该项公积金不得少于注册资本的 25%。但是,资本公积金不得用于弥补公司的亏损。股份有限公司经股东大会决议将公积金转增资本时,按股东原有股份比例派送新股或增加每股面值。

(2)股利的分配。股利是按股份支付给股东的公司盈余。一般来说,公司在纳税、弥补亏损和提取法定公积金后,才能分配股利。公司当年无利润时不得分配股利。

## 第七节 公司合并、分立、解散和清算

### 案例 6-12

经公司董事会决定,某气体压缩机厂有限公司分为两家公司,债务承担有明确约定:分出的乙公司带走员工、机器设备和商标,但不承担原公司所欠的债务;某气体压缩机厂有限公司这块牌子还存在,承担所有债务。某航运公司派人到某气体压缩机厂有限公司讨债时,发现该公司已成空壳。

请问:
(1)某气体压缩机厂有限公司分立是否合法?
(2)分出的乙公司不承担原公司所欠的债务是否合法?
(3)面对某气体压缩机厂有限公司已成空壳的局面,某航运公司该怎么办?

好一个"金蝉脱壳"?

【分析】
(1)不合法。这是故意利用分立,分流资金,逃避债务。一般公司分立,如果分立后的原公司有还债能力的话,债权人是无权干涉的,但是这种情况是违法的。
(2)不合法。应该是和原公司承担连带责任。
(3)如果起诉的话,可以将两公司作为共同被告起诉。两被告承担连带责任。

### 1. 公司的合并和分立

1)公司合并

公司是指两个或者两个以上的公司依照法定程序变更为一个公司的法律行为。公司合并可以采取吸收合并或者新设合并。一个公司吸收其他公司为吸收合并,被吸收的公司解散。两个以上公司合并设立一个新的公司为新设合并,合并各方解散。公司合并应当由合并各方签订合并协议,并编制资产负债表及财产清单。公司应当自作出合并决议之日起 10 日内通知债权人,并于 30 日内在报纸上公告。债权人自接到通知书之日起 30 日内,未接到通知书的自公告之日起 45 日内,可以要求公司清偿债务或者提供相应的担保。公司合并时,合并各方的债权、债务应当由合并后存续的公司或者新设的公司承继。

2)公司分立

公司分立是指一个公司依照法定程序分为两个或两个以上公司的法律行为。股份有限公司的分立可以分为新设分立和

派生分立。新设分立是指股份有限公司将其全部财产分割为两个部分以上，另外设立两个公司，原公司的法人地位消失。派生分立是指原公司将其财产或业务的一部分分离出去设立一个或数个公司，原公司继续存在。公司分立，其财产应作相应的分割，应当编制资产负债表及财产清单。公司应当自作出分立决议之日起 10 日内通知债权人，并于 30 日内在报纸上公告。公司分立前的债务由分立后的公司承担连带责任。但是，公司在分立前与债权人就债务清偿达成的书面协议另有约定的除外。公司合并或者分立，登记事项发生变更的，应当依法向公司登记机关办理变更登记；公司解散的，应当依法办理公司注销登记；设立新公司的，应当依法办理公司设立登记。

3）公司注册资本的增减

有限责任公司增加注册资本时，股东认缴新增资本的出资依照《公司法》设立有限责任公司缴纳出资的有关规定执行。股份有限公司为增加注册资本发行新股时，股东认购新股依照《公司法》设立股份有限公司缴纳股款的有关规定执行。公司需要减少注册资本时，必须编制资产负债表及财产清单。公司应当自作出减少注册资本决议之日起 10 日内通知债权人，并于 30 日内在报纸上公告。债权人自接到通知书之日起 30 日内，未接到通知书的自公告之日起 45 日内，有权要求公司清偿债务或者提供相应的担保。公司减资后的注册资本不得低于法定的最低限额。

**2．公司的解散和清算**

### 案例 6-13

2007 年 4 月，某有限责任公司股东会决定解散该公司，该公司下列行为符合法律规定的是（　　）。

A．股东会选派股东甲、股东乙和股东丙组成清算组，未采纳股东丁提出吸收一名律师参加清算组的建议

B．清算组成立 15 日后，将公司解散一事通知了全体债权人

C．在清理公司财产过程中，清算组发现公司财产仅够清偿 80%的债务，遂通知债权人不再清偿

D．清算组经职代会同意，决定清偿债务前将公司办公家具分给职工

【分析】

A．选项正确，有限责任公司的清算组由股东组成；B．选项错误，清算组应当自成立之日起 10 日内通知债权人；C．选项错误，清算组发现公司财产不足清偿债务的，应当依法向人民法院申请宣告破产；D．选项错误，公司财产在未按规定清偿债务前，不得分配财产。正确答案：A。

1）公司的解散

公司的解散是指已成立的公司发生法律规定或者章程规定的事由而停止业务活动，使公司丧失法人人格的行为。公司有下列情形之一的，可以解散：

（1）公司章程规定的营业期限届满或者公司章程规定的其他解散事由出现时；

（2）股东会或者股东大会决议解散；

（3）因公司合并或者分立需要解散；

（4）公司依法被吊销营业执照、责令关闭或者被撤销；

（5）人民法院依法予以解散。经营发生严重困难，继续存续会使股东利益受到重大损失，通过其他途径不能解决的，持有公司全部股东表决权10%以上的股东，可以请求人民法院解散公司。

2）公司的清算

公司解散的，应当在15日内成立清算组，开始清算。有限责任公司的清算组由股东组成，股份有限公司的清算组由股东大会确定人选。逾期不成立清算组进行清算的，债权人可以申请人民法院指定有关人员组成清算组进行清算。人民法院应当受理该申请，并及时组织清算组进行清算。清算组在清算期间行使下列职权：

（1）清理公司财产，分别编制资产负债表和财产清单；

（2）通知、公告债权人；

（3）处理与清算有关的公司未了结的业务；

（4）清缴所欠税款，以及清算过程中产生的税款；

（5）清理债权、债务；

（6）处理公司清偿债务后的剩余财产；

（7）代表公司参与民事诉讼活动。

清算组应当自成立之日起10日内通知债权人，并于60日内在报纸上公告。债权人应当自接到通知书之日起30日内，未接到通知书的自公告之日起45日内，向清算组申报其债权。债权人申报其债权，应当说明债权的有关事项，并提供证明材料。清算组应当对债权进行登记。在申报债权期间，清算组不得对债权人进行清偿。清算组在清理公司财产、编制资产负债表和财产清单后，应当制订清算方案，并报股东会、股东大会或者人民法院确认。公司财产清偿顺序为清算费用、职工工资、社会保险费用、法定补偿金、缴纳所欠税款、清偿公司债务和按比例分配给股东（公司财产按规定清偿后的剩余财产，有限责任公司按照股东的出资比例分配，股份有限公司按照股东持有的股份比例分配，公司财产在未按规定清偿前不得分配给股东）。清算期间，公司存续，但不得开展与清算无关的经营活动。清算组在清理公司财产、编制资产负债表和财产清单后，发现公司财产不足以清偿债务的，应当依法向人民法院申请宣告破产。公司经人民法院裁定宣告破产后，清算组应当将清算事务移交给人民法院。公司被依法宣告破产的，依照有关企业破产的法律实施破产清算。公司清算结束后，清算组应当制作清算报告，报股东会、股东大会或者人民法院确认，并报送公司登记机关，申请注销登记，公告公司终止。清算组成员不得利用职权收受贿赂或者其他非法收入，不得侵占公司财产。清算组成员因故意或者重大过失给公司或者债权人造成损失的，应当承担赔偿责任。

## 将一将

本模块要点主要有，有限责任公司、一人有限责任公司、国有独资公司、股份有限公司的概念；有限责任公司和股份有限公司的特征、设立程序、股权出让等；一人有限责任公司和国有独资公司的有关特别规定；公司董事、监事、高级管理人员的资格、义务和责任；公司合并、分立、解散和清算的有关规定。

## 练习与自测

### 一、单项选择题

1. 关于公司设立分公司和子公司，下列说法正确的是（　　）。
   A. 分公司和子公司都不具备法人资格
   B. 分公司具备法人资格，子公司不具备法人资格
   C. 分公司不具备法人资格，子公司具备法人资格
   D. 分公司和子公司都具备法人资格

2. 关于《公司法》对投资的限制，下列说法正确的是（　　）。
   A. 公司可以向任何其他企业投资
   B. 除法律另有规定外，公司不得成为对所投资企业的债务承担连带责任的出资人
   C. 公司不能向其他公司投资
   D. 公司向其他企业的投资不得超过公司净资产的50%

3. 设立股份有限公司，向公司登记机关申请登记的是（　　）。
   A. 任一股东　　　　　　　　　　B. 任一发起人
   C. 发起人、认股人共同委托的代理人　　D. 董事会

4. 根据《公司法》的规定，公司债券可以转让，转让价格由（　　）。
   A. 公司章程规定　　　　　　　　B. 公司股东大会确定
   C. 按照市场价格确定　　　　　　D. 转让人与受让人约定

5. 根据法律规定，公司合并时，应在法定期限内通知债权人，该法定期限为（　　）。
   A. 公司作出合并决议之日起10日内
   B. 合并各方签订合并协议之日起10日内
   C. 合并各方主管部门批准之日起10日内
   D. 公司办理工商登记后10日内

6. 某有限责任公司的股东会通过了解散公司的决议，并决定在15日内成立清算组。下列有关该公司清算组的组成中，符合公司法律制度规定的是（　　）。
   A. 由人民法院指定　　　　　　　B. 由公司的股东组成
   C. 由公司债权人组成　　　　　　D. 由监事会组成

7. 下列各项中，不属于有限责任公司的出资方式是（    ）。
   A．土地使用权                B．房屋使用权
   C．工业产权                  D．机器设备

8. 刘某出资12万元设立了一个一人有限责任公司。公司存续期间，刘某的下列行为中，符合公司法律制度规定的是（    ）。
   A．决定由其本人担任公司经理和法定代表人
   B．用公司盈利再投资设立一人有限责任公司
   C．决定减少注册资本5万元
   D．决定不编制财务会计报告

9. 甲、乙、丙、丁四位投资者设立股份有限公司，甲出资100万元，乙出资200万元，丙出资50万元，根据《公司法》的规定，丁至少应出资（    ）。
   A．150万元                   B．650万元
   C．550万元                   D．200万元

10. 某股份有限公司原注册资本为3000万元，某年需要减少注册资本300万元，那么该减少注册资本的决议的通过方式为（    ）。
    A．经股东大会持表决权过半数的股东通过
    B．必须经出席会议股东所持表决权的2/3以上通过
    C．经出席会议的股东所持表决权的1/3以上通过
    D．经出席会议股东所持表决权的全部通过

## 二、多项选择题

1. 股东对公司董事、监事、高级管理人员给公司造成损失行为，提起股东代表诉讼的程序有（    ）。
   A．股东通过监事会或者监事提起诉讼
   B．股东通过董事会或者董事提起诉讼
   C．股东通过股东大会提起诉讼
   D．股东直接提起诉讼

2. 下列关于公司债券基本特征的叙述，正确的有（    ）。
   A．公司债券由公司依法定条件和程序发行
   B．公司债券是约定在一定期限内还本付息的有价证券
   C．公司债券不得转让
   D．公司债券是向社会公众募集资金所产生的债务

3. 根据我国《公司法》的规定，我国公司具有的特征包括（    ）。
   A．是依法定条件和程序设立的企业法人
   B．以盈利为目的的经济组织
   C．以股东投资行为为基础设立的社团法人
   D．具有独立法人资格

4. 下列关于国有独资公司组织机构的表述中，不符合《公司法》规定的有（    ）。
   A．国有独资公司不设股东会

B. 国有独资公司监事会成员不得少于 3 人

C. 国有独资公司董事长由董事会选举产生

D. 国有独资公司监事会职权与有限责任公司一致

5. 某股份有限公司计划招聘一名新董事参与本公司经营活动，以下候选人当中，可以被选为董事的有（    ）。

A. 赵某，酷爱行为艺术，举止怪异遭人非议

B. 钱某，曾担任一家公司董事，到任后仅一个上午该公司即宣告破产

C. 孙某，曾因打架被判刑 10 年，现已释放 3 年，一直靠在街头摆摊为生

D. 李某，现任某医院大夫，曾因谈恋爱受过刺激

6. 某有限责任公司注册资本为 100 万元，股东人数为 4 人，董事会成员为 9 人，监事会成员为 3 人。该公司出现下列情形应当召开临时股东会的是（    ）。

A. 出资额为 16 万元的股东提议召开

B. 未弥补的亏损为 35 万元

C. 5 名董事提议召开

D. 1 名监事提议召开

7. 某股份有限公司股本总额为 1 亿元，董事会成员有 5 人。下列情形应当在 2 个月内召开临时股东大会的是（    ）。

A. 甲董事辞去董事职务

B. 公司累计未弥补的亏损为 2000 万元

C. 持有公司股份 8% 的股东请求时

D. 监事会提议召开时

8. 根据《公司法》的规定，公司解散后，清算组在清算期间行使的职权有（    ）。

A. 清理公司财产，分别编制资产负债表和财产清单

B. 通知、公告债权人

C. 清理债权、债务

D. 代表公司参与民事诉讼活动

9. 某有限责任公司解散后按规定成立了清算组，该清算组下列做法正确的有（    ）。

A. 自成立之日起 10 日内通知债权人，并于 60 日内在报纸上公告

B. 将清算方案报人民法院确认

C. 支付清算费用前，按股东的出资比例分配了一部分财产

D. 公司清算结束后，办理了注销公司登记

10. 根据《公司法》的规定，下列各项中属于公司法定公积金主要用途的有（    ）。

A. 弥补亏损
B. 转增资本
C. 转为公益金
D. 用于集体福利

三、案例分析题

甲、乙、丙、丁、戊共同设立一家饮料有限责任公司，注册资本为 200 万元。其中，甲、乙各以 30 万元出资，丙以实物出资，经评估机构评估 40 万元，丁以高新技术出资，作价 100 万元，戊以实物出资，经全体人员同意值 20 万元，全体股东首次出资 60 万元，其余 5 年内

缴足。公司设立董事会，由甲担任执行董事，由丙担任监事董事。公司成立后效益不错，连续 5 年盈利，未向股东分配利润。经营 10 年，甲迷上炒股，动用公司资金进股市，导致公司连年亏损，已欠银行贷款 100 万元未还，经股东会决议，决定把公司唯一盈利保健车间分出去，另成立保健品厂进行公司增资扩股，乙将出资转让给大华北公司。一年后保健品厂也亏损严重资不抵债，其中欠公司贷款 400 万元。

请问：

（1）组建过程中，各股东出资是否合法？

（2）各股东首次缴纳额是否合法？

（3）甲若未按公司章程规定期限缴纳出资，应如何承担责任？

（4）饮料公司组织机构是否合法？

（5）饮料公司设立保健品厂的行为在《公司法》上属何种行为，设立后债权、债务怎么承担？

（6）对执行董事甲挪用资金行为，公司股东应如何保护自己的权利，债权人如何保护自己的权利？

（7）公司连续 5 年不向股东分配利润，股东应如何保护自己的权利？

**法律名言：**

制定法律法令，就是为了不让强者做什么事都横行霸道。

——奥维德

# 第七章 税 法

《诗经·小雅·甫田》"今适南亩"唐孔颖达疏："今适南亩，言民之治田则岁取十千，宜为官之税法。"而今，定义税法为税收法律制度，是调整税收关系的法律规范的总称，是国家法律的重要组成部分，它是以宪法为依据的。

## [关 键 词]

税收概述、流转税、所得税、增值税、消费税和税收征收等

## [学习目标]

通过学习，能解决以下问题：

- 税法有哪些特征？
- 税收法律制度的主要构成要素是什么？
- 我国的主要税种有哪些？
- 流转税税种有哪些？
- 视同销售货物的行为包括哪些？
- 消费税的税目有哪些，税率如何计算？
- 企业所得税的征税范围有哪些？
- 个人所得税的征税范围及税目有哪些？

## 第一节 税法概述

> **案例 7-1**
> 
> 张某是个体工商户，经营服装，生意红火。当税务机关向其征税时，张某以其收入是自己辛苦经营的结果，没理由将自己的辛苦钱无偿交给别人为由，拒绝缴纳税款。
> 
> 请问：何谓税收？为什么要缴税？
> 
> **【分析】**
> 
> 在本案中，张某在经商等社会活动中享受到了作为纳税人的待遇，如生活在稳定的社会环境中等，这些都需要国家利用税收加以维持。税收是"取之于民，用之于民"的，因此，张某应当纳税，否则，他违背税收的强制性和无偿性的原则，会受到应有的处罚的。

### 1. 税收的概念和特征

1）税收的概念

税收是指以国家为主体，为实现国家职能，凭借政治权力，按照法定标准，无偿取得财政收入的一种特定的分配形式。

2）税收的特征

（1）强制性。

（2）无偿性。

（3）固定性。固定性是指国家在征税前，以法律形式预先规定征税范围、征收比例和征收方法等，便于征纳双方共同遵守。

### 2. 税法

1）税法的概念

税法是国家制定的用以调整国家与纳税人之间在征纳税方面的权利义务关系的法律规范的总称。

2）税收法律关系

税收法律关系体现为国家征税与纳税人纳税的利益分配关系。

（1）主体。主体是指税收法律关系中享有权利和承担义务的当事人。

（2）客体。客体是指主体的权利、义务所共同指向的对象，即课税对象。

（3）内容。内容是指主体所享受的权利和所应承担的义务。

### 3. 税收法律制度

税收法律制度是国家制定的有关税收的法规和税收管理体制、征收管理办法等法律制度的总称。其基本要素构成如下：

1）征税人

征税人是指各级税务机关和其他征收机关。

2）纳税义务人

纳税义务人简称"纳税人"，是指负有纳税义务的自然人、法人和其他组织。

3）课税对象

课税对象是纳税的客体，包括物或行为。

4）税目

税目是指应当征税的项目，是课税对象的具体化。

5）计税依据

一是从价计征；二是从量计征。

6）税率

税率是指应纳税额与计税金额（或数量单位）之间的比例，又分为：比例税率、累进税率和定额税率。

（1）比例税率。

（2）累进税率，又分为全额累进税率、超额累进税率、超率累进税率和超倍累进税率 4 种形式。

（3）定额税率，又称固定税额。

7）纳税环节

纳税环节是指在课税对象的生产到消费的过程中应当缴纳税款的环节。

8）纳税期限

纳税期限是指纳税人的纳税义务发生后应依法缴纳税款的法定期限。纳税期限有 3 种形式：

（1）按期纳税。

（2）按次纳税。

（3）按年计征，分期预缴，年度结束后汇算清缴。

9）减免税

减免税是指国家对某些纳税人和课税对象给予鼓励和照顾的一种特殊规定。

10）纳税地点

纳税地点是指纳税人依据税法规定向征税机关申报纳税的具体地点。

11）法律责任

法律责任是税收法律关系的主体因违反税法所应当承担的法律后果。主要有 3 种：一是经济责任，包括补缴税款、加收滞纳金等；二是行政责任，包括吊销税务登记证、罚款、税收保全及强制执行等；三是刑事责任，情节严重构成犯罪的行为，要依法承担刑事责任。

违反税法的法律责任有哪3种？各自的责任形式是什么？

**4．我国现行税收法律制度**

我国的税种分类主要有按课税对象为标准分类：流转税

（又称商品税）、所得税、财产税、行为税、资源税；按税收的计算依据为标准分类：从量税、从价税；按税收与价格的关系为标准分类：价内税、价外税；按是否有单独的课税对象、独立征收为标准分类：正税、附加税；按税收的管理和使用权限为标准分类：中央税、地方税、中央与地方共享税；按税率的形式为标准分类：比例税、累进税、定额税；按税收负担能否转嫁为标准分类：直接税、间接税。

# 第二节 流转税法

流转税（commodity turnover tax；goods turnover tax）又称流转课税、流通税，是指以纳税人商品生产、流通环节的流转额或者数量，以及非商品交易的营业额为征税对象的一类税收。我国现行税制中属于流转税的税种主要有增值税、消费税、关税3个税种。

**1. 增值税法律制度**

增值税是以增值额为课税对象，以销售额或营业额为计税依据，实行税款抵扣计税方式的税种。增值税是针对纳税人销售或进口货物，提供加工、修理修配劳务和销售服务、无形资产或者不动产所征收的一种间接税。"营改增"后，增值税的征税范围包括原征收营业税的所有项目。

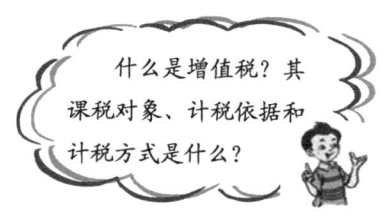

1）增值税的纳税人

增值税的纳税人是指在中华人民共和国境内销售货物或进口货物，提供加工、修理修配劳务和销售服务、无形资产或者不动产的单位和个人，为增值税的纳税人。按照我国现行增值税的规定，依据企业经营规模和核算水平，增值税纳税义务人可以分为小规模纳税人和一般纳税人。

（1）小规模纳税人。小规模纳税人是指年销售额在规定标准以下，并且会计核算不健全，不能按规定报送有关税务资料的无法申请成为一般纳税人的增值税纳税人，包括个体工商户以外的其他个人和不经常发生应税行为的企业，以及选择按照小规模纳税人纳税的非企业性单位。其中，会计核算不健全是指不能正确核算增值税的销项税额、进项税额和应纳税额。

（2）一般纳税人是指年应征增值税销售额（应税销售额）超过财政部、国家税务总局规定标准的，除另有规定外，应当向主管税务机关申请一般纳税人资格登记的企业或企业性单位。年应税销售额的标准如表7-1所示。

表7-1　年应税销售额的标准

| 标准＼纳税人 | 小规模纳税人 | 一般纳税人 |
| --- | --- | --- |
| 生产货物或提供应税劳务的纳税人，或以其为主，并兼营货物批发或零售的纳税人 | 年应税销售额在50万元以下 | 年应税销售额超过50万元 |
| 批发或零售货物的纳税人 | 年应税销售额在80万元以下 | 年应税销售额超过80万元 |
| 销售服务、无形资产或不动产的纳税人 | 年应税销售额在500万元以下 | 年应税销售额超过500万元 |

2）增值税的征收范围

（1）销售或者进口货物。

（2）提供加工、修理修配劳务。

（3）销售服务、无形资产或者不动产。销售服务包括销售交通运输服务、邮政服务、电信服务、建筑服务、金融服务、现代服务（研发和技术服务、信息技术服务、文化创意服务、物流辅导服务、租赁服务、鉴证咨询服务、广播影视服务、商务辅助服务，以及其他现代服务）和生活服务（文化体育服务、教育医疗服务、旅游娱乐服务、餐饮住宿服务、居民日常服务，以及其他生活服务）。

（4）税法确定属于增值税征税范围的特殊行为。主要包括：

① 视同销售货物行为。将货物交付他人代销；销售代销货物；设有两个以上机构并实行统一核算的纳税人，将货物从一个机构移送其他机构用于销售，但相关机构设在同一县（市）的除外；将自产、委托加工或购买的货物作为投资，提供给其他单位或个体经营者；将自产、委托加工或购买的货物分配给股东或投资者；将自产、委托加工的货物用于集体福利或个人消费；将自产、委托加工或购买的货物无偿赠送给他人。上述7种视同销售货物行为，均要征收增值税。

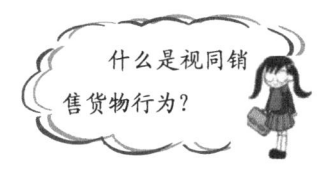

② 混合销售行为。一项销售行为如果既涉及货物又涉及服务，为混合销售行为。从事货物的生产、批发或零售的企业、企业性单位及个体工商户发生混合销售行为，按照销售货物缴纳增值税。其他单位和个体工商户的混合销售行为，按照销售服务缴纳增值税。

③ 兼营行为。增值税纳税人在从事应税货物销售的同时，还从事加工、修理修配劳务和销售服务、无形资产和不动产，为兼营行为。增值税纳税人兼营销售货物、劳务、服务、无形资产或者不动产，适用不同税率或者征收率的，应当分别核算适用不同税率或者征收率的销售额；未分别核算的，从高适用税率。兼营行为之间并无直接的从属关系，可以理解为发生多项不同的销售行为。

3）增值税的税率

增值税的税率是增值税税额占货物或应税劳务销售额的比率。增值税采取比例税率，《增值税暂行条例》规定：

（1）基本税率17%。一般纳税人销售货物（除适用低税率、零税率和征收率外）、提供加工、修理修配劳务、有形动产租赁服务，以及所有纳税人进口货物（除适用低税率外）适用基本税率17%。

（2）低税率11%和6%。纳税人销售或者进口下列货物，按低税率11%计征增值税：粮食、食用植物油、鲜奶；自来水、暖气、冷气、热水、煤气、石油液化气、天然气、沼气、居民用煤炭制品；图书、报纸、杂志；饲料、化肥、农药、农机、农膜；（初级）农产品；音像制品；电子出版物；二甲醚；食用盐；提供交通运输、邮政、基础电信、建筑、不动产租赁服务；销售不动产；转让土地使用权。纳税人发生下列行为按低税率6%计征增值税：提供增值电信服务、金融服务、现代服务（租赁服务除外）、生活服务和销售无形资产（土地使用权除外）。

（3）零税率。纳税人出口货物（国家另有规定的除外）或发生"营改增"跨境应税行为税率为零。

（4）征收率3%和2%。增值税小规模纳税人和一般纳税人从事特定业务选择依照简易计税办法计税时采用征收率，其进项税不允许抵扣。基本征收率为3%。增值税小规模纳税人销售自己使用过的固定资产和旧货，减按2%的征收率征收增值税。增值税一般纳税人销售旧货，减按2%的征收率征收增值税；销售自己使用过的固定资产征税时，要区分固定资产的类型和购入时间：销售自己使用过的2013年7月31日以前购进或自制的小汽车、摩托车和游艇，以及2008年12月31日以前购进或自制的其他未抵扣进项税额的固定资产，依3%征收率减按2%征收增值税；销售自己使用过的2013年8月1日以后购进或自制的小汽车、摩托车和游艇，以及2009年1月1日以后购进或自制的其他固定资产，按正常销售货物适用税率征收增值税。

4）增值税应纳税额的计算

增值税应纳税额的计算方法有三种，包括一般计税法（购进扣税法）、简易计税法、进口货物应纳税额计算法。

（1）一般计税法（购进扣税法）。一般纳税人销售货物、提供应税劳务、销售服务、转让无形资产或不动产，应纳税额为当期销项税额抵扣当期进项税额后的余额。

应纳税额计算公式：应纳税额=当期销项税额-当期进项税额。

因当期销项税额小于当期进项税额不足抵扣时，其不足部分可以结转下期继续抵扣。其中：当期销项税额=当期不含税销售额×增值税税率；

当期进项税额=增值税进项税准予扣除项目金额×增值税税率。

当期进项税准予扣除项目分为凭票抵扣和计算抵扣：一类是以法定扣税凭证所列税额抵扣；另一类是计算抵扣，即没有取得法定扣税凭证，但符合税法抵扣政策，准予计算抵扣的进项税额。

一般销售方式下应纳税销售额的确定：增值税以纳税人的销售额作为计税依据。销售额是指纳税人销售货物、提供应税劳务、销售服务、转让无形资产或不动产向购买方（承受应税劳务或服务也视为购方）所收取的全部价款和价外费用，但是不包括收取的销项税额。价外费用（通常为含税价），包括价外向购买方收取的手续费、补贴、基金、集资费、返还利润、奖励费、违约金、滞纳金、延期付款利息、赔偿金、代收款项、代垫款项、包装费、包装物租金、储备费、优质费、运输装卸费，以及其他各种性质的价外收费，但下列项目不包括在内：

① 受托加工应征消费税的消费品所代收代缴的消费税。

② 以委托方名义开具发票代委托方收取的款项。包括同时符合以下条件的代垫运输费用：承运部门的运输费用发票开具给购买方的；纳税人将该项发票转交给购买方的。

不含税价=含税价÷（1+增值税税率）

### 案例 7-2

某电梯生产厂本月发生如下经济业务：销售其生产的电梯 2 台，开出增值税专用发票，注明单价 8000000 万元，随销售另收取优质费 23400 元，包装费和售后服务费 35100 元，开出普通发票一张。

【分析】

（1）销售电梯 2 台的应税销售额为：2×8000000+（23400+35100）÷（1+17%）=16050000（元）

（2）销售电梯 2 台的销项税额为：16050000×17%=2728500（元）。

③ 同时符合条件的代收政府性基金或行政事业性收费。

④ 销售货物的同时代办的保险费、代收车辆购置税、车辆牌照费。

特殊销售方式下销售额的确定：《增值税暂行条例》对以下几种销售方式分别确定了其销售额。

① 折扣销售。折扣销售是指销货方在销售货物、提供应税劳务、销售服务、转让无形资产或不动产时，因购货方购货数量较大或为了促销等原因而给予购货方的价格优惠。折扣销售关键要看销售额与折扣额是不是在同一张发票上注明：如果是在同一张发票上分别注明的，按折扣后的余额作为销售额；如果折扣额另开发票，不论财务如何处理，均不得从销售额中减除折扣额。这里的折扣仅限于货物价格折扣，如果是实物折扣应按视同销售中"无偿赠送"处理，实物款额不能从原销售额中减除。

### 案例 7-3

某企业当月销售货物销售额为 500 万元。另以折扣方式销售货物，销售额为 100 万元，另开红字发票折扣 10 万元，销售的货物已发出。

【分析】

（1）应税销售额=500+100=600（万元）。

（2）销项税额=600×17%=102（万元）。

注意：因折扣额另开发票，应以销售全额计税。

② 采取以旧换新方式销售。以旧换新是指纳税人在销售货物的同时，有偿收回旧货物的行为。按税法规定，这种销售方式应按新货物的同期销售价格确定销售额，不得扣减旧货物的收购价格。

③ 采取还本销售方式。还本销售是指纳税人在销售货物后，到一定期限由销售方一次或分次退还给购货方全部或部分价款。采取这种销售方式销售货物，其销售额就是货物的销售价格，不得从销售额中减除还本支出。

④ 采取以物易物方式销售。以物易物是指购销双方不是以货币结算，而是以同等价款的货物相互结算的一种购销方式。采取这种方式销售双方都应作购销处理，以各自发出的货物核算销售额并计算销项税额，以各自收到的货物核算购货额并计算进项税额。

⑤ 包装物押金。包装物押金是企业为保证包装物的及时回收而向购货方（使用方）收取的保证金，在包装物回收后还要返还给购货方。纳税人为销售货物而出租出借包装物收取的押金，单独记账核算的，不并入销售额征税（酒类产品除外）；啤酒、黄酒按是否逾期处理，

啤酒、黄酒以外的其他酒类产品收取的押金,无论是否逾期一律并入销售征税。但对逾期(以1年为限)包装物押金,无论是否退还均并入销售额征税,应视为含税收入,按所包装货物的适用税率征收增值税。

### 案例 7-4

某公司为增值税一般纳税人,本月销售一批商品(非酒类)不含税售价 300 万元,同时收取包装物押金 0.5 万元,该企业分别作账。同时出售白酒,取得不含税售价 100 万元,收取包装物押金 3 万元。企业账上有逾期 2 年未退还的包装物押金 0.51 万元。

**【分析】**

销售非酒类商品押金,单独记账不计入应税销售额;销售除啤酒、黄酒以外的酒类商品的包装物押金计入应税销售额计算销项税;逾期 1 年以上的包装物押金计入应税销售额计算销项税。

本期应纳增值税销售额:300+100+(3+0.51)÷(1+17%)=403(万元);本期应纳增值税销项税:403×17%=68.51(万元)。

⑥ 销售旧货及自己使用过的固定资产。增值税小规模纳税人销售自己使用过的固定资产和旧货,减按 2%的征收率征收增值税。增值税一般纳税人销售旧货,减按 2%的征收率征收增值税;销售自己使用过的 2013 年 7 月 31 日以前购进或自制的小汽车、摩托车和游艇,以及 2008 年 12 月 31 日以前购进或自制的其他未抵扣进项税额的固定资产,依 3%征收率减按 2%征收增值税。计算公式如下:

$$增值税=售价÷(1+3\%)×2\%$$

⑦ 对视同销售货物行为的销售额的确定。在视同销售行为中,某些行为由于不是以资金的形式反映出来,会出现无销售额的现象。因此,对于视同销售行为征税而无销售额或纳税人提供应税服务价格明显偏低或者偏高且不具有合理商业目的的按下列顺序确定其销售额:按纳税人最近时期同类货物、服务、无形资产或者不动产的平均价格确定;如果近期没有同类货物、服务、无形资产或者不动产的价格可参考,按其他纳税人最近时期同类货物、服务、无形资产或者不动产的平均价格确定;如果近期没有其他纳税人的同类货物、服务、无形资产或者不动产的价格可参考,按组成计税价格确定,组成计税价格的公式为:

$$组成计税价格=成本×(1+成本利润率)$$

属于应征消费税的货物,其组成计税价格中应加计消费税额。其组成计税价格的公式为:

$$组成计税价格=成本×(1+成本利润率)+消费税税额$$

或

$$组成计税价格=\frac{成本×(1+成本利润率)}{1-消费税税率}$$

"营改增"业务销售额的特殊规定:贷款服务以提供贷款服务取得的全部利息及利息性质的收入为销售额;直接收费金融服务以提供直接收费金融服务收取的手续费、佣金、服务费、开户费、过户费等各类费用为销售额;金融商品转让按照卖出价扣除买入价后的余额为销售额;经纪代理服务以取得的全部价款和价外费用扣除代收代付的政府性基金或行政事业性收费后的余额为销售额;航空运输企业的销售额不包括代收的机场建设费和代售客票而代收转付的价款;提供客运场站服务以其取得的全部价款和价外费用扣除支付给承运方运费后的余额为销售额;提供旅游服务可以选择以取得的全部价款和价外费用扣除旅客的住宿费、餐饮费、交通费、签证费、门票费和其他相关费用后的余额为销售额;提供建筑服务适用简易计税方法的,以取得的全部价款和价外费用扣除支付的分包款后的余额为销售额;房地产开发企业中的一般纳税人销售其开发的房地产项目(选择简易计税方法的除外),以取得的全部价款和价外费用扣除土地价款后的余额为销售额。

增值税进项税额:进项税额是指纳税人购进货物、加工修理修配劳务、服务、无形资产或不动产所支付或负担的增值税额,它与销项税额相对应。销售方收取的销项税额就是购买方支付的进项税额。增值税一般纳税人准予抵扣进项税额,增值税小规模纳税人不得抵扣进项税额。但是并不是纳税人支付的所有进项税额都可以从销项税额抵扣,进项税额的抵扣分为准予抵扣和不予抵扣两种情形,而准予抵扣分为凭票抵扣和计算抵扣两种情形。

① 准予抵扣的进项税额。根据税法规定,准予从销项税额中抵扣的进项税额按是否可以从销项税额中抵扣分为:

第一,凭票抵扣,是指扣税凭证上注明的增值税(凭票扣税),即取得法定扣税凭证,并符合税法抵扣规定的进项税额。包括:纳税人购进货物或者接受应税劳务等从销售方取得的增值税专用发票上注明的增值税额;纳税人进口货物从海关取得的进口增值税专用缴款书上注明的增值税额;接受境外单位或者个人提供的应税服务,所代扣代缴的增值税为从税务机关取得的税收缴款完税凭证上注明的增值税额。

第二,计算抵扣,即通过法定的扣除率计算抵扣。外购免税农产品,除取得增值税专用发票或者海关进口增值税专用缴款书外,按照农产品收购发票或者销售发票上注明的农产品买价和11%的扣除率计算的进项税额。其可抵扣进项税额=买价×11%。

② 不得抵扣的进项税额。《增值税暂行条例》规定,下列项目的进项税额不得从销项税额中抵扣:用于简易计税方法计税项目、免征增值税项目、集体福利或者个人消费的购进货物、加工修理修配劳务、服务、无形资产或不动产;非正常损失的购进货物及相关的加工修理修配劳务和交通运输服务(所谓非正常损失是指因管理不善造成货物被盗窃、丢失、霉烂变质,以及因违反法律法规造成货物或者不动产被依法没收、销毁、拆除的情形);非正常损失的在产品、产成品所耗用的购进货物(不包括固定资产)、加工修理修配劳务和交通运输服务;非正常损失的不动产,以及该不动产耗用的购进货物、设计服务和建筑服务;购进的旅客运输服务、贷款服务、餐饮服务、居民日常服务和娱乐服务;财

政部和国家税务总局规定的其他情形。购进货物、加工修理修配劳务、服务、无形资产或不动产,未取得增值税扣税凭证或取得的增值税扣税凭证不符合法律、行政法规或者国务院税务主管部门有关规定的,其进项税额不得从销项税额中抵扣。纳税人因进货退出或折让而收回的增值税税额,应从发生进货退出或折让当期的进项税额中扣减。如不按规定扣减造成进项税额虚增,不纳或少纳增值税的,属偷税行为,按偷税予以处罚。小规模纳税人不得抵扣进项税额。但是,一般纳税人取得由税务所为小规模纳税人代开的增值税专用发票,可以将专用发票上填写的税额作为进项税额计算抵扣;按简易办法征收增值税的优惠政策,不得抵扣进项税额。

### 案例 7-5

某企业是增值税一般纳税人,适用一般税率17%,2016年6月有关生产经营业务如下:

(1)月初外购货物一批,支付增值税进项税额24万元,下旬因管理不善,造成该批货物一部分发生霉烂变质,经核实造成1/4的损失;

(2)外购的动力燃料支付的增值税进项税额20万元,一部分用于应税项目,另一部分用于免税项目,无法分开核算;

(3)销售应税货物取得不含增值税销售额700万元,销售免税货物取得销售额300万元。

请计算该企业当月可以抵扣的进项税额。

【分析】

不得抵扣的进项税额=当月无法划分的全部进项税额×当月免税项目销售额、非增值税应税劳务营业额合计÷当月全部销售额、营业额合计。

(1)外购货物可以抵扣的进项税额:24-24÷4=24-6=18(万元)。

(2)销售货物可以抵扣的进项税额:20-20×300÷(700+300)=14(万元)。

(3)当月可以抵扣的进项税额:18+14=32(万元)。

增值税一般纳税人在计算应纳增值税额时,应特别注意销项税额的确定时间和进项税额的抵扣时限。纳税人取得防伪税控系统开具的专用发票进项税额抵扣的规定。增值税一般纳税人申请抵扣的防伪税控系统开具的增值税专用发票,必须自该专用发票开具之日起180日内到税务机关认证,否则不予抵扣进项税额。

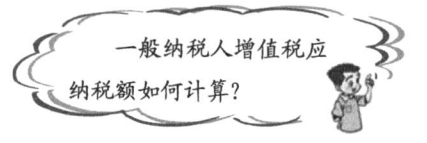

(2)简易计税法。增值税小规模纳税人,以及一般纳税人发生特殊业务按简易计税方法计算应纳税额。小规模纳税人销售货物、提供应税劳务或者销售服务等,实行简易办法计算应纳税额,即按照销售额和规定的征收率计算应纳税额,不得抵扣进项税额。销售额为不含税销售额,公式中销售额与增值税一般纳税人计算应纳增值税的销售额规定内容一致,是销售货物、提供应税劳务或者销售服务等向购买方收取的全部价款和价外费用。应纳税额计算公式为:

应纳税额=(不含税)销售额×征收率

其中: (不含税)销售额=含税销售额÷(1+征收率)

简易办法适用于以下纳税人:①小规模纳税人;② 一般纳税人发生特殊业务,如一般纳税人销售建筑用的沙、土、石料,发生公共交通运输服务等均可选择简易计税方法计算应纳税额。但是,一经选择,36个月内不得变更。

## 案例 7-6

某书店是增值税小规模纳税人,适用征收率 3%。2017 年 5 月销售图书取得含税销售额 51500 元,购入图书取得普通发票注明金额为 20000 元。当月应纳税额的下列计算正确的是（　　）。

A. 51500×3%=1545（元）
B. 51500÷（1+3%）×3%-20000×3%=900（元）
C. 51500÷（1+3%）×3%=1500（元）
D. 51500×3%-20000×3%=945（元）

【分析】

由于书店是增值税小规模纳税人,而小规模纳税人销售货物适用简易计税办法按 3% 的征收率计算应纳税额,如果取得销售额是含税的,应换算为不含税销售额计算应纳税额。另外,小规模纳税人不得抵扣增值税进项税额。答案：C。

(3) 进口货物应纳税额计算法。纳税人进口货物,按照组成计税价格和税法规定的税率计算增值税应纳税额,不得抵扣任何税额。其应纳税额计算公式为：

$$应纳税额 = 组成计税价格 \times 税率$$

其中：　　　　组成计税价格 = 关税完税价格 + 关税

如果属于消费税应税货物,在组成计税价格中应加上消费税。即为：

$$组成计税价格 = 关税完税价格 + 关税 + 消费税$$

进口增值税是专门对进口环节的增值额进行征收的一种增值税。我国税法规定,纳税人进口货物,按照组成计税价格和规定的增值税税率计算应纳税额,不得抵扣任何税额（在计算进口环节的应纳增值税税额时,不得抵扣发生在我国境外的各种税金）。

需要注意的是,进口货物增值税的组成计税价格中已包括已纳关税税额,如果进口货物属于消费税应税消费品,其组成计税价格中还要包括进口环节已纳消费税税额。如果已知进口货物的消费税税率,那么,进口货物应纳增值税计算公式为：

$$进口货物应纳增值税 = \frac{完税价格 + 关税}{1 - 消费税比例税率} \times 增值税税率$$

### 2. 消费税法律制度

消费税是以消费品（消费行为）的流转额作为课税对象征收的一种间接税。消费税实行价内税,只在应税消费品的生产、委托加工和进口环节缴纳,在以后的批发、零售等环节不再缴纳消费税。

1) 消费税的纳税人

消费税的纳税人是指在中华人民共和国境内从事生产、委托加工和进口《消费税暂行条例》列举的应税消费品的单位和个人,以及国务院确定的销售应税消费品的其他单位和个人。消费税的具体纳税人为：

(1) 生产销售（包括自用）应税消费品以生产销售的单位和个人为纳税人,由生产者在销售时直接纳税。

(2) 委托加工应税产品以委托加工的单位和个人为纳税人,

由受托方在向委托方交货时代收代缴税款。

（3）进口应税消费品以进口的单位和个人为纳税人，由海关代征税款。

（4）批发卷烟的单位和个人，要在批发环节对其加征消费税。

（5）零售金银首饰、钻石和钻石饰品的单位和个人为纳税人，在零售环节纳税。

（6）零售超豪华小汽车的单位和个人要在零售环节加征消费税。（自2016年12月1日起，对不含税零售价格在130万元以上的超豪华小汽车在零售环节加征10%的消费税）。

2）消费税的征税范围与税目、税率

（1）消费税的征税范围。消费税的征税范围分为生产应税消费税、委托加工应税消费品、进口应税消费品和批发零售应税消费品。其中，批发零售应税消费品，现阶段仅指批发卷烟、零售金银首饰、钻石和钻石饰品，零售超豪华小汽车。消费税的征税范围包括四种类型的消费品，具体如下：

第一类，一些过度消费会对人类健康、社会秩序、生态环境等方面造成危害的特殊消费品，如烟、酒、鞭炮、焰火、木制一次性筷子、实木地板、电池等。

第二类，奢侈品、非生活必需品，如贵重首饰、高档化妆品、高尔夫球及球具、高档手表等。

第三类，高能耗及高档消费品，如小轿车、摩托车、游艇等。

第四类，不可再生和替代的石油类消费品，如成品油等。

（2）消费税的税目、税率。现行消费税的税目总计15个，分别为：烟、酒、高档化妆品、贵重首饰及珠宝玉石、鞭炮及焰火、成品油、摩托车、小汽车、高尔夫球及球具、高档手表、游艇、木制一次性筷子、实木地板、电池、涂料。现行消费税税率有比例税率和定额税率两种。比例税率共有16档，最低的税率为1%，最高的税率为56%。定额税率共有8档，最低为每征税单位0.003元，最高为每征税单位250元。其中黄酒、啤酒、成品油实行从量定额征收，白酒、卷烟实行从量定额和从价定率复合征收，其他消费品均实行从价定率征收。

3）消费税应纳税额的计算

（1）计税依据的确定。我国消费税实行从价定率、从量定额，或者从价定率和从量定额复合计税（以下简称复合计税）的办法计算应纳税额。《消费税暂行条例》规定，消费税的计税依据应为纳税人销售商品取得销售额。销售额是纳税人销售应税商品向购买方收取的全部价款和价外费用。实行从量定额征收的，其计税依据为应税消费品数量。从量定额通常以每单位应税消费品的重量、容积或数量为计税依据。同时，对于实行从量定额和从价定率相结合的复合计税办法计算应纳税额

的，其计税依据既包括销售数量也包括销售额。

（2）应纳税额的计算。

① 实行从价定率征收的应税消费品，其计税依据是含消费税而不含增值税的销售额，又称应税销售额或应税销售收入。应纳税额计算公式为：

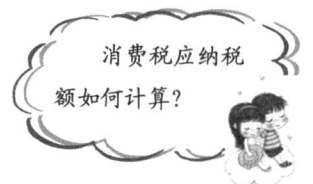

应纳税额=销售额×比例税率

销售额是指纳税人销售应税消费品向购买方收取的全部价款和价外费用。销售额，不包括应向购货方收取的增值税税款。如果纳税人应税消费品的销售额中未扣除增值税税款或者

因不得开具增值税专用发票而发生价款和增值税税款合并收取的,在计算消费税时,应当换算为不含增值税税款的销售额。其换算公式为:

$$应税消费品的销售额=\frac{含增值税的销售额}{1+增值税税率或征收率}$$

价外费用是指向购买方收取的手续费、补贴、基金、集资费、返还利润、奖励费、违约金、滞纳金、延期付款利息、赔偿金、代收款项、代垫款项、包装费、包装物租金、储备费、优质费、运输装卸费,以及其他各种性质的价外收费。

但下列项目不包括在内:同时符合以下条件的代垫运输费用:承运部门的运输费用发票开具给购买方的;纳税人将该项发票转交给购买方的。

同时符合以下条件代为收取的政府性基金或者行政事业性收费:由国务院或者财政部批准设立的政府性基金;由国务院或省级人民政府及其财政、价格主管部门批准设立的行政事业性收费;收取时开具省级以上财政部门印制的财政票据;所收款项全额上缴财政。

② 实行从量定额征收的应税消费品。应纳税额的计算公式为:

$$应纳税额=销售数量×单位税额$$

③ 实行从价定率和从量定额复合计算方法征收的应税消费品。应纳税额的计算公式为:

$$应纳税额=销售数量×单位税额+销售额×税率$$

④ 纳税人自产自用的应税消费品。《消费税暂行条例》第4条规定:纳税人自产自用的应税消费品,用于连续生产应税消费品的,不纳税;用于其他方面的,于移送使用时纳税。《条例》所规定用于其他方面,是指纳税人将自产自用应税消费品用于生产非应税消费品、在建工程、管理部门、非生产机构、提供劳务、馈赠、赞助、集资、广告、样品、职工福利、奖励等方面;纳税人自产自用的应税消费品,按照纳税人生产的同类消费品的销售价格计算纳税;没有同类消费品销售价格的,按照组成计税价格计算纳税。

实行从价定率办法计算纳税的组成计税价格计算公式:

$$组成计税价格=\frac{成本+利润}{1-消费税比例税率}=\frac{成本×(1+成本利润率)}{1-消费税比例税率}$$

实行复合计税办法计算纳税的组成计税价格计算公式:

$$组成计税价格=\frac{成本×(1+成本利润率)+自产自用数量×定额税率}{1-消费税比例税率}$$

### 案例 7-7

某汽车制造企业为增值税一般纳税人,生产的某型号小汽车不含税销售价格为 15 万元,本月销售该型号小汽车 6000 辆,汽博会用于广告样品 2 辆,另有 2 辆移送精装车间加工客户订制豪华车。

请计算本月该企业小汽车应纳消费税(该型号小汽车的消费税税率为 5%)。

【分析】

用于广告样品的 2 辆小汽车应按正常销售价计算缴纳消费税,用于连续生产豪华车在移送时不纳消费税,待销售豪华小汽车时计算缴纳豪华车的消费税。

本月应纳消费税=(6000+2)×15×5%=4501.5(万元)。

⑤ 委托加工的应税消费品应纳税额计算。委托加工的应税消费品是指由委托方提供原料和主要材料，受托方只收取加工费和代垫部分辅助材料加工的应税消费品。《消费税暂行条例》第 4 条规定：委托加工的应税消费品，除受托方为个人外，由受托方在向委托方交货时代收代缴消费税税款；受托方代收代缴消费税的计税价格按照受托方的同类消费品的销售价格核算纳税；没有同类消费品销售价格的，按照组成计税价格计算纳税。

有同类消费品的销售价格的，其应纳税额计算公式为：

$$应纳税额=同类消费品销售单价×委托加工数量×适用税率$$

如果当月同类消费品各期销售价格高低不同，应按销售数量加权平均计算。但销售的应税消费品有下列情况之一的，不得列入加权平均计算：销售价格明显偏低又无正当理由的；无销售价格的。如果当月无销售或者当月未完结，应按照同类消费品上月或最近月份的销售价格计算纳税。

没有同类消费品销售价格的，按照组成计税价格计算纳税。计算公式为：

$$组成计税价格=\frac{材料成本+加工费}{1-消费税税率}$$

$$应纳税额=组成计税价格×消费税税率$$

委托加工的应税消费品，委托方收回后用于连续生产应税消费品的，所纳税款准予按规定抵扣。

⑥ 进口的应税消费品。进口的应税消费品，由进口人或者其代理人向报关地海关申报纳税；纳税人进口应税消费品应当自海关填发税款缴款凭证的次日起 15 日内缴纳税款。纳税人进口应税消费品，实行从价定率征收办法的，按照组成计税价格计算纳税。实行从价定率办法计算纳税的组成计税价格计算公式：

$$组成计税价格=\frac{关税完税价格+关税}{1-消费税比例税率}$$

实行复合计税办法计算纳税的组成计税价格计算公式：

$$组成计税价格=\frac{关税完税价格+关税+进口数量×消费税定额税率}{1-消费税比例税率}$$

$$应纳税额=组成计税价格×消费税税率$$

### 3．关税法律制度

关税是对进出国境或关境的货物、物品征收的一种税。在通常情况下，一国的关境与其国境的范围是一致的，但由于自由港、自由区和关税同盟的存在，关境与国境有时不完全一致。关税一般分为进口关税、出口关税和过境关税。我国目前对进出境货物征收的关税分为进口关税和出口关税两类，关税由海关负责征收。

### 案例 7-8

您为回国探亲在国外买了 300 美元的名酒、400 美元的松下相机、300 美元的瑞士金表作为探亲礼物。

请问：您所负担的进口税负为多少？

**【分析】**

也就是说您为了探亲，仅送礼就花了 300+400+300=1000（美元）。但若您带回了 400 美元的包金首饰和 600 美元的金银戒指、项链，由于金银制品及包金饰品免税，那么您所负担的税负则为零。相比之下，同样花了 1000 美元，却付出了不同的代价。何况，金银首饰在习俗上比之名酒、电器更为中国人所接受和喜爱。可谓"少花钱、多办事，一举双得"，既表达了眷眷之情，又获取了避税之利。

应纳税额=300×200%+400×150%+300×100%=600+600+300=1500（美元）。

1) 关税的纳税人和征税范围

(1) 纳税人。进口货物的收货人、出口货物的发货人、进出境物品的所有人，是关税的纳税义务人。进出境物品的所有人包括该物品的所有人和推定为所有人的人。例如，对于旅客携带进境的物品，推定其携带人为所有人；对以邮递方式进境的物品，推定其收件人为所有人。

(2) 征税范围。关税的课税对象是国家准许进出口的货物、进出境物品，除法律、行政法规另有规定外。

2) 关税的税率

(1) 进口税率。进口关税规定了普通税率、最惠国税率、协定税率、特惠税率、关税配额税率等 5 种税率形式。不同税率的选择是以进口货物的原产地为标准的。对进口货物在一定时期内可以实行暂定税率。

进口关税一般采用比例税率，实行从价计征的办法。我国目前对原油、啤酒和胶卷等进口商品征收从量税；对录像机、放像机、摄像机、数字照相机和摄录一体机等进口商品征收复合税。

### 案例 7-9

实力汽车公司是一家全球性的跨国大公司，该公司生产的汽车在世界汽车市场上占有一席之地。1999 年 8 月，该公司决定打入中国市场，在中国境内有所作为。同月，公司召开董事会商议此事并初步拟订两套方案：方案一，在中国设立一家销售企业作为实力汽车公司的子公司，通过国际间转让定价，压低汽车进口的价格，从而节省关税，这样使得中国境内子公司利润增大，以便于扩大规模，占领中国汽车市场。方案二，在中国境内设立一家总装配公司作为子公司，通过国际间转让定价，压低汽车零部件的进口价格，从而节省关税。这样也可以使中国境内子公司利润增大，以便更好地占领中国市场。后经进一步讨论，公司决定采用第二种方案。

请用关税相关知识分析其合理性。

**【分析】**

根据第一种方案，企业可以利用转让定价进行筹划。由于我国沿海地带优惠较多，利润从高税国转到低税国会节省税款，当然关税也能节省。根据第二种方案，企业也可以得到第一种方案所说的好处。首先，由于零部件的进口关税比成品汽车的税率要低很多，低的关税税率可以帮助企业节省不少税款；其次由于零部件比较分散，进行转让定价筹划更加容易，这也使筹划经济效果有所增加。

（2）出口税率。出口税率是对出口货物征收关税的税率。目前，我国仅对少数资源性产品及易于竞相杀价、需要规范出口秩序的自制成品征收出口关税。

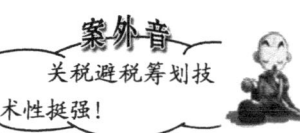

关税避税筹划技术性挺强！

（3）特殊税率。

① 特别关税。任何国家或者地区如对进口原产于我国的货物征收歧视性关税或者给予其他歧视性待遇的，我国海关可以对原产于该国家或者地区的进口货物征收特别关税。

② 暂定税率。为了调节货物的进出口，可以在《海关进出口税则》规定的进口优惠税率和出口税率的基础上，临时制定并实施更低的税率。

3）关税的应纳税额的计算

（1）从价税应纳税额的计算公式：

应纳关税税额=应税进（出）口货物关税完税价格×比例税率

（2）从量税应纳税额的计算公式：

应纳关税税额=应税进（出）口货物数量×单位货物税额

（3）复合税应纳税额的计算公式：

应纳关税税额=应税进（出）口货物关税完税价格×比例税率+
应税进（出）口货物数量×单位货物税额

### 案例 7-10

甲企业进口一批货物，核定货物价格为 200 万元，货物运抵我国关境内输入地点起卸前的包装费 5 万元，运费 10 万元，保险费 0.6 万元，关税税率为 20%。

请计算该企业进口该批货物应纳关税税额。

**【分析】**

由于该企业关税实行从价税，因此，关税应纳税额为关税完税价格乘以税率。一般贸易项下进口的货物以海关审定的成交价格为基础的到岸价格为关税完税价格。其到岸价格即关税完税价格包括商品货价，以及货物运抵我国关境内输入地点起卸前的包装费、运费、保险费和其他劳务费用。因此，该企业进口该批货物应纳关税税额为：

应纳关税税额=（200+5+10+0.6）×20%=43.12（万元）

## 第三节 所得税法律制度

### 1. 企业所得税

企业所得税是指对中华人民共和国境内的企业和其他组织生产经营所得和其他所得依法征收的一种税。

1）企业所得税的纳税人和征税范围

（1）纳税人。纳税人是指我国境内实行独立经济核算的企业或者组织（以下统称内资企业），但不包括个人独资企业、合伙企业。企业分为居民企业和非居民企业。

① 居民企业是指依法在中国境内成立，或者依照外国（地区）法律成立但实际管理机构在中国境内的企业。

② 非居民企业是指依照外国（地区）法律成立且实际管理机构不在中国境内，但在中国境内设立机构、场所的，或者在中国境内未设立机构、场所，但有来源于中国境内所得的企业。非居民企业在中国境内设立机构、场所的，应当就其所设机构、场所取得的来源于中国境内的所得，以及发生在中国境外但与其所设机构、场所有实际联系的所得，缴纳企业所得税。非居民企业在中国境内未设立机构、场所的，或者虽设立机构、场所但取得的所得与其所设机构、场所没有实际联系的，应当就其来源于中国境内的所得缴纳企业所得税。

（2）征税范围。企业所得税的征税范围是纳税人取得的生产经营所得和其他所得。其他所得是指股息、利息、租金，转让各类资产收益、特许权使用费，以及营业外收益等所得。

2）企业所得税税率

企业所得税的税率为25%。非居民企业在中国境内未设立机构、场所的，或者虽设立机构、场所但取得的所得与其所设机构、场所没有实际联系的，应当就其来源于中国境内的所得缴纳企业所得税，适用预提所得税税率为20%，实际征税时适用10%的税率。对于符合条件的小型微利企业减按20%的优惠所得税税率；对于国家重点扶持的高新技术企业适用15%的优惠所得税税率。

3）企业所得税应纳税额的计算

企业的应纳税所得额乘以适用税率，减除依照《企业所得税法》关于税收优惠的规定减免和抵免的税额后的余额，为应纳税额。其计算公式为：

企业所得税应纳税额=应纳税所得额×适用税率-减免税额-抵免税额

公式中的减免税额和抵免税额，是指依照企业所得税法和国务院的税收优惠规定减征、免征和抵免的应纳税额。

（1）应纳税所得额的计算。企业每一纳税年度的收入总额，减除不征税收入、免税收入、各项扣除，以及允许弥补的以前年度亏损后的余额，为应纳税所得额。

即：应纳税所得额=收入总额-不征税收入-免税收入-各项扣除-允许弥补的以前年度亏损

其中收入总额中的下列收入为不征税收入：是指企业取得的，由国务院财政、税务主管部门规定专项用途并经国务院批准的财政性资金。包括：

① 财政拨款；

② 依法收取并纳入财政管理的行政事业性收费、政府性基金；

③ 国务院规定的其他不征税收入。

免税收入包括国债利息收入，以及符合条件的居民企业之间的股息、红利等权益性投资收益等。计算时还要区分企业实际发生的与取得收入有关的、合理的支出，包括成本、费用、税金、损失和其他支出等准予在计算应纳税所得额时扣除的项目和税收滞纳金、罚金、罚款和被没收财物的损失、赞助支出等不得扣除项目。

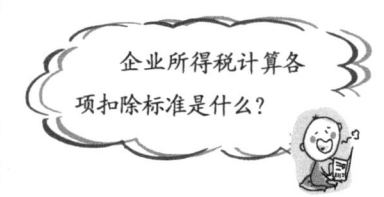

（2）企业所得税应纳税额的特殊计算。根据国家税务总局发布的《核定征收企业所得税暂行办法》的规定，纳税人有符合规定情形的，可以采用核定征收方式征收企业所得税。核定征收方式包括定额征收、核定应税所得率征收，以及其他合理的方法。

下面介绍核定应税所得率征收方式下应纳税所得额的计算。核定应税所得率征收方式是指税务机关按照一定的标准、程序和方法，预先核定纳税人的应税所得率，由纳税人根据纳税年度内的收入总额或成本费用等项目的实际发生额，按预先核定的应税所得率计算缴纳企业所得税的办法。实行核定应税所得率征收方式的，应纳税所得额的计算公式如下：

$$应纳税所得额 = 收入总额 \times 应税所得率$$

或：$$应纳税所得额 = \frac{成本费用支出额}{1 - 应税所得率} \times 应税所得率$$

### 案例 7-11

某企业为居民企业，2016 年经营业务如下：

（1）取得销售收入 2500 万元。

（2）销售成本 1100 万元。

（3）发生销售费用 670 万元（其中广告费 450 万元）；管理费用 480 万元（其中业务招待费 15 万元）；财务费用 60 万元。

（4）销售税金 160 万元（含增值税 120 万元）。

（5）营业外收入 70 万元，营业外支出 50 万元（含通过公益性社会团体向贫困山区捐款 30 万元，支付税收滞纳金 6 万元）。

（6）计入成本、费用中的实发工资总额 150 万元、拨缴职工工会经费 3 万元、支出职工福利费和职工教育经费 29 万元。

请计算该企业 2016 年度实际应纳的企业所得税。

【分析】

（1）2016 年利润总额

=2500-1100-670-480-60-（160-120）+70-50=170（万元）

（2）广告费扣除限额=2500×15%=375（万元）

（3）业务招待费扣除限额

=9（15×60%=9<2500×5‰=12.5）收入的5‰：2500×5‰=12.5（万元）

（4）捐赠扣除限额=170×12%=20.4（万元）

（5）税收滞纳金6万元，不得在税前扣除。

（6）工会经费扣除限额=150×2%=3（万元）；

福利费扣除限额=150×14%=21（万元）；教育经费扣除限额=150×2.5%=3.75（万元）

（7）应纳税所得额

=170+（450-375）+（15-9）+（30-20.4）+6+（29-21-3.75）=270.85（万元）

（8）应纳所得税=270.85×25%=67.7125（万元）

### 2. 个人所得税

个人所得税是调整征税机关与自然人（居民、非居民人）之间在个人所得税的征纳与管理过程中所发生的社会关系的法律规范的总称。《个人所得税法》规定：凡在中国境内有住所，或者无住所而在中国境内居住满一年的个人，从中国境内和境外取得所得的，以及在中国境内无住所又不居住或者无住所而在境内居住不满一年的个人，从中国境内取得所得的，均为个人所得税的纳税人。

1）个人所得税的纳税人、征税范围和税目

（1）纳税人。在中国境内有住所，或者无住所而在境内居住满一年的个人，从中国境内和境外取得的所得；在中国境内无住所又不居住或者无住所而在境内居住不满一年的个人，从中国境内取得的所得，为个人所得税的纳税义务人。《个人所得税实施条例》在纳税义务人的界定上采用来源地税收管辖及居民管辖的双重标准，即把个人所得税的纳税义务人划分为居民和非居民两类。居民纳税人承担无限纳税义务，非居民纳税义务人承担有限纳税义务。中国境内有住所的个人，是指因户籍、家庭、经济利益关系而在中国境内习惯性居住的个人。在境内居住满一年，是指在一个纳税年度中在中国境内居住365日。临时离境的，不扣减日数。临时离境，是指在一个纳税年度中一次不超过30日或者多次累计不超过90日的离境。另外，在中国境内无住所，但是居住一年以上5年以下的个人，其来源于中国境外的所得，经主管税务机关批准，可以只就由中国境内公司、企业，以及其他经济组织或者个人支付的部分缴纳个人所得税；居住超过5年的个人，从第6年起，应当就其来源于中国境外的全部所得缴纳个人所得税。在中国境内无住所，但是在一个纳税年度中在中国境内连续或者累计居住不超过90日的个人，其来源于中国境内的所得，由境外雇主支付并且不由该雇主在中国境内的机构、场所负担的部分，免予缴纳个人所得税。

（2）征税范围。个人所得分为境内所得和境外所得。对于居民纳税人，应就来源于中国境内和境外的全部所得征税；对于非居民纳税人，则只就来源于中国境内所得部分征税，境外所得部分不属于我国《个人所得税法》规定的征税范围。

（3）税目。现行个人所得税共有11个应税项目：

① 工资、薪金所得。

② 个体工商户的生产、经营所得。

③ 企事业单位的承包经营、承租经营所得。
④ 劳务报酬所得。
⑤ 稿酬所得。
⑥ 特许权使用费所得。
⑦ 利息、股息、红利所得。
⑧ 财产租赁所得。
⑨ 财产转让所得（财产转让所得是指个人转让有价证券、股票、建筑物、土地使用权、机器设备、车船，以及其他财产取得的所得）。
⑩ 偶然所得（偶然所得是指个人得奖、中奖、中彩，以及其他偶然性质的所得）。
⑪ 经国务院财政部门确定征税的其他所得。

2）个人所得税税率

个人所得税根据不同的征税项目，分别规定了三种不同的税率：

（1）工资、薪金所得，适用3%～45%的七级超额累进税率，按月应纳税所得额计算征税。该税率按个人月工资、薪金应税所得额划分级距。

（2）个体工商户的生产、经营所得和对企事业单位的承包经营、承租经营所得，适用5%～35%的五级超额累进税率。

（3）比例税率。对个人的稿酬所得，劳务报酬所得，特许权使用费所得，利息、股息、红利所得，财产租赁所得，财产转让所得，偶然所得和其他所得，按次计算征收个人所得税，适用20%的比例税率。其中，对稿酬所得适用20%的比例税率，并按应纳税额减征30%；对劳务报酬所得一次性收入畸高的、特高的，除按20%征税外，还可以实行加成征收，即适用20%～40%的三级超额累进税率，以保护合理的收入和限制不合理的收入。

3）个人所得税应纳税额的计算

（1）工资、薪金所得按月计征。其计算公式为：

应纳税额=应纳税所得额×适用税率-速算扣除数

（2）个体工商户生产经营所得按年计征。其计算公式为：

应纳税额=应纳税所得额×适用税率-速算扣除数
=（全年收入总额-成本、费用及损失）×适用税率-速算扣除数

（3）对企事业单位的承包经营、承租经营所得按年计征。其计算公式为：

应纳税额=应纳税所得额×适用税率-速算扣除数
=（纳税年度收入总额-必要费用）×适用税率-速算扣除数

（4）劳务报酬所得按次计征。其计算公式为：

应纳税额=应纳税所得额×适用税率-速算扣除数

① 每次收入不超过4000元的：应纳税所得额=每次收入-800元

应纳税额=应纳税所得额×适用税率

② 每次收入超过4000元的：应纳税所得额=每次收入×（1-20%）

应纳税额=应纳税所得额×适用税率

③ 每次收入的应纳税所得额超过20000元的：

应纳税额=每次收入额×（1-20%）×适用税率-速算扣除数

### 案例 7-12

某演员参加营业性演出，一次取得劳务报酬 100000 元。

请计算其应缴纳的个人所得税。

【分析】

应缴纳个人所得税=100000×（1-20%）×40%-7 000
　　　　　　　　=25000（元）

（5）稿酬所得按次计征。其计算公式为：

应纳税额=应纳税所得额×适用税率×（1-30%）

① 每次收入不超过 4000 元的：应纳税所得额=每次收入-800 元

应纳税额=应纳税所得额×适用税率×（1-30%）

② 每次收入超过 4000 元的：应纳税所得额=每次收入×（1-20%）

应纳税额=应纳税所得额×适用税率×（1-30%）

### 案例 7-13

张教授编著教材一本，2013 年 8 月出版，获稿酬 8000 元。因市场需要，2016 年 10 月再版该教材又获稿酬 3000 元。

请计算张教授获得的两次稿酬收入实际应缴纳的个人所得税。

【分析】

应缴纳个人所得税=8000×（1-20%）×20%×（1-30%）+（3000-800）×20%×（1-30%）
　　　　　　　　=896+308
　　　　　　　　=1204（元）

（6）财产租赁所得按次计征。其计算公式为：

① 每次（月）收入不足 4000 元的：

应纳税额=[每次（月）收入额-准予扣除项目-修缮费用（800 元为限）-800]×20%

② 每次（月）收入在 4000 元以上的：

应纳税额=[每次（月）收入额-准予扣除项目-修缮费用（800 元为限）]×（1-20%）×20%

### 案例 7-14

王某 2017 年 1 月将市区内闲置的一处住房出租用于他人居住，租期 1 年，每月租金 2000 元，房产原值 70 万元，当地政府规定减免比例为 30%，可提供实际缴纳增值税和城建税及教育费附加的完税凭证（假定其他税费忽略不计）。7 月发生漏雨修缮费 1000 元。

请问：其 7、8 两个月应纳个人所得税是多少？

7月租金应纳税=[2000×（1-3%-7%）-800-800]×10%=200元

8月租金应纳税=[2000×（1-3%-7%）-200-800]×10%=800元

【分析】

(1) 个人按市场价出租的市区居民住房,在 5%税率的基础上减按 1.5%征收增值税,按 7%税率征收城建税,按 3%征收教育费附加,按 2%征收地方教育费附加,按 10%征收个人所得税。

(2) 财产租赁收入扣除费用包括:税费+修缮费+法定扣除标准。

(3) 允许扣除的修缮费用,以每次 800 元为限。一次扣除不完的,准予在下一次继续扣除,直到扣完为止。此题中的 1000 元修缮费 7 月扣了 200 元,8 月扣了 800 元。

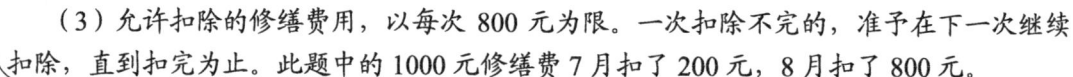

经国务院批准,自 2001 年 1 月 1 日起,对个人出租房屋取得的所得暂减按 10%的税率征收个人所得税。

(7) 特许权使用费所得按次计征。其计算公式为:

① 每次收入不足 4000 元的:应纳税所得额=每次收入-800 元

应纳税额=应纳税所得额×适用税率

=(每次收入额-800 元)×20%

② 每次收入在 4000 元以上的:应纳税所得额=每次收入×(1-20%)

应纳税额=应纳税所得额×适用税率

=每次收入额×(1-20%)×20%

(8) 利息、股息、红利所得按次计征。其计算公式为:

应纳税额=应纳税所得额×适用税率

=每次收入额×20%

(9) 财产转让所得按次计征。其计算公式为:

应纳税额=应纳税所得额×适用税率

=(收入总额-财产原值-合理费用)×20%

(10) 偶然所得和其他所得按次计征。其计算公式为:

应纳税额=应纳税所得额×适用税率=每次收入额×20%

## 第四节 税收征收管理

税收征收管理是税务机关根据税收法规对征税活动所实施的组织、指挥、控制和监督,是对纳税人履行纳税义务采用的一种管理、征收和检查行为。

### 1. 税务登记管理

税务登记又称纳税登记,是税务机关对纳税人的开业、变动、歇业,以及生产经营范围变化实行法定登记的一项制度,是确定纳税人履行纳税义务的法定手续,也是税务机关切实控制税源和对纳税人进行纳税监督的一种手段。负有扣缴税款的义务人和扣缴义务人(国家机关除外),应当办理扣缴税务登记。税务登记包括开业登记,变更登记,停业、复业登

记，注销登记，外出经营报验登记等。

> **案例 7-15**
>
> 下岗职工张某开办了一个商品经销部，按规定享受一定期限内的免税优惠。他认为既然免税就不需要办理税务登记。
>
> 请分析张某的观点是否正确？
>
> 【分析】
>
> 张某的观点不正确。根据我国税法的有关规定，凡是从事生产经营的单位和个体工商户均应办理税务登记。

### 2. 账簿、凭证管理

账簿、凭证是记录和反映纳税人经营活动的基本材料之一，也是税务机关对纳税人、扣缴义务人计征税款，以及确认其是否正确履行纳税义务的重要依据。纳税人、扣缴义务人应当按照有关法规设置账簿，根据合法有效的凭证记账，进行核算。

### 3. 纳税申报

纳税申报是指纳税人、扣缴义务人按照法律、行政法规规定，在申报期限内就纳税事项向税务机关提出书面申报的一种法定手续。纳税人、扣缴义务人应当按照相关法规规定的纳税申报期限办理纳税申报。纳税人、扣缴义务人不能按期办理纳税申报或者报送代扣代缴、代收代缴税款报告表的，经税务机关核准，可以延期申报。

### 4. 税款征收

税款征收是税务机关依照税收法律、法规规定，将纳税人依法应纳的税款，以及扣缴义务人代扣代缴、代收代缴的税款通过不同的方式组织征收入库的活动。税款征收是税收征收管理的核心内容和中心环节。

### 5. 违反税收征收管理的法律责任

1）纳税人违反税收管理行为的法律责任

（1）纳税人有下列行为之一的，由税务机关责令限期改正，可以处 2000 元以下的罚款；情节严重的，处 2000 元以上 1 万元以下的罚款：

① 未按照规定的期限申报办理税务登记、变更或者注销登记的。

② 未按照规定设置、保管账簿或者保管记账凭证和有关资料的。

③ 未按照规定将财务、会计制度或者财务、会计处理办法和会计核算软件报送税务机关备查的。

④ 未按照规定将其全部银行账号向税务机关报告的。

⑤ 未按照规定安装、使用税控装置，或者损毁或擅自改动税控装置的。

（2）纳税人不办理税务登记的，由税务机关责令限期改正；逾期不改正的，经税务机关提请，由工商行政管理机关吊销其营业执照。

（3）纳税人未按照规定使用税务登记证件，或者转借、涂改、损毁、买卖、伪造税务登记证件的，处 2000 元以上 1 万元以下的罚款；情节严重的，处 1 万元以上 5 万元以下的罚款。

（4）违反《税收征管法》的规定，非法印制发票的，由税务机关销毁非法印制的发票，没收违法所得和作案工具，并处1万元以上5万元以下的罚款。构成犯罪的，依法追究刑事责任。

（5）从事生产、经营的纳税人有违反《税收征管法》规定的违法行为，拒不接受税务机关处理的，税务机关可以收缴其发票或者停止向其发售发票。

2）纳税人违反纳税申报规定行为的法律责任

（1）纳税人未按照规定的期限办理纳税申报和报送纳税资料的，由税务机关责令限期改正，可以处2000元以下的罚款；情节严重的，可以处2000元以上1万元以下的罚款。

（2）纳税人、扣缴义务人编造虚假计税依据的，由税务机关责令限期改正，并处5万元以下的罚款。

（3）纳税人不进行纳税申报，不缴或者少缴应纳税款的，由税务机关追缴其不缴或者少缴的税款、滞纳金，并处不缴或者少缴税款的50%以上5倍以下的罚款。

3）纳税人偷税行为的法律责任

偷税行为是纳税人伪造、变造、隐匿、擅自销毁账簿、记账凭证，或者在账簿上多列支出或者不列、少列收入，或者经税务机关通知申报而拒不申报或者进行虚假的纳税申报，不缴或者少缴应纳税款的行为。对于偷税行为，由税务机关追缴其不缴或者少缴的税款、滞纳金，并处不缴或者少缴税款的50%以上5倍以下的罚款。构成犯罪的，依法追究刑事责任。

### 案例 7-16

A县地税局于2017年6月对某旅行社2016年度纳税情况依法实施了税务检查。经查，该旅行社2016年通过采取收入不入账、伪造记账凭证等方式少缴增值税等共计15万元，占其全年应纳税额的25%。

请问：该旅行社的行为属何种违法行为？对此种行为税务机关应如何处理？

【分析】

（1）该行为属偷税行为。《税收征管法》第63条规定，纳税人伪造、变造、隐匿、擅自销毁账簿、记账凭证，或者在账簿上多列支出或者不列、少列收入，或者经税务机关通知申报而拒不申报或者进行虚假的纳税申报，不缴或者少缴应纳税款的，属于偷税行为。

（2）对偷税行为，税务机关首先应追缴旅行社所偷税款、按规定加收滞纳金，并处以所偷税款5倍以下的罚款。

（3）已构成犯罪的，税务机关应将该案移送司法机关依法追究其刑事责任。

4）纳税人逃避税务机关追缴欠税行为的法律责任

纳税人欠缴应纳税款，采取转移或者隐匿财产的手段，妨碍税务机关追缴欠缴的税款的，由税务机关追缴欠缴的税款、滞纳金，并处欠缴税款的50%以上5倍以下的罚款。构成犯罪的，依法追究刑事责任。

## 案例 7-17

某个体餐馆老板张某欠缴 2017 年 5 月增值税 15000 元,县地税局责令其 6 月 18 日前缴纳。但张某在未缴纳税款的情况下,于 6 月 16 日将餐馆转让、财产转移,致使县地税局无法追缴其欠缴的税款。

请问:税务机关对该案应如何处理?张某的行为是否已构成犯罪,法院应如何量刑处罚?

【分析】

(1)《税收征管法》第 65 条规定,税务机关应追缴税款及相应的滞纳金,并对逃避追缴欠税行为,处 50%以上 5 倍以下的罚款。

(2)《刑法》第 203 条规定,纳税人欠缴应纳税款,采取隐匿或转移财产的手段,致使税务机关无法追缴欠缴的税款,数额在 1 万元以上不到 10 万元的,处 3 年以下有期徒刑或者拘役,并处或者单处欠缴税款 1 倍以上 5 倍以下的罚金。张某的行为已构成逃避追缴欠税罪,法院应对其处 3 年以下有期徒刑,并处或者单处 1 倍以上 5 倍以下罚金。

5)纳税人骗取出口退税行为的法律责任

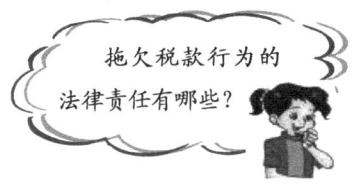

以假报出口或者其他欺骗手段,骗取国家出口退税款的,由税务机关追缴其骗取的退税款,并处骗取税款 1 倍以上 5 倍以下的罚款。构成犯罪的,依法追究刑事责任。对骗取国家出口退税款的,税务机关可以在规定期间内停止为其办理出口退税。

6)纳税人抗税行为的法律责任

抗税行为是指以暴力、威胁方法拒不缴纳税款的行为。对于抗税行为,除由税务机关追缴其拒缴的税款、滞纳金外,依法追究刑事责任。情节轻微,未构成犯罪的,由税务机关追缴其拒缴的税款、滞纳金,并处拒缴税款 1 倍以上 5 倍以下的罚款。

7)纳税人拖欠税款行为的法律责任

纳税人在规定期限内不缴或者少缴应纳或者应缴的税款,经税务机关责令限期缴纳,逾期仍未缴纳的,税务机关除依法采取强制执行措施追缴其不缴或者少缴的税款外,可处不缴或者少缴税款的 50%以上 5 倍以下的罚款。

### 拎一拎

本模块要点主要有税收的特征;税收法律制度的主要构成要素;我国的主要税种;流转税税种;视同销售货物的行为;企业所得税的征税范围;个人所得税的征税范围及税目;税收征收管理、违反税收管理行为的法律责任。

## 练习与自测

### 一、单项选择题

1. 流转税不包括（　　）。
   A. 增值税　　　　　　　　B. 消费税
   C. 契税　　　　　　　　　D. 关税

2. 在我国现行的下列税种中，属于行为税类的是（　　）。
   A. 印花税　　　　　　　　B. 消费税
   C. 契税　　　　　　　　　D. 城镇土地使用税

3. 下列各项中，属于消费税征收范围的是（　　）。
   A. 汽车销售业务
   B. 提供通信服务
   C. 提供房屋修缮服务
   D. 电信从事电信业务，并同时销售移动电话

4. 根据增值税法律制度的有关规定，一般纳税人购进货物并取得增值税专用发票的下列情形中，可以申报抵扣进项税额的是（　　）。
   A. 工业企业购进货物，款已付，货未入库
   B. 工业企业购进货物，款未付，货已入库
   C. 商业企业购进货物，款未付，货未入库
   D. 商业企业购进货物，已付第一期款项，货已入库

5. 根据增值税法律制度的有关规定，纳税人采取赊销方式销售货物时，其增值税纳税义务发生时间为（　　）。
   A. 发出货物的当天
   B. 收到货物的当天
   C. 按合同约定的收款日期的当天
   D. 签订合同的当天

6. 某娱乐城 6 月取得门票收入 6 万元，包场收入 12 万元，点歌费 2 万元，烟酒、饮料费收入 18 万元，该企业适用的增值税税率为 6%，当月应缴纳的增值税税额为（　　）万元。
   A. 2.0　　　　　　　　　　B. 2.6
   C. 2.2　　　　　　　　　　D. 2.4

7. 不得从增值税销项税额中抵扣进项税额的项目是（　　）。
   A. 购进农产品的进项税额
   B. 购进货物所支付运费的进项税额
   C. 销售货物所支付的进项税额
   D. 非正常损失购进货物发生的进项税额

8. 某增值税一般纳税人某月销售三批货物，每批各 1000 件，销售价格分别为每件 120 元、100 元和 40 元。如果 40 元/件的销售价格被税务机关认为不合理，则纳税人该月计算销

项税额的销售额应为（　　）。

  A．260000 元　　　　　　　　B．300000 元

  C．360000 元　　　　　　　　D．330000 元

 9．确定消费税的应税销售额时，不能计入销售额中的项目是（　　）。

  A．消费额　　　　　　　　　　B．价外收取的基金

  C．增值税　　　　　　　　　　D．包装费

 10．下列各项中，属于"营改增"后纳入增值税征收范围的是（　　）。

  A．销售房屋　　　　　　　　　B．销售机器设备

  C．提供修理、修配劳务　　　　D．提供货物加工劳务

## 二、多项选择题

 1．税收具有（　　）的特征。

  A．无偿性　　　　　　　　　　B．强制性

  C．公平性　　　　　　　　　　D．固定性

 2．下列属于增值税征收范围的是（　　）。

  A．广告业　　　　　　　　　　B．旅游业

  C．租赁业　　　　　　　　　　D．修理修配业

 3．下列各项中，应计入增值税的应税销售额的是（　　）。

  A．向购买者收取的销项税额

  B．因销售货物向购买者收取的手续费

  C．受托加工消费品所代收代缴的消费税

  D．因销售货物向购买者收取的储备费

 4．不得从增值税销项税额中抵扣进项税额的项目是（　　）。

  A．用于修缮房屋的购进货物

  B．非正常损失的购进货物

  C．非正常损失的在产品所耗用的购进货物

  D．非正常损失的产成品所耗用的购进货物

 5．《税收征收管理法》规定的税收强制执行措施有（　　）。

  A．责令缴纳

  B．责令其提供担保

  C．书面通知其开户银行或者其他金融机构从其存款中扣缴税款

  D．扣押、查封、拍卖其价值相当于应纳税款的财物，以拍卖所得抵缴税款

 6．下列经营项目采用 6%税率征收增值税的有（　　）。

  A．卡拉 OK 厅项目收入　　　　B．建筑工程承包收入

  C．交通运输业　　　　　　　　D．税务咨询收入

 7．根据国家税务总局的有关规定，有下列情形中，税务机关应采取核定征收方式征收企业所得税的是（　　）。

  A．纳税人只能准确核算收入总额，但其成本费用支出不能准确核算

  B．纳税人只能准确核算成本费用总额，但其收入总额不能准确核算

C. 依照税收法律规定可以不设账簿的纳税人

D. 账目设置和核算虽符合规定，但未按照规定保存有关账簿、凭证及纳税资料的

8. 下列收入中，应计入企业收入总额缴纳企业所得税的有（　　）。

　　A. 出租包装物取得的租金收入　　　　B. 逾期包装物押金收入

　　C. 现金溢余收入　　　　　　　　　　D. 国债利息收入

9. 根据《企业所得税法》的规定，企业所得税适用税率包括（　　）。

　　A. 25%　　　　B. 27%　　　　C. 24%　　　　D. 20%

10. 根据企业所得税法律制度的规定，下列收入中，不属于企业所得税免税收入的有（　　）。

　　A. 财政拨款

　　B. 国债利息

　　C. 物资及现金溢余

　　D. 依法收取并纳入财政管理的政府性基金

### 三、案例分析题

1. 某电梯股份公司下设独立核算的具有法人资格的销售公司（为增值税一般纳税人）、安装公司和维护公司。2017年4月销售公司向非关联公司销售电梯取得不含税销售额800万元，购进货物取得增值税专用发票，注明价款360万元、增值税61.2万元；安装公司取得安装收入140万元；维护公司取得测试服务收入60万元。

请问：该电梯股份公司下设的3家公司2017年4月应纳增值税共计多少万元？（本月取得的发票均在本月认证并抵扣）（答案中金额单位用万元表示，计算结果保留到小数点后两位。）

2. 某增值税一般纳税人购进玉米一批，支付给某农业开发基地收购价格为10000元，取得普通发票，并支付运费3000元，装卸费500元，取得货运企业开具的运费发票；验收入库后，因管理人员保管不善损失1/4，计算该项业务准予抵扣的进项税额。

**法律名言：**

法律的效力是以它所引起的爱戴和尊重为转移的，而这种爱戴和尊重是以内心感到法律公正和合理为转移的。

——［法］罗伯斯庇尔：《革命法制和审判》

# 第八章 会 计 法

会计法是在1985年1月21日第六届全国人民代表大会常务委员会第九次会议通过，1993年12月29日第八届全国人民代表大会常务委员会第五次会议修正，1999年10月31日第九届全国人民代表大会常务委员会第十二次会议修订，2017年11月4日第十二届全国人民代表大会常务委员会第三十次会议修正。会计法发布实施以来的积极作用，已为30多年来会计工作的发展变化所证明。

**[关 键 词]**

会计法概述、会计核算、会计监督、会计机构与会计人员、法律责任

**[学习目标]**

通过学习，能解决以下问题：

- 会计法及其适用范围如何？
- 会计核算的内容及其要求是什么？
- 会计监督、会计责任、审计责任的区别有哪些？
- 会计职业道德规范包括哪些内容？
- 违反会计制度伪造、变造会计凭证等行为应承担的法律责任是什么？
- 单位负责人对会计人员实行打击报复应承担的法律责任是什么？

# 第一节　会计法概述

### 案例 8-1

国商有限责任公司财务部门有一位出纳、一位会计、一位会计机构负责人，要完成以下9项工作：

（1）填制记账凭证；

（2）登记债权、债务明细分类账和其他明细分类账；

（3）办理银行结算；

（4）收付现金；

（5）检查银行对账单、审核银行存款余额调节表和会计报表；

（6）登记现金日记账和银行存款日记账；

（7）登记总账；

（8）编制会计报表；

（9）审核会计凭证。

请根据单位内部会计监督制度的要求，将上述9项工作分配给3位财务人员，其中会计机构负责人承担2项工作。

【分析】

出纳员负责：（3）办理银行结算；（4）收付现金；（6）登记现金日记账和银行存款日记账。会计负责：（1）填制记账凭证；（2）登记债权、债务明细分类账和其他明细分类账；（7）登记总账；（8）编制会计报表。会计机构负责人负责：（5）检查银行对账单、审核银行存款余额调节表和会计报表；（9）审核会计凭证。

这种分工的意义何在？

### 1. 会计法及其适用范围

国家机关、社会团体、公司、企事业单位和其他组织（以下简称各单位）必须依照《会计法》办理会计事务。会计法律制度是指国家权力机关和行政机关制定的各种有关会计工作的规范性文件的总称，包括会计法律、会计行政法规和会计规章。

### 2. 会计工作的主管部门

国务院财政部门主管全国的会计工作，县级以上地方各级人民政府财政部门管理本行政区域内的会计工作。统一领导，分级管理。

### 3. 单位内部的会计工作管理

各单位必须依法设置会计账簿，并保证其真实、完整。单位负责人对本单位的会计工作和会计资料的真实性、完整性负责。单位负责人应当保证本单位会计机构、会计人员依法进行会计核算，实行会计监督。任何单位或者个人不得对依法履行职责、抵制违反会计法规定行为的会计人员实行打击报复。单位负责人是指单位法定代表人或者法律、行政法规规定代表单位行使职权的主要负责人，即单位的最高行政负责人。例如，学校的校长、公司的董事长、国企的厂长或经理、医院的院长等。

# 第二节 会 计 核 算

### 1. 会计核算的内容

会计核算的内容是指会计机构及会计人员在进行会计核算时应当核算的各项经济业务事项。根据会计法的规定，对下列经济业务事项应当办理会计手续，进行会计核算：

（1）款项和有价证券的收付。
（2）财物的收发、增减和使用。
（3）债权债务的发生和结算。
（4）资本、基金的增减。
（5）收入、支出、费用、成本的计算。
（6）财务成果的计算和处理。
（7）需要办理会计手续、进行会计核算的其他事项。

### 2. 会计核算的一般要求

1）依法建账

2）根据实际发生的经济业务进行会计核算

（1）不得随意改变资产、负债、所有者权益的确认标准或者计量方法，虚列、多列、不列或者少列资产、负债、所有者权益。
（2）不得虚列或者隐瞒收入，推迟或者提前确认收入。
（3）不得随意改变费用、成本的确认标准或者计量方法，虚列、多列、不列或者少列费用、成本。
（4）不得随意调整利润的计算、分配方法，编造虚假利润或者隐瞒利润。
（5）不得违反国家统一的会计制度规定的其他行为。

3）保证会计资料的真实和完整

### 3. 会计年度

会计年度是指以年度为单位进行会计核算的时间区间。我国以公历年度为会计年度，即每年公历的1月1日起至12月31日止，为一个会计年度。

### 4. 记账本位币

记账本位币是指日常登记账簿和编制财务会计报告用以计量的货币。会计核算以人民币（我国的法定货币）为记账本位币。

### 5. 会计凭证和会计账簿

会计凭证按其来源和用途，分为原始凭证和记账凭证两种。原始凭证记载的各项内容均不得涂改；原始凭证有误的，应当由出具单位重开或者更正，更正处应当加盖出具单位印章。

原始凭证金额有误的,应当由出具单位重开,不得在原始凭证上更正。

### 案例 8-2

2016年11月,某公司财务科张某在办理报销工作中,发现采购科送来报销的2张由购货方开具的发票有更改现象:其中1张发票分别更改了数量和用途,另外1张发票更改了金额;该2张发票的更改处均盖有该公司采购科的业务印章。张某考虑到2张发票已经公司总经理、财务科长签字同意,最后均予以报销。

请问:张某对2张更改的发票予以报销的做法是否符合规定?应如何处理?

**【分析】**

会计法规定,原始凭证所记载的各项内容均不得涂改;原始凭证记载的内容有误的,应当由开具单位重开或更正,更正工作须由原始凭证出具单位进行,并在更正处加盖出具单位印章;原始凭证金额出现错误的不得更正,只能由原始凭证开具单位重新开具;原始凭证开具单位应当依法开具准确无误的原始凭证,对于填制有误的原始凭证,负有更正和重新开具的法律义务,不得拒绝。据此,张某对1张虽分别更改了数量和用途但已由原出具单位更正过的发票可以报销,但对另外1张更改了金额的发票应予以退回,要求采购人员到原始凭证开具单位重新开具。

## 第三节 会 计 监 督

### 1. 单位内部会计监督

1)单位内部会计监督的主体和监督对象

单位内部会计监督的主体是各单位的会计机构、会计人员,单位内部会计监督的对象是单位的经济活动。

2)内部会计监督制度的基本要求

(1)记账人员与经济业务事项和会计事项的审批人员、经办人员、财物保管人员的职责权限应当明确,并相互分离、相互制约。

(2)重大对外投资、资产处置、资金调度和其他重要经济业务事项的决策和执行的相互监督、相互制约的程序应当明确。

(3)财产清查的范围、期限和组织程序应当明确。

(4)对会计资料定期进行内部审计的办法和程序应当明确。

3)内部控制制度

内部控制制度是指单位为了保护资产的安全、完整,提高会计信息质量,实现单位经营管理目标而制定和实施的一系列控制方法、措施和程序。

### 2. 会计工作的政府监督

会计工作的政府监督是指财政部门代表国家对各单位和单位中相关人员的会计行为实施的监督检查,以及对发现的违法会计行为实施行政处罚。县级以上人民政府财政部门为各单位会计工作的监督检查部门,对违法会计行为实施行政处罚。

### 3. 会计工作的社会监督

会计工作的社会监督是指由注册会计师及其所在的会计师事务所依法对受托单位的经济活动进行审计、鉴证的一种监督制度。经注册会计师进行审计的单位，应当向受委托的会计师事务所如实提供会计凭证、会计账簿、财务会计报告、其他会计资料及有关情况。会计责任是被审计单位建立健全和有效执行本单位的内部控制制度。审计责任是指注册会计师对委托人和被审计单位应尽的义务。财政部门有权对会计师事务所出具审计报告的程序和内容进行监督。

## 第四节　会计机构和会计人员

### 1．会计机构的设置

单位是否单独设置会计机构，取决于以下3个因素：
（1）单位规模的大小。
（2）经济业务和财务收支的繁简。
（3）经营管理的要求。

一般来说，大、中型企业和具有一定规模的行政事业单位，以及财务收支数额较大、会计业务较多的社会团体和其他经济组织，应单独设置会计机构，或者在有关机构中设置会计人员并指定会计主管人员，以便及时组织本单位各项经济活动和财务收支的核算；不具备设置条件的，应当委托经批准设立从事会计代理记账业务的中介机构代理记账。

### 2．代理记账

代理记账是指由会计咨询、服务机构或会计师事务所等社会中介机构代替独立核算单位处理记账、算账、报账业务。从事代理记账业务应当经所在地县级以上（含县级）人民政府财政部门批准。

### 3．会计机构负责人

各单位应当根据企业业务的需要设置会计机构，或者在有关机构中设置会计人员并指定会计主管人员，会计人员应当具备从事会计工作所需要的专业能力。担任单位会计机构负责人（会计主管人员）的，应当具备会计师以上专业技术职务资格或者从事会计工作三年以上经历。

### 4．会计工作岗位设置

会计工作岗位是指一个单位会计机构内部根据业务分工而设置的职能岗位。

### 5．会计人员的职业道德

1）会计职业道德的概念

会计职业道德是指在会计职业活动中应当遵循的、体现会计职业特征的、调整会计职业关系的职业行为准则和规范。

2）会计职业道德的内容

爱岗敬业、诚实守信、廉洁自律、客观公正、坚持准则、提高技能、参与管理、强化服务。

### 6. 会计工作交接

会计工作交接是指会计人员工作调动或因故离职时与接替人员办理交接手续的一种工作程序。会计法规定，会计人员调动工作或者离职，必须与接管人员办清交接手续。

> **案例 8-3**
>
> 王某被公司从办公室调到财务科担任出纳，公司原出纳刘某被调整为成本会计。王某与刘某在办理会计工作交接手续时，因会计科长在外地出差，遂指定财务科一名会计负责监交工作。在办理交接中，王某发现存在"白条抵库"问题，随后电话向会计科长汇报，会计科长指示王某先办理完交接手续，并让王某接管出纳工作后，再对"白条抵库"问题逐个查清处理。随后，王某、刘某及监交人在移交清册上签字并盖章。
>
> 请问：王某与刘某办理会计工作交接是否有不符合规定之处？简要说明理由。
>
> 【分析】
>
> 根据会计法的规定，王某与刘某办理会计工作交接有不符合规定之处。首先，监交人不符合规定，制度规定一般会计人员办理交接手续，由会计机构负责人（会计主管人员）监交。另外，对交接中发现的"白条抵库"问题处理不正确。制度规定接替人员发现"白条抵库"现象时，应由原移交人员在规定期限内负责查清处理。

## 第五节 法律责任

### 1. 违反国家统一会计制度行为的法律责任

有下列行为之一的，由县级以上人民政府财政部门责令限期改正，可以对单位并处 3000 元以上 5 万元以下的罚款；对直接负责的主管人员和其他直接责任人员，可以处 2000 元以上 2 万元以下的罚款；属于国家工作人员的，还应当由其所在单位或者有关单位依法给予行政处分；构成犯罪的，依法追究刑事责任：

（1）不依法设置会计账簿的。

（2）私设会计账簿的。

（3）未按照规定填制、取得原始凭证或者填制、取得的原始凭证不符合规定的。

（4）以未经审核的会计凭证为依据登记会计账簿或者登记会计账簿不符合规定的。

（5）随意变更会计处理方法的。

（6）向不同的会计资料使用者提供的财务会计报告编制依据不一致的。

（7）未按照规定使用会计记录文字或者记账本位币的。

（8）未按照规定保管会计资料，致使会计资料毁损、灭失的。

（9）未按照规定建立并实施单位内部会计监督制度或者拒绝依法实施的监督或者不如实提供有关会计资料及有关情况的。

（10）任用会计人员不符合会计法规定的。有前款所列行为之一，构成犯罪的，依法追究刑事责任。会计人员有上述所列行为之一，情节严重的，五年内不得从事会计工作。有关法律对上述所列行为的处罚另有规定的，依照有关法律的规定办理。

**2．伪造、变造会计凭证、会计账簿，编制虚假财务会计报告行为的法律责任**

上述行为构成犯罪的，依法追究刑事责任；尚不构成犯罪的，由县级以上人民政府财政部门予以通报，可以对单位并处5000元以上10万元以下的罚款；对其直接负责的主管人员和其他直接责任人员，可以处3000元以上5万元以下的罚款；属于国家工作人员的，还应当由其所在单位或者有关单位依法给予撤职直至开除的行政处分；对其中的会计人员，五年内不得从事会计工作。

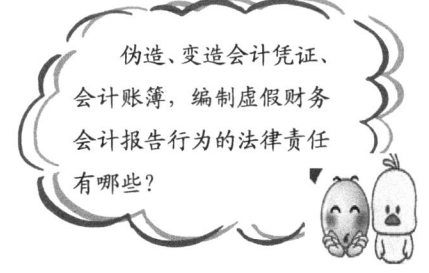

**3．隐匿或者故意销毁依法应当保存的会计凭证、会计账簿、财务会计报告行为的法律责任**

上述行为构成犯罪的，依法追究刑事责任；尚不构成犯罪的，由县级以上人民政府财政部门予以通报，可以对单位并处5000元以上10万元以下的罚款；对其直接负责的主管人员和其他直接责任人员，可以处3000元以上5万元以下的罚款；属于国家工作人员的，还应当由其所在单位或者有关单位依法给予撤职直至开除的行政处分；对其中的会计人员，五年内不得从事会计工作。

**4．授意、指使、强令会计机构、会计人员及其他人员伪造、变造会计凭证、会计账簿，编制虚假财务会计报告或者隐匿、故意销毁依法应当保存的会计凭证、会计账簿、财务会计报告行为的法律责任**

上述行为构成犯罪的，依法追究刑事责任；尚不构成犯罪的，可以处5000元以上5万元以下的罚款；属于国家工作人员的，还应当由其所在单位或者有关单位依法给予降级、撤职、开除的行政处分。

**5．单位负责人对依法履行职责、抵制违反会计法规定的行为的会计人员实行打击报复的法律责任**

上述行为构成犯罪的，依法追究刑事责任；尚不构成犯罪的，由其所在单位或者有关单位依法给予行政处分。对受打击报复的会计人员，应当恢复其名誉和原有职务、级别。

**6．财政部门、有关行政部门工作人员及其他人员违法承担的法律责任**

财政部门及有关行政部门的工作人员在实施监督管理中滥用职权、玩忽职守、徇私舞弊或者泄露国家秘密、商业秘密，构成犯罪的，依法追究刑事责任；尚不构成犯罪的，依法给予行政处分。

### 案例 8-4

某贸易公司伪造进出口凭证，虚报进出口经营业绩，累计虚增经营额 65310 万元，占公司营业额的 70%，虚增利润 9800 万元，占公司利润总额的 60%，严重损害了股东和其他人的利益。该行为的直接责任人为会计人员小张和业务员小李。为某贸易公司出具年度审计报告的诚信会计师事务所的注册会计师小宋和小孙严重不负责任，未进行必要的审计程序，也未认真审核相关会计凭证的真伪，出具了无保留意见的审计报告，尽管属于过失，但造成了严重的后果。

请问：根据会计法的规定，小张和小李、诚信会计师事务所、小宋和小孙分别应当承担何种法律责任？

【分析】

（1）对小张和小李应处以 3 年以下有期徒刑或者拘役，并处或单处 2 万元以上 20 万元以下的罚金，小张五年内不得从事会计工作。

（2）对诚信会计师事务所应由省级以上人民政府财政部门给予警告，没收违法所得，并可处违法所得 1 倍以上 3 倍以下的罚款；若情节严重，可由省级以上人民政府的财政部门暂停其经营业务或者予以撤销。另外，给委托人、其他利害关系人造成损失的，应当承担赔偿责任。

（3）对小宋和小孙应由省级以上人民政府财政部门给予警告；若情节严重，可由省级以上人民政府财政部门暂停其执行业务或者吊销注册会计师证书。

本模块要点主要有会计法及其适用范围；会计核算的内容；要求；原始凭证、会计监督、会计责任、审计责任、会计机构负责人、会计职业道德规范、违反会计制度伪造、变造会计凭证等行为的法律责任等。

## 练习与自测

### 一、单项选择题

1. 我国主管全国会计工作的机构是（　　）。
   A. 国务院　　　　　　　　B. 全国人大常委会
   C. 财政部　　　　　　　　D. 审计署

2. 下列各项中，可以依照会计法和国家统一的会计制度制定本系统内实施国家统一的会计制度的具体办法，并报国务院财政部门备案的是（　　）。
   A. 中国人民银行　　　　　B. 工业和信息化部
   C. 农业部　　　　　　　　D. 中国共产党中央军事委员会后勤保障部

3. 担任单位会计机构负责人（会计主管人员）的，应当具备会计师以上专业技术职务资格或从事会计工作（　　）以上经历。

A. 3年　　　　　　　　　　B. 5年
C. 8年　　　　　　　　　　D. 10年

4. 根据会计法的规定，单位内部的会计工作管理，应由（　　）负责。

A. 总会计师　　　　　　　　B. 单位会计机构负责人
C. 单位分管会计工作领导　　D. 单位负责人

5. 在会计核算的一般原则中，要求会计指标口径一致，以便于不同企业之间进行横向比较的会计原则是（　　）。

A. 一致性原则　　　　　　　B. 可比性原则
C. 配比原则　　　　　　　　D. 权责发生制原则

6. 下列各项中，不属于会计档案的是（　　）。

A. 会计移交清册　　　　　　B. 原始凭证
C. 年度财务计划　　　　　　D. 记账凭证

7. 根据《会计档案管理办理》的规定，会计档案保管期限分为永久和定期两类。定期保管的会计档案，其最长期限是（　　）。

A. 10年　　　　　　　　　　B. 15年
C. 25年　　　　　　　　　　D. 30年

8. 根据《会计工作规范》的规定，下列各项中，出纳人员可以兼管的工作为（　　）。

A. 稽核工作
B. 会计档案保管工作
C. 收入、费用、债权债务账目的登记工作
D. 固定资产卡片的登记工作

9. 根据《会计档案管理办法》的规定，各级财政部门销毁会计档案时应当由（　　）。

A. 档案部门派人监销
B. 档案部门和会计部门共同派人监销
C. 同级审计部门派人监销
D. 上级审计部门派人监销

10. 对于伪造、变造会计凭证、会计账簿或者编制虚假财务会计报告的行为，尚不构成犯罪的，由县级以上人民政府财政部门予以通报，可以对单位并处（　　）的罚款。

A. 2000元以上2万元以下　　B. 3000元以上5万元以下
C. 5000元以上5万元以下　　D. 5000元以上10万元以下

二、多项选择题

1. 下列事项中，属于财政部门对各单位实施监督的事项有（　　）。

A. 是否依法设立会计机构
B. 会计凭证、会计账簿、财务会计报告和其他会计资料是否真实、完整
C. 会计核算是否符合会计法和国家统一的会计制度的规定
D. 从事会计工作的人员是否具备专业能力，遵守职业道德

2. 下列机构中有权依法对有关单位的会计资料实施监督检查的是（　　）。
   A. 财政部门　　　　　　　　B. 证券监管
   C. 税务部门　　　　　　　　D. 中国银行
3. 按照会计法的规定，某单位发生的下列事项中应当办理会计手续，进行会计核算的是（　　）。
   A. 归还银行借款100万元　　B. 收到某公司投入的一项专利权
   C. 签订了一份委托加工合同　D. 支付公司本月水电费
4. 下列不属于会计专业职务的是（　　）。
   A. 会计员、助理会计师　　　B. 总会计师
   C. 高级会计师　　　　　　　D. 注册会计师
5. 根据会计法的规定，会计法法律责任种类有（　　）。
   A. 违宪责任　　　　　　　　B. 行政责任
   C. 民事责任　　　　　　　　D. 刑事责任
6. 单位设置会计工作岗位时，一般应当考虑的要求有（　　）。
   A. 符合本单位的实际需要　　B. 实行内部牵制
   C. 会计工作岗位应有计划地轮岗　D. 建立岗位责任制
7. 根据《企业财务会计报告条例》的规定，应当在财务会计报告上署名并签章的人员有（　　）。
   A. 编制报告所依据凭证的会计员　B. 会计机构负责人
   C. 主管会计工作的负责人　　D. 单位负责人
8. 根据我国会计法的规定，在下列有关内部监督的表述中，符合法律规定的是（　　）。
   A. 监督的主体是本单位的负责人和会计机构
   B. 对违反会计法的会计事项，会计机构和会计人员有权拒绝办理
   C. 会计机构、会计人员发现账务不符合的，如果有权自行纠正，应当及时处理
   D. 内部会计监督的对象是本单位的经济活动
9. 对于下列保管期满的会计档案不得销毁的是（　　）。
   A. 正在项目建设期间的建设单位保管期满的会计档案
   B. 财政部门保管期满的会计档案
   C. 国有大、中型企业保管期满的会计档案
   D. 涉及未了事项的原始凭证
10. 会计人员调动工作或者离职，办理移交手续前，必须及时做好以下工作（　　）。
    A. 已经受理的经济业务尚未填制会计凭证的，应当填制完毕
    B. 尚未登记的账目，由接替人员继续完成
    C. 整理应当移交的各项资料，对未了事项写出书面材料
    D. 编制移交清册，列明应当移交的资料和物品内容

三、案例分析题

1. 审计机关对某股份有限公司2017年财务情况进行审计时，发现有以下行为：
（1）公司作为一般纳税人，在未发生存货购入业务的情况下，从其他企业买入空白增值

税发票，并在发票上注明购入商品，买价5000万元，增值税税额850万元。财务部门以该发票为依据，编制购入商品的记账凭证；纳税申报时作为增值税进项税额抵扣税款。

（2）会计人员有充分证据证明以上行为属公司总经理强令会计人员所为。

（3）公司销售商品开出发票时，"发票联"内容真实，但本单位"记账联"和"存根联"的金额比真实金额小，会计根据"记账联"编制记账凭证，登记账簿，导致少记销售收入100万元，少记增值税17万元。

请问：以上三种行为分别属于什么行为？应如何处理？

2．审计部门在对某企业进行检查时，发现该企业存在下列情况：

（1）用限额领料单代替原始凭证；

（2）该单位出纳人员兼任收入账目的登记工作；

（3）经单位负责人批准，财务科将300万元汇至明发证券公司用于股票投资。

（4）将超过税法规定的业务招待费68900元计入管理费用。

请问：以上做法是否符合国家有关规定？并说明理由。

**法律名言：**

法律的目的是对受法律支配的一切人公正地运用法律，借以保护和救济无辜者。

——[英]洛克：《政府论》

# 第九章 工业产权法

> 我国在工业产权保护上虽已取得了不可否认的成绩，但"公众"意识不强，视侵权为"合法"，某些企业不重视自己的工业产权，还受利益驱动乐于侵害他人权利，执法机构也存在严重的地方保护、利益摩擦频繁的现象仍时有出现。因而，建立正确、全面的工业产权法是十分必要的。

**[关键词]**

工业产权法概述、专利法概述、商标法概述

**[学习目标]**

通过学习，能解决以下问题：

- 什么是工业产权？有何特征？
- 什么是专利、专利制度？
- 专利权的客体是什么？
- 授予专利权的条件是什么？
- 什么是专利申请、审批？
- 什么是专利权实施和侵权？
- 什么是商标、商标权和商标法？
- 商标权的主体、客体和内容是什么？
- 什么是商标侵权及商标法律保护？

# 第一节 工业产权法概述

**案例 9-1**

2002年9月，日本某公司以侵犯其两个电池专利为由，将比×迪股份有限公司告上了美国圣地亚哥法院。日方诉求：停止侵犯，赔偿损失。

【分析】

被起诉后，比×迪股份有限公司积极应对，并聘请美国知名律师参与诉讼。经过专利文献分析，比×迪股份有限公司发现日本某公司是在20世纪90年代申请的专利，但早在20世纪60年代就已有大量类似的专利申请，日本某公司的专利实际上是将类似专利的范围做了限制，实质上属于改进专利。因此，比×迪股份有限公司做出了没有侵犯日本某公司专利权的判断，而且日本某公司的专利本身也有弱点。经过双方充分交流后，日本某公司主动提出和解，经双方协商，比×迪股份有限公司仅以微小的代价达成和解协议。2005年1月，比×迪股份有限公司与日本某公司在美国圣地亚哥正式达成和解。

### 1. 工业产权的概念和特征

工业产权是指人们依法对应用于商品生产和流通中的发明创造和显著标记等智力成果，在一定地区和期限内享有的专有权。我国法律规定的工业产权主要指专利权和商标权。工业产权与版权，统称为知识产权。工业产权属于无形财产权，与有形财产权比较具有以下特征：

（1）专有性。工业产权是国家法律赋予专利权人和商标权人，在有效期内对其专利和商标享有的独占、使用、收益和处分的权利。

（2）地域性。地域性是指只能在本国领域内有效，即不具有域外效力。如想在该国得到法律保护，必须依照该国的法律取得相应的知识产权或根据共同签订的国际条约取得保护。

（3）时间性。工业产权的法律保护有一定期限，法律期限届满后，工业产权的专有权即自行终止。

（4）确认性。必须经主管机关依法审查批准，并以法定形式正式确认。

知识产权是指智力成果的创造人依法所享有的权利和生产经营活动中标记所有人依法所享有的权利的总称，包括著作权和工业产权。

### 2. 工业产权法的概念

工业产权法是调整因确认、保护、转让和使用工业产权而发生的各种社会关系的法律规范的总称。迄今为止，我国已相继颁布和实施了《中华人民共和国商标法》（以下简称《商标法》）、《中华人民共和国商标法实施条例》（以下简称《商标法实施条例》）、《中华人民共和国专利法》、《中华人民共和国专利法实施条例》。1996年8月14日，国家工商行政管理局又发布了《驰名商标认定和管理暂行规定》等法律、法规。此外，我国于1985年3月和1989年

10月先后加入了《保护工业产权巴黎公约》（以下简称《巴黎公约》）和《商标国际注册马德里协定》（以下简称《马德里协定》）等国际公约，使该公约和协定中有关保护工业产权和商标国际注册的规定，除了我国声明保留的条款外，均对我国适用。

## 第二节 专利法概述

> **案例 9-2**
>
> 某铁路企业工人吴某发明了一种推进火车速度的磨合剂，并申请了专利。由于按该磨合剂的方法，可将现有火车速度提高到时速 280 公里，国务院有关主管部门与吴某多次协商使用其发明，但吴某所提条件太高，未能达成协议。于是，便在铁道系统强制实施这项专利并支付其使用费 3 万元。吴某认为该主管部门侵犯了其专利。
>
> 请问：该主管部门的行为是否合法？
>
> 【分析】
>
> 根据我国《专利法》的规定，为了公共利益的目的，国务院专利行政部门可以给予实施发明专利的强制许可。本案中吴某的发明将火车时速大大提高，对我国铁路运输事业无疑具有非常重要的意义。该主管部门在与其协商不成的情况下，强制实施其专利，是符合这一法律规定的。

### 1. 专利的概念

专利一词一般有三种含义：

其一，专利是专利权的简称，它是由国家专利机关授予发明人、设计人或其所属单位对某项发明创造在法定期限内享有的专有权。

其二，专利是指取得专利权的发明创造，一般包括发明、实用新型和外观设计三种专利技术。

其三，专利是指专利文献，其重要部分为记载发明创造内容的专利说明书。专利通常则是指专利权。

### 2. 专利权主体

专利法的主体是指可以申请并取得专利权的单位和个人，即专利权人。

1) 发明人、设计人所属的单位

企事业单位、社会团体、国家机关的工作人员执行本单位的任务或者主要利用本单位的物质条件所完成的职务发明创造，申请专利的权利属于该单位。申请被批准后，该单位为专利权人。执行本单位的任务是指：

（1）在从事本职工作中作出的发明创造；

（2）履行本单位交办本职工作之外的任务所做出的发明创造；

（3）退休、退职或调动工作 1 年以内做出的，与其在原单位承担的本职工作或分配的任务有关的发明创造。

利用本单位的物质条件是指利用本单位的资金、设备、零部件、原材料或不对外公开的技术资料等。

### 案例 9-3

严某是某机械研究所研究人员，2013 年 10 月，严某获得承接所里的国家级研究课题——汽车节能应用系统的研究工作。经过 4 年多探索和试验，于 2014 年 11 月完成了该项课题，研制成功了一种高效汽车节能装置，此装置初步被命名为 YD-2014 汽车高效节能仪。汽车在安装了该装置后，每百公里可以将油耗降低 25% 左右。于是，该所负责人决定就该装置申请发明专利，以获得法律的保护和经济效益。2015 年 4 月 7 日，该所向国家专利局寄送了有关专利申请文件，国家专利局于 4 月 13 日收到了专利申请文件，但是，信封上的邮戳为 4 月 8 日。国家专利局经过初步审查后，发现申请文件中的说明书缺少部分附图，于是在 5 月 3 日通知该所在 1 个月内将所缺少的附图补齐。该所在接到通知后，立即派人在 5 月 28 日将相关附图送到了国家专利局。国家专利局在初步审查通过后，根据研究所申请，在 2016 年 2 月 15 日公布了该申请。2016 年 11 月 30 日，经过实质性审查，国家专利局决定授予该发明以专利权，同时进行了登记和公告。

请问：

（1）某机械研究所是否有权就 YD-2014 汽车高效节能仪申请专利？

（2）严某对该发明享有何种权利？

【分析】

（1）该研究所有权申请该装置专利。《专利法》规定，执行本单位的任务或者主要是利用本单位的物质技术条件所完成的发明创造为职务发明创造。职务发明创造申请专利的权利属于该单位；申请被批准后，该单位为专利权人。

（2）严某依法享有获得奖励权、获得合理报酬权、署名权及优先受让权。《专利法》第 16 条规定，被授予专利权的单位应当对职务发明创造的发明人或者设计人给予奖励；发明创造专利实施后，根据其推广应用的范围和取得的经济效益，对发明人或者设计人给予合理的报酬。《专利法》第 17 条规定，发明人或者设计人有在专利文件中写明自己是发明人或者设计人的权利。

2）发明人、设计人

非职务发明创造是指发明人或者设计人完成的职务发明创造以外的发明创造。《专利法》规定，对于非职务发明创造，申请专利的权利属于发明人或者设计人。申请被批准后，专利权归申请的发明人或者设计人个人所有。

3）共同发明人或者共同设计人

由两人或两个以上单位协作研究、设计任务所完成的发明创造，除另有协议外，申请专利的权利属于共同完成的单位。申请被批准后，专利权归申请单位共同所有或者共同持有。非职务共同发明创造，申请专利的权利和申请被批准后的专利权，归共同发明人或者共同设计人。

4）外国单位或者外国公民

外国单位或者外国公民，依法向中国申请专利获得批准，专利权归外国单位或者外国公民。

5）受让人

受让人是指通过合同或继承而依法取得该专利权的单位或个人。专利申请权和专利权可以转让。两个以上单位或者个人合作完成的发明创造、一个单位或者个人接受其他单位或者个人委托所完成的发明创造，如果双方约定发明创造的申请专利权归委托方，从其约定，申请被批准后，申请的单位或者个人为专利权人。如果单位或者个人之间没有协议，构成委托开发的，申请专利权，以及取得的专利权归受托人，但委托人可以免费实施该专利技术。

**3．专利权的客体**

专利权的客体是指《专利法》保护的对象，即依法取得专利的发明创造。包括发明、实用新型和外观设计三种：

（1）发明。发明是指对产品、方法或其改进所提出的新的技术方案。发明分为产品发明、方法发明两类。

（2）实用新型。实用新型是指对产品的形状、构造或其结合所提出的适合实用的新的技术方案，又称"小发明"。

（3）外观设计。外观设计是指对产品的形状、图案、色彩或者其结合所作出的富有美感并适于工业应用的新设计。

**4．授予专利权的条件**

发明创造要取得专利权，必须符合《专利法》规定的实质条件，才能授予专利权。不同的客体，具体要求也不同。

1）授予发明和实用新型专利权的条件

（1）新颖性。《专利法》规定，新颖性是指在申请日以前没有同样的发明或者实用新型在国内外出版物上公开发表过，在国内公开使用过或者以其他方式为公众所知，也没有同样的发明或者实用新型由他人向专利局提出过申请并且记载在申请日以后公布的专利申请文件中。新颖性要求发明和实用新型在申请日以前在世界范围内没有被"公知"，在我国范围内没有被"公用"。但是在申请日以前6个月内有下列情形之一者，不丧失新颖性：

① 在中国政府主办或承认的国际展览会上首次展出的；
② 在规定的学术会议或技术会议上首次发表的；
③ 他人未经申请人同意而泄露其内容的。

（2）创造性。创造性是指与申请日以前已有的技术相比，该发明有突出的实质性特点和显著的进步，该实用新型有实质性特点和进步。

（3）实用性。实用性是指该发明或者实用新型能够制造或者使用，并且能够产生积极效果。

2）授予外观设计专利的条件

授予专利权的外观设计，应当同申请日以前在国内外出版物上公开发表过或者国内公开使用过的外观设计不相同和不相近似，必不得与他人在申请日以前已经取得的合法权利相冲突，即外观设计要取得专利权，必须具有新颖性。

### 案例 9-4

为了解决世界的能源危机问题，科技人员李某提出新的设想：如果在太阳和地球之间建立一个直径为 1 万公里的圆壳体，就可以将太阳的能量反射到地球，这样地球的能量就会增加 100 亿倍，就能解决地球危机。

请问：这个构思可否申请专利？为什么？

【分析】

不可以。因为这个专利申请不具有实用性。专利权授予要有三个条件：新颖性、创造性、实用性。而实用性是指该发明或者实用新型能够制造或者使用，并且可以产生积极的效果。而李某的发明是一种设想，无法在实践中实施，且李某没有说明这项技术方案的具体制作方法，如用什么材料、如何制作等。

5．专利的申请、审批

1）专利的申请

（1）申请人提交申请文件。申请发明和实用新型专利，应向专利局递交请求书、说明书及其摘要和权利要求书等文件。请求书应当写明发明或者实用新型的名称，发明人或者设计人的姓名，申请人的姓名或者名称、地址，以及其他事项。说明书应当对发明或者实用新型作出清楚、完整的说明，以所属技术领域的

技术人员能够实现为准，必要时应当附图。摘要应当简要说明发明或者实用新型的技术要点。权利要求书应当以说明书为依据，说明要求专利保护的范围。申请外观设计专利，应当递交请求书，以及该外观设计的图片或者照片等文件，并应写明使用该外观设计的产品及其所属类别。

（2）先申请原则。由于实行先申请原则，申请日的确定非常重要。《专利法》规定，以专利局收到专利申请文件之日为申请日；如果文件是邮寄的，以寄出的邮戳日为申请日。《专利法实施细则》规定，如果邮戳日期不清楚，以收到邮件日为申请日。

（3）优先权原则。优先权原则是指申请人自一项发明创造第一次提出专利申请后的一定期限内，又就相同主题提出专利申请的，申请人有权要求将第一次提出申请的日期视为后来申请的日期。我国《专利法》规定，申请人自发明或者实用新型在外国第一次提出专利申请之日起 12 个月内，或者自外观设计在外国第一次提出专利申请之日起 6 个月内，又在中国就相同主题提出专利申请的，依照外国同中国签订的协议或者共同参加的国际条约，或者依照相互承认优先权的原则，可以享有优先权。申请人自发明或者实用新型在中国第一次提出专利申请之日起 12 个月内，又向专利局就相同主题提出专利申请的，可以享有优先权。申请人要求优先权的应当在申请的时候提出书面声明，并且在 3 个月内提交第一次提出专利申请文件的副本；未提出书面声明或者逾期未提交专利申请文件副本的，视为未要求优先权。

(4) 单一性原则。这是指一件发明或者实用新型专利申请仅限于一项发明或者实用新型。属于一个总的发明构思的两项以上的外观设计，可以作为一件申请提出。

2) 专利申请的审批

一项发明要得到《专利法》的保护，必须经专利局按照法定的程序，对申请人提交的申请文件进行审查。

(1) 发明专利申请的审批。

① 初步审查。初步审查又称形式审查，包括：审查专利申请文件是否齐备，格式是否符合规定；审查专利申请是否明显属于不授予专利权的范畴；审查专利申请人是否具备申请专利的资格等。

② 早期公开。这是指专利局收到发明申请专利后，经初步审查认为符合《专利法》的规定，自申请日起 18 个月内予以公布。专利局也可以根据申请人的请求，早日公布其申请。早期公开的内容包括专利申请文件，申请人的姓名、地址，申请日、申请号、国际专利分类号等。

③ 实质审查。主要是从技术角度审查发明创造是否符合《专利法》所要求的新颖性、创造性和实用性。《专利法》规定，发明专利申请自申请之日起 3 年内，专利局可以根据申请人随时提出的请求，对其申请进行实质审查；申请人在 3 年内无正当理由没有提出实质审查的要求，该申请即被视为撤回。专利局认为必要时，可以自行对发明专利申请进行实质审查。

④ 授予专利权、登记和公告。发明专利申请经实质审查没有发现驳回理由的，专利局应当作出授予发明专利权的决定，发给发明专利证书，并予以登记和公告。

(2) 实用新型、外观设计专利申请的审批。《专利法》规定，对实用新型、外观设计的专利申请，经初步审查没有发现驳回理由的，专利局应当作出授予实用新型专利权或者外观设计专利权的决定，发给相应的专利证书，并予以登记和公告。

(3) 复审。专利申请人对专利局驳回申请的决定不服的，可以自收到通知之日起 3 个月内，向专利局设立的专利复审委员会请求复审。专利复审委员会复审后，作出决定，并通知专利申请人。发明专利申请人对专利复审委员会的复审决定不服的，可以自收到通知之日起 3 个月内向人民法院起诉。专利复审委员会对专利申请人关于实用新型和外观设计的复审请求所作出的决定是终局性的。

### 6. 专利权的内容

1) 专利权人的权利

专利权人的权利分为人身权利和财产权利。人身权利是指发明人对发明创造所享有的署名权。财产权利则是指专利权人通过对专利技术的占有而取得物质利益的权利。专利权人的权利主要包括以下几项内容：

(1) 独占实施权。专利权人享有独占制造、使用和销售其专利产品或者使用其专利方法的权利。

(2) 实施许可权。许可他人实施专利并收取专利使用费的权利。任何实施他人专利的都必须与专利权人订立书面实施许

可合同，向专利权人支付使用费（法律另有规定的除外）。

（3）转让权。专利权人有权转让其专利权。专利权的转让必须订立书面合同，经专利局公告和登记后方可生效。

（4）标记权。专利权人有权在其专利产品或者该产品的包装上标明专利标记或专利号。

2）专利权人的义务

（1）专利权人有缴纳专利年费的义务。

（2）实施发明的义务。推广其发明、实用新型、外观设计，促进科学技术进步；许可他人使用、制造、销售其发明、实用新型、外观设计新技术，使之尽快产生经济效益。

（3）专利权人的单位有向发明人或设计人给予精神和物质奖励的义务。专利权公告之日起3个月内发给发明人或者设计人一项发明专利的奖金最低不少于3000元；一项实用新型专利或者外观设计专利的奖金最低不少于1000元。未约定报酬的方式和数额的，每年应当从实施该项发明或者实用新型专利的营业利润中提取不低于2%或者从实施该项外观设计专利的营业利润中提取不低于0.2%，作为报酬给予发明人或者设计人，或者参照上述比例，给予发明人或者设计人一次性报酬；许可其他单位或者个人实施其专利的，应当从收取的使用费中提取不低于10%，作为报酬给予发明人或者设计人。

### 7．专利权的期限、终止、无效和撤销

1）专利权的期限

发明专利权的期限为20年，实用新型专利权和外观设计专利权的期限为10年，均自申请之日起计算。

2）专利权的终止

专利权的终止有两种情况：

（1）期限届满终止，又称为正常终止。

（2）期限届满前终止，即提前终止。有下列情形之一的，专利权在期限届满前终止：没有按照规定期缴纳年费的；专利权人以书面声明放弃其专利权的。专利权的终止，应由专利局登记和公告。

3）专利权的无效

自专利局公告授予专利权之日起满6个月后，任何单位或者个人认为该专利权的授予不符合《专利法》的有关规定的，都可以请求专利复审委员会宣告该专利权无效。专利复审委员会对宣告专利权无效的请求进行审查，作出决定，并通知请求人和专利申请人。宣告专利权无效的决定，由专利局登记和公告。被宣告无效的专利权视为自始即不存在。对专利复审委员会宣告发明专利权无效或者维持发明专利权的决定不服的，可以在收到通知之日起3个月内向人民法院起诉；而对宣告实用新型和外观设计专利权无效的请求所作出的决定是终局性的。

4）专利权的撤销

自专利局公告授予专利权之日起6个月内，任何单位或者个人认为该专利权的授予不符

合《专利法》有关新颖性、创造性和实用性规定的,都可以请求专利局撤销该专利权。专利局对撤销该专利权请求进行审查,作出撤销或者维持专利权的决定,并通知请求人和专利申请人。撤销专利权的决定,由专利局登记和公告,被撤销的专利权视为自始就不存在。对专利局撤销或者维持专利权的决定不服的,可于收到通知之日起 3 个月内,向专利复审委员会申请复审。复审决定对于实用新型和外观设计的复审请求来说是终局性的,而发明专利权人或者撤销发明专利权的请求人,如果对复审决定仍然不服的,可于收到通知之日起 3 个月内,向人民法院起诉。

### 8. 专利权的实施和侵权

1) 专利权的实施

(1) 专利权人的主动实施。

① 专利权人自己单独实施;

② 专利权人将专利作为投资,与他人合资经营或合作经营进行合作实施;

③ 通过签订专利实施许可合同许可他人实施。

(2) 专利权人的被动实施。

① 依国家计划需要指定实施;

② 强制许可实施。强制许可实施是指专利局在一定条件下,不需要经过专利权人的同意,准许其他单位和个人实施专利权的一种强制性法律手段。强制许可的情形如下:

A. 自专利权被授予之日满 3 年后,具备实施条件的单位以合理的条件请求发明或者实用新型专利权人许可实施其专利,而未能在合理的时间内获得这种许可时,专利局根据该单位的申请,可以实施强制许可。

B. 在国家出现紧急状态或者非常情况时,或者为了公共利益的目的,可以实施强制许可。

C. 一项取得专利权的发明或者实用新型比此前已经取得专利权的发明或者实用新型在技术上先进,其实施又有赖于前一发明或者实用新型的实施的,专利局根据后一专利权人的申请,可以实施前一发明或者实用新型的强制许可。专利权人对专利局关于实施强制许可的决定或者关于实施强制许可的使用费的裁决不服的,可以在收到通知之日起 3 个月内向人民法院起诉。

2) 专利权侵犯

(1) 专利侵权行为。专利侵权是指在专利权有效期内,未经专利权人许可,为了生产经营目的,侵害专利权人的实施权和标记权的行为。表现形式有:

① 为生产经营目的制造、使用、销售发明和实用新型专利权人的专利产品;

② 为生产经营目的使用发明专利权人的专利方法或者使用、销售依照该专利方法直接获得的产品;

③ 为生产经营目的制造、销售外观设计专利权人的专利产品;

④ 为生产经营目的进口发明创造专利权人的专利产品或者

进口依照发明专利权人的专利方法直接获得的产品;

⑤ 假冒他人专利,即在非专利产品或其包装上标注他人的专利标记或专利号,以冒充他人专利的行为。

(2) 不视为侵犯专利权的行为。根据《关于修改<中华人民共和国专利法>的决定》的规定,对于下列情形,不视为侵犯专利权的行为:

① 专利权人制造或者经专利权人许可制造的专利产品售出的专利产品的;

② 使用或者销售不知道是未经专利权人许可而制造并售出的专利产品的;

③ 在专利申请日前已经制造相同产品、使用相同方式或者已经做好制造、使用的必要准备,并且仅在原有范围内继续制造、使用的;

④ 临时通过中国领土、领水、领空的外国运输工具,依照其所属国家同中国签订的协议或者共同参加的国际条约,或者依照互惠原则,为运输工具自身需要而在其装置和设备中使用有关专利的;

⑤ 专为科学研究和实验而使用有关专利的。

(3) 专利侵权行为的法律责任。专利权人发现侵权行为后,可以请求专利管理机关处理。专利管理机关有权责令侵权人停止其侵权行为,并赔偿专利权人的损失。对于专利管理机关的处理决定不服的,可以在收到通知之日起 3 个月内向人民法院起诉。专利权人发现侵权行为后,也可以直接向人民法院起诉。侵犯专利权的诉讼时效是 2 年,自专利权人或利害关系人得知或者应当得知侵权行为之日起计算。对于假冒他人专利,情节严重,已构成犯罪的直接责任人员,还要依法追究刑事责任。

### 案例 9-5

英国某公司以江苏某公司侵犯其专利权为由,向法院提起诉讼。诉讼过程中江苏公司提出抗辩,认为自己的工艺方法与美国公司专利独立权利要求所记载的保护方法不同,未落入专利独立权利要求的保护范围。根据诉讼证据规则,江苏公司应就自己的工艺方法负举证责任。于是,该公司将产品生产方法方面的资料提交鉴定机构鉴定,并得到对自己有利的鉴定报告。但是,该公司以可能泄露商业秘密为由,拒绝将原先提交给鉴定机构审查并据之制作鉴定报告的技术资料,交由英国某公司核对。这样,后者无法对这些技术资料进行质证。一审法院依据对江苏公司有利的鉴定报告作出判决,认为江苏公司没有侵犯英国某公司的专利权。英国某公司不服一审法院判决,提起上诉。

请问:法院应如何判决?

【分析】

《专利法》第 57 条第 2 款规定,江苏公司应当提供自己的产品制造方法不同于专利方法的证明。证据应当在法庭上出示,并由当事人互相质证,对涉及国家秘密、商业秘密和个人隐私的证据应当保密,需要在法庭出示的,不得在公开开庭时出示。因此,鉴定机构依据未经双方当事人质证或者核对的证据材料所作出的鉴定结论,不是合法有效的证据,不能用作认定本案事实。二审法院撤销了一审法院判决,发回重审。

# 第三节 商标法概述

## 1. 商标、商标权和商标法的概念

1)商标的概念

商标是一种法律用语,是生产经营者在其生产、制造、加工、拣选或者经销的商品或服务上采用的,用于区别商品或服务来源、具有显著特征的标志,一般由文字、图形、字母、数字、三维标志和颜色组合,以及上述要素的组合来表示,并置于商品表面或其包装上、服务场所及服务说明书上。

2)商标权的概念

商标权是商标所有人对法律确认并给予保护的商标所享有的权利。自然人或者其他组织对其生产、制造、加工、拣选、经销的商品,或者对其提供的服务项目,需要取得商标专用权的,应当向商标局申请商标注册。否则,不受法律保护。商标注册人使用注册商标时,应当标明"注册商标"字样或者标明注册标记"注"或"R"。

3)商标法的概念

商标法是确认商标专用权,规定商标注册、使用、转让、保护和管理的法律规范的总称。商标法是知识产权法的重要组成部分。

4)商标的种类

(1)按结构分:可分为文字商标、图形商标、字母商标、数字商标、三维标志商标、颜色组合商标、组合商标(多种元素组合)、音响商标(音响商标目前只在美国等少数国家得到承认,我国尚不能注册为商标)和气味商标(个别国家承认它是商标,我国尚不能)。

(2)按使用对象分:可分为商品商标(产业商标亦称工业商标、商业商标亦称销售商标)、服务商标、集体商标和无主商标(由于某种原因,商标注册人已经不存在了,该商标即为无主商标)。

(3)按用途分:可分为营业商标(厂标、店标等)、证明商标、等级商标、组集商标(几个商标一组一次注册)、亲族商标(派生商标,如"KOBACHROME""KOBAGRAPH"等)、备用商标(储藏商标、副标)、防御商标(我国无明确规定)和联合商标(在相同或类似商品上注册的几个相同或者近似的商标)。

## 2. 商标权的主客体

1)商标权的主体

商标权主体又称商标权人,是指依法享有商标权的自然人、法人或者其他组织,包括商标权的原始主体和继受主体。原始主体是指商标注册人,继受主体是指依法通过注册商标的转让或者移转取得商标权的自然人、法人或者其他组织。

2）商标权的客体

商标权的客体是与商标权主体相对应的概念，是指法律对商标权所保护的具体对象，是商标权的物化载体即商标。

### 3．商标注册

1）商标注册的原则

（1）自愿注册原则和强制注册原则相结合。在采取自愿注册原则的同时，国家对直接关系到公民身体健康的商品实行强制注册。例如：

① 人用药品，包括中成药、化学原料药及其制剂、抗生素、生化药品、放射性药品、血清疫苗、血液制品和诊断药品；

② 烟草制品，包括卷烟、雪茄烟和有包装的烟丝。

（2）申请在先原则。两个或者两个以上的商标注册申请人，在同一种商品或者类似商品上，以相同或者近似的商标申请注册的，初步审定并公告申请在先的商标。

（3）一类商品、一个商标、一份申请原则。我国商标注册申请采用"一类商品、一个商标、一份申请"的原则。

（4）优先权原则。对在我国申请商标注册的《巴黎公约》成员国的申请人，依照条约或协议享有优先权。成员国的国民在任何一个成员国内提出商标注册申请，自该申请提出之日起 6 个月内，如果再向其他成员国提出同样的商标注册申请，可将其首次申请日作为有效申请日，享受优先权。

### 案例 9-6

某厂研制了一种白酒，经鉴定，各项指标都符合标准，用户对其评价也较高。为了批量生产，该厂对该酒设计了一种名为"卵苔"的商标，向商标局申请注册。商标局依法进行了初步审定，并发出了公告。23 天后，卯台酒厂对该酒的商标提出异议，认为该商品商标的名字从字形、字义和发音上都与"卯台"相似，而且其商标设计图案均与"卯台"相近似，要求商标局不予注册。

请问：

（1）卯台酒厂的意见是否正确？

（2）商标局应如何处理某厂的商标注册申请？

【分析】

（1）卯台酒厂的意见是合法的，应予支持。按照《商标法》有关规定，商标使用的文字、图形或其组合，应当有显著特征，便于识别。该酒厂生产的"卵苔"酒，名称和发音与"卯台"相近似，其图案也与卯台酒的商标相似，没有显著特征，让人难以识别。因此，卯台酒厂提出异议是正确的。

（2）商标局应根据前述分析，依法驳回该酒厂的商标注册申请。

2）申请注册商标的条件

（1）申请注册的商标，应当有显著特征，便于识别，并不得与他人在先取得的合法权利相冲突。

（2）商标不得使用下列标志：

① 同中华人民共和国的国家名称、国旗、国徽、军旗、勋章相同或近似的，同中央国家机关所在地特定地点的名称或者标志性建筑物的名称、图形相同的；

② 同外国的国家名称、国旗、国徽、军旗、勋章相同或近似的，但该国政府同意的除外；

③ 同政府间国际组织的名称、旗帜、徽记相同或近似的，但经该组织同意或者不易误导公众的除外；

④ 与表明实施控制、予以保证的官方标志、检验印记相同或者近似的，但经授权的除外；

⑤ 同"红十字""红新月"的名称、标志相同或近似的；

⑥ 带有民族歧视的；

⑦ 夸大宣传并带有欺骗性的；

⑧ 有害于社会主义道德风尚或者有其他不良影响的；

⑨ 县级以上行政区划的地名或者公众知晓的外国地名，不得作为商标。但是地名具有其他含义或者作为集体商标、证明商标组成部分的除外；已经注册的使用地名的商标继续有效。

（3）下列标志不得作为商标注册：

① 仅有本商品的通用名称、图形、型号的；

② 仅仅直接表示商品的质量、主要原料、功能、用途、重量、数量及其他特点的；

③ 缺乏显著特征的。前款所列标志经过使用取得显著特征，并便于识别的，可以作为商标注册。

3）商标注册程序

（1）注册申请。注册申请人应亲自或者委托商标代理机构到商标注册机关查询商标是否注册，并依公布的商品分类表按类申请，每件商标注册申请应交送商标注册申请书 1 份，商标图样 10 份（彩色色样图）、黑白稿一份。

（2）商标注册的审查和核准。申请注册的商标，凡符合《商标法》有关规定的，由商标局初步审定，予以公告。凡不符合《商标法》有关规定或者同他人在同一种商品或者类似商品上已经注册的或者初步审定的商标相同或者近似的，由商标局驳回申请，不予公告。对初步审定的商标，自公告之日起 3 个月内，任何人均可以提出异议。公告期满无异议的，予以核准注册，发给商标注册证，并予公告。申请商标注册不得损害他人现有的在先权利，也不得以不正当手段抢先注册他人已经使用并有一定影响的商标。对驳回申请、不予公告的商标，商标局应当书面通知商标注册申请人。申请人不服的，可以自收到驳回通知书之日起 15 日内向商标评审委员会申请复审，由商标评审委员会作出复审决定，并书面通知申请人。当事人对商标评审委员会的裁定不服的，可以自收到通知之日起 30 日内向人民法院起诉。对初步审定、予以公告的商标提出异议的，商标局应当听取异议人和被异议人陈述事实和理由，经调查核实后，做出裁定。当事人不服的，可以自收到通知之日起 15 日内向商标评审委员会申请复审，由商标评审委员会做出裁定，并书面通知异议人和被异议人。当事人对商标评审委员会的裁定不服的，可以自收到通知之日起 30 日内向人民

法院起诉。人民法院应当通知商标复审程序的对方当事人作为第三人参加诉讼。当事人在法定期限内对商标局做出的裁定不申请复审或者对商标评审委员会做出的裁定不向人民法院起诉的，裁定生效。经裁定异议不能成立的，予以核准注册，发给商标注册证，并予公告；经裁定异议成立的，不予核准注册。经裁定异议不能成立而核准注册的，商标注册申请人取得商标专用权的时间自初审公告 3 个月期满之日起计算。商标注册申请人或者注册人发现商标申请文件或者注册文件有明显错误的，可以申请更正。商标局依法在其职权范围内做出更正，并通知当事人，但更正错误不涉及商标申请文件或者注册文件的实质性内容。

**4．商标权的内容**

商标权的内容，即商标权人的权利和义务。

1）商标权人的权利

（1）商标专用权。商标权人享有其注册商标的专用权，可以将其注册商标在核准的商品上使用。其他人未经许可，不得使用。

（2）商标转让权。商标权人有权将其注册商标有偿转让给其他单位或个人。转让注册商标时，转让人与受让人应共同向商标局提出申请，提交转让注册商标申请书，并交回原注册证。经商标局核准后，将原证发给受让人，并予以公告。

（3）许可使用权。商标权人可以通过签订商标使用许可合同，许可他人有偿使用其注册商标。被许可人享有该注册商标的使用权，许可人保留所有权。

（4）禁用权。商标权人有禁止他人未经许可而使用其注册商标或使用与之相混同的商标的权利。他人未经许可不得在同一种商品或类似商品上使用该注册商标或相近似的商标，否则构成侵权。

2）商标权人的义务

（1）使用注册商标的义务。使用注册商标的，应当标明"注册商标"或者注册标记。连续 3 年停止使用注册商标的，商标局可撤销其注册商标。

（2）确保商标质量的义务。商标权人、受让人、被许可使用人应当保证使用注册商标的商品质量。商标使用许可人对被许可人使用其注册商标的商品质量负有监督义务。

（3）依法缴费的义务。依法缴纳申请费、注册费和续展费等。

**5．注册商标的期限和续展**

注册商标的有效期为 10 年，自核准注册之日起计算。注册商标有效期满，需要继续使用的，应当在期满前 6 个月内申请续展注册；在此期间未能提出申请的，可以给予 6 个月的宽展期；宽展期满仍未提出申请的，注销其注册商标。每次续展注册的有效期为 10 年。续展注册经核准后，予以公告。

**6．注册商标专用权的保护**

1）商标侵权行为

注册商标的专用权以核准注册的商标和核定使用的商品为限。有下列行为之一的，属于侵犯注册商标专用权：

（1）未经商标注册人的许可，在同一种商品或者类似商品上使用与其注册商标相同或者近似的商标的；

（2）销售侵犯注册商标专用权的商品的；

（3）伪造、擅自制造他人注册商标标志或者销售伪造、擅自制造的注册商标标志的；

（4）未经商标注册人同意，更换其注册商标并将该更换商标的商品又投入市场的；

（5）给他人的注册商标专用权造成其他损害的。

### 案例9-7

2016年8月14日，A市工商局执法人员检查时，发现某电气设备有限公司销售的低压开关柜中所使用的控制与保护开关（总货值24万元、型号为KBO-45、KBO-125）涉嫌侵犯浙江某电器有限公司商标专用权。执法人员随即报请局长批准立案调查，并对涉嫌侵权的商品依法予以扣押之后委托浙江电器有限公司进行鉴定。2016年8月31日，该电器有限公司出具书面情况报告，认为上述商品侵犯了其注册商标专用权。

请问：A市工商局应如何处理？

【分析】

《商标法》第52条规定了"有下列行为之一的，均属侵犯注册商标专用权……（二）销售侵犯注册商标专用权的商品的"违法行为。为保障社会主义市场经济健康发展，依法保护知识产权，制止侵犯商标专用权行为，A市工商局认为，依据《商标法》第53条和《商标法实施条例》第52条的规定，对当事人某电气设备有限公司处罚如下：

①责令当事人立即停止侵权行为；②没收侵权商品66件；③罚款140000元。

2）商标专用权的法律保护

有上述所列侵犯注册商标专用权行为之一，引起纠纷的，由当事人协商解决；不愿协商或者协商不成的，商标权人或者利害关系人可以向人民法院起诉，也可以请求工商行政管理部门处理。工商行政管理部门处理时，认为侵权行为成立的，责令立即停止侵权行为，没收、销毁侵权商品和专门用于制造侵权商品、伪造注册商标标志的工具，并可处以罚款。当事人对处理决定不服的，可以自收到处理通知之日起15日内依照《中华人民共和国行政诉讼法》向人民法院起诉；侵权人期满不起诉又不履行的，工商行政管理部门可以向人民法院申请强制执行。进行处理的工商行政管理部门根据当事人的请求，可以就侵犯商标专用权的赔偿数额进行调解；调解不成的，当事人可以依照《中华人民共和国民事诉讼法》向人民法院起诉。对侵犯注册商标专用权的行为，工商行政管理部门有权依法查处；涉嫌犯罪的，应当及时移送司法机关依法处理。

### 案例 9-8

2015年，乡歌妮娜国际饭店管理有限公司（简称乡歌妮娜公司）总经理李某，向国家工商行政管理局投诉，反映广东省某公司开办了一家酒店，并于2013年12月27日注册了"某市乡歌妮娜大酒店"企业名称，现已建成开业，其行为侵犯了乡歌妮娜公司"乡歌妮娜"注册商标专用权。

请分析乡歌妮娜公司的投诉诉求。

【分析】

乡歌妮娜公司享有"乡歌妮娜"商标的专用权，但此案当事人在酒店服务经营中会涉及乡歌妮娜公司注册商标核定使用的商品商标。因此，即使乡歌妮娜公司无服务商标专用权，也可追究其侵犯商标权行为。同时，我国1985年加入了《保护工业产权巴黎公约》，承担着保护驰名商标的国际义务。在履行国际公约应尽的相关义务时，扩大了"乡歌妮娜"商品和服务商标专用权的保护范围，这为地方工商行政管理机关在企业名称上保护注册商标专用权奠定了基础。

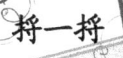

本模块要点主要有工业产权的特征；专利、专利制度、专利权的客体、授予专利权的条件、专利申请、审批、专利权实施和侵权；商标，商标权和商标法，商标权的主体、客体和内容，商标侵权及商标法律保护。

## 练习与自测

### 一、单项选择题

1. A公司与B公司合作开发一种新式家用空气调节器，双方各自指派甲和乙从事研制工作。新产品研制成功后，A公司和B公司决定申请实用新型专利。在填写申请文件时，发明人栏应填写（　　）。
   A．A公司和B公司的名称
   B．甲和乙的姓名
   C．A公司和B公司的名称或者甲和乙的姓名
   D．A公司和B公司的名称及甲和乙的姓名

2. 根据《专利法》的规定，下列各项中，不能成为专利申请人的是（　　）。
   A．工作人员退休后1年内所完成的，与其在原单位承担的本职工作有关的发明创造
   B．职务发明创造的单位
   C．发明人的合法继承人
   D．完成发明创造的无民事行为能力人

3. 申请专利的发明和实用新型在法定期限内，参加中国政府主办的国际展览会上首次展

出,不丧失新颖性。该法定期限是（　　）。

  A．申请日以前的 2 个月内  B．申请日以前的 3 个月内

  C．申请日以前的 5 个月内  D．申请日以前的 6 个月内

4．某国有独资企业技术科的技术人员张某,经过长年的技术攻关,发明了一套能够大幅度提高现有机器运行效率的辅助设备,并取得了专利权。根据规定,该企业对其给予的奖金应不低于（　　）。

  A．5000 元  B．3000 元  C．500 元  D．1000 元

5．根据《专利法》的有关规定,被宣告无效的专利权,其效力（　　）。

  A．自作出宣告无效之日起不存在

  B．自被申请无效宣告之日起不存在

  C．自公告专利权无效之日起不存在

  D．视为自始不存在

6．根据规定,确定外观设计专利保护范围的根据是（　　）。

  A．说明书  B．图片或照片

  C．实物模型或样品  D．说明书加图片或照片

7．为创造自己的品牌,某蛋糕店注册了"好心情"商标,根据商标的用途,该商标的性质属于（　　）。

  A．服务商标  B．商品商标  C．防御商标  D．驰名商标

8．按照我国《商标法》的规定,以下选项中不能作为商标使用的是（　　）。

  A．颜色组合  B．气味  C．数字  D．三维标志

9．某公司于 2015 年 12 月 10 日申请注册"天虹"商标,2016 年 6 月 20 日该商标被核准注册。根据《商标法》的规定,该公司第一次申请"天虹"商标续展注册的最后期限应为（　　）。

  A．2016 年 4 月 10 日  B．2016 年 5 月 10 日

  C．2016 年 12 月 20 日  D．2016 年 5 月 20 日

10．下列选项对注册商标使用许可的叙述中,不正确的是（　　）。

  A．商标许可人应当监督被许可人使用其注册商标的商品质量

  B．被许可人应当保证使用该注册商标的商品质量

  C．经许可使用他人注册商标的,必在使用该注册商标的商品上标明许可人的名称和商品产地

  D．商标使用许可合同应当报商标局备案

## 二、多项选择题

1．根据专利法律制度的规定,下列各项中,不能授予专利权的有（　　）。

  A．医疗器械  B．主要起标志作用的平面设计

  C．动植物新品种的培育方法  D．智力活动的规则

2．商标获得注册后,下列事项发生变化时,当事人应当提出变更申请的有（　　）。

  A．商标图形  B．商标文字  C．注册人名义  D．注册人地址

3．下列使用注册商标的行为中,应当由商标局责令限期改正或者撤销其注册商标的有

（　　）。
- A．自行改变注册商标
- B．自行改变注册商标的注册人地址
- C．自行转让注册商标
- D．连续 2 年停止使用

4．根据《商标法》的规定，下列选项中，不得作为注册商标的有（　　）。
- A．缺乏显著特征
- B．仅仅直接标示商品主要原料
- C．动物名称
- D．与"红十字"标志近似标志

5．下列不视为专利侵权行为的有（　　）。
- A．在实验室里为科研目的使用专利
- B．销售未经专利权人许可制造并出售的产品
- C．在商品外包装上印上他人的专利号
- D．经专利权人许可而制造专利产品

6．国家专利行政部门给予某工厂某项发明专利以实施强制许可。下列关于该工厂使用该专利发明的表述正确的有（　　）。
- A．该工厂可以不向专利权人支付使用费
- B．该工厂应当在产品上注明专利权人
- C．该工厂不得许可他人使用该专利
- D．该工厂可以许可他人使用该专利，但应向专利权人补偿合理的使用费

7．下列选项中属于我国《专利法》规定不授予专利权的发明创造是（　　）。
- A．动物新品种
- B．新烹饪调料
- C．高血压治疗新方法
- D．超导新技术

8．专利权的初步审查又称形式审查，初步审查的事项有（　　）。
- A．申请文件
- B．新颖性
- C．主体资格
- D．创造性

9．外观设计是指对产品某些方面所作出的富有美感并适于工业上应用的新设计。这包括（　　）。
- A．形状
- B．构造
- C．图案
- D．色彩

10．下面有关发明人的说法中，错误的是（　　）。
- A．发明人是对发明创造的实质性特点作出创造性贡献的人
- B．发明人或设计人为自然人或者法人
- C．发明人或者设计人应当是具有完全民事行为能力人
- D．专利申请人必须是发明人或创造人

## 三、案例分析题

张先生是甲公司的销售经理，业余时间喜好在家进行新产品的研发，研发过程中，他自筹资金购买设备、原材料。经过长年研究，张先生研发出一种新产品，准备在国内外同时申请发明专利。甲公司认为张先生是其公司的销售经理，在职期间研发的新产品属于职务发明创造，因而应由甲公司享有专利申请权。张先生则认为自己研制的新产品属于非职务发明创造，自己当然是专利权人。为此，张先生的朋友李某建议他尽快去申请专利，认为一旦获得

了专利权，就可以永久享有，任何人都不得侵犯。张先生就国内外同时申请专利的问题咨询王律师，王律师认为，由于中国和张先生拟递交专利申请的国家都是《保护工业产权巴黎公约》的缔约国，因此建议张先生先在国内申请，再于12个月内，选择合适的时间到外国申请。

请问：

（1）甲公司认为张先生研发的新产品属于职务发明创造的看法是否正确？说明理由。

（2）张先生研发的新产品发明创造的专利申请权人是谁？说明理由。

（3）李某的建议是否正确？说明理由。

（4）王律师的建议是否合理？说明理由。

**法律名言：**

世界上唯有两样东西能让我们的内心受到深深的震撼，一是我们头顶上灿烂的星空，一是我们内心崇高的道德法则。

——[德]康德

# 第十章　市场管理法

> 人类社会发展伴随着公平与效率这一永恒主题。社会发展，既不可能没有效率，也不可能没有公平。现阶段我国市场规制立法还不完善，执法不严，市场机制不能充分发挥作用，必须尽快完善立法，尊重市场规律，改变管理模式，只有这样才能促进经济社会良性运行和协调发展，提高效率、维护公平。

*[关 键 词]*

产品质量法概述、消费者权益保护法概述、反不正当竞争法概述

*[学习目标]*

通过学习，能解决以下问题：

- 什么是产品质量法？
- 产品质量法律责任如何判定？
- 什么是消费者权利和经营者义务？
- 什么是反不正当竞争法？
- 不正当竞争行为的法律责任有哪些？
- 什么是产品质量的监督机制？
- 什么是消费者权益保护法？
- 违反消费者权益的法律责任有哪些？
- 不正当竞争行为有哪些？

# 第一节 产品质量法概述

**案例 10-1**

吴某于 2015 年 9 月从市场买回一只高压锅,使用初期,高压锅能正常使用,未出现异常。2016 年 10 月 7 日,当吴某做饭时,高压锅发生爆炸,锅盖飞起,天花板被冲裂,玻璃震碎,放在橱柜上的微波炉也因此损坏。事故发生后,吴某找高压锅的生产厂家要求赔偿,该厂提出,吴某购买的高压锅已经使用一年多了,早已过了保修期,因此厂家不负任何责任。吴某与该厂交涉多次无果,遂向人民法院提起诉讼,要求该厂赔偿损失计 5000 元。

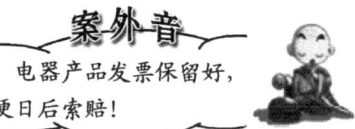
电器产品发票保留好,以便日后索赔!

请问:

(1)厂家以保修期已过为由拒绝承担责任的理由能否成立,为什么?

(2)吴某应在什么期限内提起诉讼,人民法院是否应当受理吴某的诉讼?

【分析】

(1)厂家的理由不能成立。因为保修期的约定只是说明厂家提供给消费者免费修理其产品的期限,但这并不意味着消费者丧失了请求法院保护的权利,二者之间没有必然的联系。只要在法律规定的期限内主张自己的合法权益,都是有效的。

(2)《产品质量法》规定,因产品存在缺陷要求赔偿的诉讼时效期间为 2 年,从当事人知道或者应当知道其权益受到损害时起计算。因产品存在缺陷造成损害,要求赔偿的请求权,在造成损害的缺陷产品交付最初消费者满 10 年丧失。本案中,吴某使用高压锅仅一年多,并且在发生事故后马上与厂家联系,后交涉无果,才诉诸法院,其行为完全符合法律规定的诉讼时效。因此,法院应当判决由厂家赔偿其全部损失。

什么是产品?《产品质量法》是关于什么的法律规定?

### 1. 产品质量法的定义

产品质量法所称产品是指经过加工、制作,用于销售的产品。建设工程不适用本法规定,但是,建设工程使用的建筑材料、建筑构配件和设备,属于前款规定的产品范围的,适用本法规定。产品质量是指产品所应具有的、符合人们需要的各种特征和特征的总和,如适用性、安全性、可靠性、可维修性、经济性等。产品质量法是调整在生产、流通和消费过程中因产品质量所发生的经济关系的法律规范的总称。一般包括关于产品质量义务、产品质量监督管理、产品质量责任及处理质量争议等方面的法律规定。

### 2. 产品质量监督管理体制

(1)国务院产品质量监督部门主管全国产品质量监督工作。

(2)县级以上地方产品质量监督部门主管本行政区域内的产品质量监督工作。

### 3. 产品质量监督管理制度

1）产品质量检验制度

产品质量应当检验合格，不得以不合格产品冒充合格产品。

2）产品质量标准化制度

可能危及人体健康和人身、财产安全的工业产品，必须符合保障人体健康和人身、财产安全的国家标准、行业标准；未制定国家标准、行业标准的，必须符合保障人体健康和人身、财产安全的要求。

3）企业质量体系认证制度

国家根据国际通用的质量管理标准，推行企业质量体系认证制度。经认证合格的，由认证机构颁发企业质量体系认证证书。

ISO9000 和 ISO14000 标准是 ISO（国际标准认证）颁布的关于质量管理和环境管理方面的系列标准，其质量认证原理被世界贸易组织普遍接受。1994 年我国宣布等同采用。

4）产品质量认证制度

国家参照国际先进的产品标准和技术要求，推行产品质量认证制度。经认证合格的，由认证机构颁发产品质量认证证书，准许企业在产品或者其包装上使用产品质量认证标志。

5）产品质量监督检查制度

国家对产品质量实行以抽查为主要方式的监督检查制度，对可能危及人体健康和人身、财产安全的产品，影响国计民生的重要工业产品，以及消费者、有关组织反映有质量问题的产品进行抽查。抽查的样品应当在市场上或者企业成品仓库内的待销产品中随机抽取。监督抽查工作由国务院产品质量监督部门规划和组织。县级以上地方产品质量监督部门在本行政区域内也可以组织监督抽查。国家监督抽查的产品，地方不得另行重复抽查；上级监督抽查的产品，下级不得另行重复抽查。生产者、销售者对抽查检验的结果有异议的，可以自收到检验结果之日起 15 日内向实施监督抽查的产品质量监督部门或者其上级产品质量监督部门申请复检，由受理复检的产品质量监督部门作出复检结论。

6）社会团体和消费者监督

保护消费者权益的社会组织可以就消费者反映的产品质量问题建议有关部门负责处理，支持消费者对因产品质量造成的损害向人民法院起诉；消费者有权就产品质量问题，向产品的生产者、销售者查询；向产品质量监督部门、工商行政管理部门及有关部门申诉，接受申诉的部门应当负责处理。

### 4. 生产者、销售者的产品质量义务

1）生产者承担的产品质量义务

（1）不存在危及人身、财产安全的不合理的危险，有保障人体健康和人身、财产安全的

国家标准、行业标准的,应当符合该标准。

(2) 具备产品应当具备的使用性能,但是,对产品存在使用性能的瑕疵作出说明的除外。

(3) 符合在产品或者其包装上注明采用的产品标准,符合以产品说明、实物样品等方式表明的质量状况。

2) 标识符合法定要求

(1) 有产品质量检查合格证明。

(2) 有中文标明的产品名称、生产厂家的厂名和地址。

(3) 根据产品的特点和使用要求,需要标明产品规格、等级、所含主要成分的名称和含量的,应予以标明。需要事先让消费者知晓的,应当在外包装上标明,或者预先向消费者提供有关资料。

(4) 限期使用的产品,应当在显著位置清晰地标明生产日期和安全使用期或者失效日期。

(5) 使用不当,容易造成产品本身损坏或者可能危及人身、财产安全的产品,有警示标志或者中文警示说明。

(6) 裸装的食品和其他根据产品的特点难以附加标志的裸装产品,可以不附加产品标志。

3) 不得违反有关的禁止性规定

(1) 生产者不得生产国家明令淘汰的产品。

(2) 生产者不得伪造产地,不得伪造或者冒用他人的厂名、厂址。

(3) 生产者不得伪造或者冒用认证标志、名优标志等质量标志。

(4) 生产者生产产品,不得掺杂、掺假,不得以假充真、以次充好,不得以不合格产品冒充合格产品。

4) 销售者的产品质量义务

(1) 销售者应当建立并执行进货检查验收制度,验明产品合格证明及其他标志。

(2) 销售者应当采取措施,保持销售产品的质量。

(3) 销售者不得销售国家明令淘汰并停止销售的产品和失效、变质的产品。

(4) 销售者销售的产品的标志应当符合《产品质量法》第 27 条的规定。

(5) 销售者不得伪造产地,不得伪造或者冒用他人的厂名、厂址。

(6) 销售者不得伪造或者冒用认证标志等质量标志。

(7) 销售者销售产品,不得掺杂、掺假,不得以假充真、以次充好,不得以不合格产品冒充合格产品。

### 5. 违反产品质量的法律责任

1) 产品责任

产品责任是指生产者和销售者因其生产或销售的产品有缺陷,造成用户、消费者或其他人人身和财产损害而应承担的损害赔偿责任。它显然属于民事责任的性质。构成要件包括:

(1) 生产或销售的产品存在缺陷。这里的缺陷是指产品存在危及人身、财产安全的不合理的危险,产品缺陷包括设计上

的缺陷、制造上的缺陷和指示上的缺陷。

（2）必须有用户、消费者遭受人身伤亡或财产损失的事实。

（3）产品缺陷与损害事实之间有因果关系。

2）产品责任的具体规定

（1）售出的产品有下列情形之一的，销售者应当负责修理、更换、退货；给购买产品的消费者造成损失的，销售者应当赔偿损失：不具备产品应当具备的使用性能而事先未作说明的；不符合在产品或者其包装上注明采用的产品标准的；不符合以产品说明、实物样品等方式表明的质量状况的。负责修理、更换、退货、赔偿损失后，属于生产者的责任或者属于向销售者提供产品的其他销售者（以下简称供货者）的责任的，销售者有权向生产者、供货者追偿。销售者未按照第一款规定给予修理、更换、退货或者赔偿损失的，由产品质量监督部门或者工商行政管理部门责令改正。

（2）因产品存在缺陷造成人身、缺陷产品以外的其他财产（以下简称他人财产）损害的，生产者应当承担赔偿责任。生产者能够证明有下列情形之一的，不承担赔偿责任：未将产品投入流通的；产品投入流通时，引起损害的缺陷尚不存在的；将产品投入流通时的科学技术水平尚不能发现缺陷的存在的。

（3）由于销售者的过错使产品存在缺陷，造成人身、他人财产损害的，销售者应当承担赔偿责任；销售者不能指明缺陷产品的生产者，也不能指明缺陷产品的供货者的，销售者应当承担赔偿责任；因产品存在缺陷造成人身、他人财产损害的，受害人可以向产品的生产者要求赔偿，也可以向产品的销售者要求赔偿。属于产品的生产者的责任，产品的销售者赔偿的，产品的销售者有权向产品的生产者追偿。属于产品的销售者的责任，产品的生产者赔偿的，产品的生产者有权向产品的销售者追偿。

3）赔偿范围

因产品存在缺陷造成受害人人身伤害的，侵害人应当赔偿医疗费、治疗期间的护理费、因误工减少的收入等费用；造成残疾的，还应当支付残疾者生活补助费、残疾赔偿金，以及由其抚养的人所必需的生活费等费用；造成受害人死亡的，并应当支付丧葬费、死亡赔偿金，以及由死者生前抚养的人所必需的生活费等费用。因产品存在缺陷造成受害人财产损失的，侵害人应当恢复原状或者折价赔偿。受害人因此遭受其他重大损失的，侵害人应当赔偿损失。

4）诉讼时效

因产品存在缺陷造成损害，要求赔偿的诉讼时效期间为2年，自当事人知道或者应当知道其权益受到损害时起计算。因产品存在缺陷造成损害要求赔偿的请求权，在造成损害的缺陷产品交付最初消费者满10年丧失；但是，尚未超过明示的安全使用期的除外。

5）民事责任的解决

因产品质量发生民事纠纷时，当事人可以通过协商或者调解解决。当事人不愿通过协商、调解解决或者协商、调解不成的，可以根据当事人各方的协议向仲裁机构申请仲裁；当事人各方没有达成仲裁协议或者仲裁协议无效的，可以直接向人民法院起诉。

> **知识链接**
> 
> 产品质量法律责任分为民事责任、行政责任、刑事责任。三者是以产品的质量是否符合保障人体健康、人身、财产安全的国家标准、行业标准的程度来划分的。

# 第二节 消费者权益保护法概述

**案例 10-2**

李某买了一台40英寸的彩电,李某将其拉回家后,其父大发脾气,坚决要李某退掉彩电。李某嫌退货麻烦,就与邻居王某协商,将彩电原价转让给了王某。王某付款后将彩电拉回家,看了一个星期左右,彩电发生了爆炸,正巧李某在场,左眼被炸伤,王某的脸部被炸伤。王某认为,李某卖给自己的彩电质量有问题,自己脸部被炸伤的医疗费、整容费等费用应由李某赔偿。李某认为,彩电的所有权已经转移,王某的彩电炸伤了自己的左眼,王某应赔偿医疗费、残疾人补助金等费用。双方各执一词,争论不休。

请问:

(1)此案的受害人应向谁索赔?

(2)法律根据是什么?

【分析】

(1)此案的受害人王某和李某应当向销售彩电的商店或生产厂家索赔。

(2)《消费者权益保护法》规定,消费者或者其他受害人因商品缺陷造成人身、财产损害的,可以向销售者要求赔偿,也可以向生产者要求赔偿。根据上述规定,受害人享有向销售者或者生产者请求赔偿的权利。但这里的生产者和销售者均具有特定含义。产品的销售者是指从事产品销售活动从而获得商业利润的单位或者个人。本案中,李某不具有法律所规定的销售者的主体资格,因而也不应该承担销售者所应承担的责任。也就是说,王某不能向李某索赔,同时,李某也不能向王某索赔。彩电虽然是王某的,但并不是王某实施侵权行为致李某受伤,彩电爆炸属产品责任,李某和王某应向销售彩电的商店或生产厂家要求赔偿。

## 1. 消费者权益保护法的定义

1)消费者的定义

消费者是指为生活消费需要而购买、使用商品或者接受服务的人。

2)消费者权益保护法的定义

消费者权益保护法是指调整在保护消费者权益过程中发生的经济关系的法律规范的总称。

什么是消费者?什么是消费者权益保护法?

### 2. 消费者权益保护法适用范围

（1）消费者为生活消费需要购买、使用商品或者接受服务，其权益受该法保护。

（2）经营者为消费者提供其生产、销售的商品或者服务，应当遵守该法。

（3）农民购买、使用直接用于农业生产的生产资料的消费活动，应参照该法执行。

### 3. 消费者的权利和经营者的义务

1）消费者的权利

（1）安全保障权。在购买、使用商品和接受服务时享有人身、财产安全不受损害的权利。

（2）知悉真情权。知悉其购买、使用的商品或者接受的服务的真实情况的权利。

（3）自主选择权。享有自主选择商品或者服务的权利。

（4）公平交易权。有权拒绝经营者的强制交易行为。

（5）依法求偿权。因购买、使用商品或者接受服务受到人身、财产损害的，享有依法获得赔偿的权利。

（6）结社权。享有依法成立维护自身合法权益的社会团体的权利。

（7）获得相关知识权。享有获得有关消费和消费者权益保护方面的知识的权利。

（8）受尊重权。在购买、使用商品和接受服务时，享有其人格尊严、民族风俗习惯得到尊重的权利。

（9）监督权。有权检举、控告侵害消费者权益的行为和国家机关及其工作人员在保护消费者权益工作中的违法失职行为，有权对保护消费者权益工作提出批评、建议。

2）经营者的义务

（1）履行法定或者约定的义务。经营者向消费者提供商品或者服务，应当仿照《中华人民共和国产品质量法》和其他有关法律、法规的规定履行义务。但双方的约定不得违背法律、法规的规定。

（2）听取意见和接受监督的义务。经营者应当听取消费者对其提供的商品或者服务的意见，接受消费者的监督。

（3）提供安全商品和安全服务的义务。经营者应当保证其提供的商品或者服务符合保障人身、财产安全的要求。

（4）提供真实信息的义务。经营者应当向消费者提供有关商品或者服务的真实信息，不得做引人误解的虚假宣传。

（5）标明商品的真实名称和标记的义务。经营者应当标明其真实名称和标记。租赁他人柜台或者场地的经营者，应当标明其真实名称和标记。

（6）出具购货凭证或者服务单据的义务。

（7）保证质量的义务。经营者应当保证在正常使用商品或者接受服务的情况下其提供的商品或者服务应当具有的质量、性能、用途和有效期限；但消费者在购买该商品或者接受该服务前已经知道其存在瑕疵的除外。

（8）履行"三包"的义务。按照国家规定或者与消费者的约定，承担包修、包换、包退或者其他责任的，应当按照国家规定或者约定履行，不得故意拖延或者无理拒绝。

（9）不得以格式合同等损害消费者合法权益的义务。

（10）不得侵犯消费者人格权的义务。经营者不得对消费者进行侮辱、诽谤，不得搜查消费者的身体及其携带的物品，不得侵犯消费者的人身自由。

### 4．国家和社会对消费者合法权益的保护

1）国家对消费者合法权益的保护

（1）国家在制定有关消费者权益的法律、法规和政策时，应当听取消费者的意见和要求。

（2）各级人民政府应当加强监督，预防危害消费者人身、财产安全行为的发生，及时制止危害消费者人身、财产安全的行为。

（3）各级人民政府工商行政管理部门和其他有关行政部门应当依照法律、法规的规定，在各自的职责范围内，采取措施，保护消费者的合法权益。

（4）有关国家机关应当依照法律、法规的规定，惩处经营者在提供商品和服务中侵害消费者合法权益的违法犯罪行为。

（5）人民法院应当采取措施，方便消费者提起诉讼。对符合起诉条件的消费者权益争议，必须受理，并及时审理。

2）社会对消费者合法权益的保护

消费者协会履行下列职能：

（1）向消费者提供消费信息和咨询服务；

（2）参与有关行政部门对商品和服务的监督、检查；

（3）向有关行政部门反映、查询有关消费者合法权益的问题，并提出建议；

（4）受理消费者的投诉，并对投诉事项进行调查、调解；

（5）投诉事项涉及商品和服务质量问题的，可以提请鉴定部门鉴定，鉴定部门应当告知鉴定结论；

（6）支持受损害的消费者就损害消费者合法权益的行为提起诉讼；

（7）对损害消费者合法权益的行为，通过大众传播媒介予以揭露、批评。

### 5．违反消费者权益的法律责任

1）争议的解决方式

（1）消费者与经营者之间发生消费者权益争议时，可以通过下列途径解决：

① 与经营者协商和解。

② 请求消费者协会调解。

③ 向有关行政部门申诉。

④ 根据与经营者达成的仲裁协议提请仲裁机构仲裁。

⑤ 向人民法院提起诉讼。

（2）承担损害赔偿责任的主体。

① 消费者购买、使用商品时，其合法权益受到损害的，可以向销售者要求赔偿。销售者

赔偿后，属于生产者的责任或者属于向销售者提供商品的其他销售者的责任的，销售者有权向生产者或者其他销售者追偿。

② 消费者或者其他受害人因商品缺陷造成人身、财产损害的，可以向销售者要求赔偿，也可以向生产者要求赔偿。属于生产者责任的，销售者赔偿后，有权向生产者追偿。属于销售者责任的，生产者赔偿后，有权向销售者追偿。

③ 消费者在接受服务时，其合法权益受到损害的，可以向提供服务者要求赔偿。

④ 消费者在购买、使用商品或者接受服务时，其合法权益受到损害，因原企业分立、合并的，可以向变更后承受其权利义务的企业要求赔偿。

⑤ 使用他人营业执照的违法经营者提供商品或者服务，损害消费者合法权益的，消费者可以向其要求赔偿，也可以向营业执照的持有人要求赔偿。

⑥ 消费者在展销会、租赁柜台购买商品或者接受服务，其合法权益受到损害的，可以向销售者或者服务者要求赔偿。展销会结束或者柜台租赁期满后，也可以向展销会的举办者、柜台的出租者要求赔偿。展销会的举办者、柜台的出租者赔偿后，有权向销售者或者服务者追偿。

⑦ 消费者因经营者利用虚假广告提供商品或者服务，损害其合法权益的，可以向经营者要求赔偿。广告的经营者发布虚假广告的，消费者可以请求行政主管部门予以惩处。广告的经营者不能提供经营者的真实名称、地址的，应当承担赔偿责任。

2）民事责任

（1）经营者提供商品或者服务有下列情况之一的，除本法另有规定外，应依照《中华人民共和国产品质量法》和其他有关法律、法规的规定，承担民事责任：商品存在缺陷的；不具备商品应当具备的使用性能而出售时未作说明的；不符合在商品或者其包装上注明采用的商品标准的；不符合以商品说明、实物样品等方式表明的质量状况的；生产国家明令淘汰的商品或者销售失效、变质的商品的；销售的商品数量不足的；服务的内容和费用违反约定的；对消费者提出的修理、重做、更换、退货、补足商品数量、退还货款和服务费用或者赔偿损失的要求，故意拖延或者无理拒绝的；法律、法规规定的其他损害消费者权益的情形。

> 售出的产品有下列情形之一的，销售者应当负责修理、更换、退货（"三包"）；给购买产品的消费者造成损失的，销售者应当赔偿损失：
> （1）不具备产品应当具备的使用性能而事先未作说明的。
> （2）不符合在产品或者其包装上注明采用的产品标准的。
> （3）不符合以产品说明、实物样品等方式表明的质量状况的。上述规定适用于一般产品质量的"三包"规定。

（2）责任范围。

① 经营者提供商品或者服务，造成消费者或者其他受害人人身伤害的，应当支付医疗费、治疗期间的护理费、因误工减少的收入等费用；造成残疾的，还应当支付残疾者生活自助具

费、生活补助费、残疾赔偿金，以及由其抚养的人所必需的生活费等费用。构成犯罪的，依法追究刑事责任。

② 经营者提供商品或者服务，造成消费者或者其他受害人死亡的，应当支付丧葬费、死亡赔偿金，以及由死者生前抚养的人所必需的生活费等费用。构成犯罪的，依法追究刑事责任。

③ 经营者违反《消费者权益保护法》第25条规定，侵害消费者的人格尊严或者侵犯消费者人身自由的，应当停止侵害、恢复名誉、消除影响、赔礼道歉，并赔偿损失。

④ 经营者提供商品或者服务，造成消费者财产损害的，应当按照消费者的要求，以修理、重做、更换、退货、补足商品数量、退还货款和服务费用或者赔偿损失等方式承担民事责任。消费者与经营者另有约定的，按照约定履行。国家规定或者经营者与消费者约定包修、包换、包退的商品，经营者应当负责修理、更换或者退货，在保修期内两次修理仍不能正常使用的，经营者应当负责更换或者退货。对包修、包换、包退的大件商品，消费者要求经营者修理、更换、退货的，经营者应当承担运输等合理费用。

⑤ 经营者以邮购方式提供商品的，应当按照约定提供。否则，应当按照消费者的要求履行约定或者退回货款，并应当承担消费者必须支付的合理费用。

⑥ 经营者以预收款方式提供商品或者服务的，应当按照约定提供。未按照约定提供的，应当按照消费者的要求履行约定或者退回预付款，并应当承担预付款的利息、消费者必须支付的合理费用。

⑦ 依法经有关行政部门认定为不合格的商品，消费者要求退货的，经营者应当负责退货。

⑧ 经营者提供商品或者服务有欺诈行为的，应当按照消费者的要求增加赔偿其受到的损失，增加赔偿的金额为消费者购买商品的价款或者接受服务的费用的1倍。

3）行政责任

（1）经营者有下列情形之一，《中华人民共和国产品质量法》和其他有关法律、法规对处罚机关和处罚方式有规定的，依照法律、法规的规定执行；法律、法规未作规定的，由工商行政管理部门责令改正，可以根据情节单处或者并处警告、没收违法所得、处以违法所得1倍以上5倍以下的罚款，没有违法所得的，处以10000元以下的罚款；情节严重的，责令停业整顿、吊销营业执照：生产、销售的商品不符合保障人身、财产安全要求的；在商品中掺杂、掺假，以假充真、以次充好，或者以不合格商品冒充合格商品的；生产国家明令淘汰的商品或者销售失效、变质的商品的；伪造商品的产地，伪造或者冒用他人的厂名、厂址，伪造或者冒用认证标志、名优标志等质量标志的；销售的商品应当检验、检疫而未检验、检疫或者伪造检验、检疫结果的；对商品或者服务做引人误解的虚假宣传的；对消费者提出的修理、重做、更换、退货、补足商品数量、退还货款和服务费用或者赔偿损失的要求，故意拖延或者无理拒绝的；侵害消费者人格尊严或者侵犯消费者人身自由的；法律、法规规定的对损害消费者权益应当予以处罚的其他情形。经营者对行政处罚决定不服的，可以自收到处罚决定之日起15日内向上一级机关申请复议，对复议决定不服的，可以自收到复议决定书之日起15日内向人民法院提起诉讼；也可以直接向人民法院提起诉讼。

（2）拒绝、阻碍有关行政部门工作人员依法执行职务，未使用暴力、威胁方法的，由公安机关依照《中华人民共和国治安管理处罚条例》的规定处罚。

（3）国家机关工作人员玩忽职守或者包庇经营者侵害消费者合法权益，未构成犯罪的，由其所在单位或者上级机关给予行政处分。

4）刑事责任

（1）经营者提供商品或者服务，造成消费者或者其他受害人人身伤害，构成犯罪的，依法追究刑事责任。

（2）经营者提供商品或者服务，造成消费者或者其他受害人死亡，构成犯罪的，依法追究刑事责任。

（3）以暴力、威胁等方法阻碍有关行政部门工作人员依法执行职务的，依法追究刑事责任。

（4）国家机关工作人员玩忽职守或者包庇经营者侵害消费者合法权益，情节严重的，依法追究刑事责任。

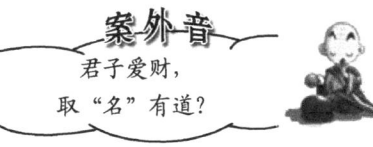
追究刑事责任的情形有哪些？

# 第三节　反不正当竞争法概述

**案例10-3**

2016年1月，张先生在中国互联网上注册域名为"www.爱××服饰.cn"的网站。

其内容显示主要为推销个人礼品、商务礼品、赠品、促销品等。爱××公司认为张先生的做法已侵犯其驰名商标专用权，遂诉至法院。

请问：法院如何审理此案？

**【分析】**

案外音：君子爱财，取"名"有道？

法院经终审认为爱××公司拥有的"爱××"商标，经过长时间在休闲服上使用，并且通过长时间持续的、多种方式的广告宣传，其产品销售网点遍布全国。该商标还获得一系列荣誉，为广大消费者及公众所认知。法院认定该商标为中国驰名商标，而驰名商标应当受到比普通商标更高水平的特殊保护或扩大保护。张先生注册的中文域名足以导致相关公众误认为该域名的持有者是爱××公司或者与爱××公司存在某种联系，属于一种不正当竞争行为，主观恶意明显。因此，法院判令张先生立即注销其登记注册的"www.爱××服饰.cn"的中文域名，并赔偿爱××公司2万元。

**1. 反不正当竞争的概念、特征及反不正当竞争法的概念**

1）不正当竞争的概念和特征

不正当竞争是指经营者违反法律规定，损害其他经营者和消费者的合法权益，扰乱社会经济秩序的行为。特征如下：

（1）不正当竞争行为的主体是经营者。

（2）实施不正当竞争行为主体的主观动机是为了在竞争中取胜。

（3）不正当竞争行为具有违法性。

（4）不正当竞争行为所侵害的客体是其他经营者的合法权益和市场竞争秩序。

2）反不正当竞争法的概念

反不正当竞争法是调整经营者因从事不正当竞争活动而发生的经济竞争关系，以及有关国家机关对之进行监督检查时所发生的经济管理关系的法律规范的总称。现行的反不正当竞争法是 1993 年 9 月 2 日第八届全国人民代表大会常务委员会第三次会议通过的《中华人民共和国反不正当竞争法》（以下简称《反不正当竞争法》），该法于 1993 年 12 月 1 日起施行。

**2．不正当竞争行为的种类**

1）欺骗性交易行为

（1）假冒他人注册商标。

（2）擅自使用知名商品特有的名称、包装、装潢，或者擅自使用与知名商品近似的名称、包装、装潢，造成和他人知名商品相混淆，使购买者误认为或可能认为是该知名商品。

（3）擅自使用他人企业的名称、姓名，引人误认为是他人的商品。

（4）伪造或者冒用质量标志，伪造产地，对商品质量做引人误解的虚假表示。

2）限购排挤行为

公用企业或者其他依法具有独占地位的经营者，限定他人购买其指定的经营者的商品，以排挤其他经营者的公平竞争的行为。

3）滥用行政权力限制竞争的行为

政府及其所属部门滥用行政权力，限定他人购买其指定的经营者的商品，限制其他经营者正当的经营活动；政府及其所属部门滥用行政权力，限制外地商品进入本地市场，或者本地商品流向外地市场。

4）商业贿赂行为

经营者采用财物或者其他手段进行贿赂以销售或者购买商品；在账外暗中给予对方单位或者个人回扣的，以行贿论处；对方单位或者个人在账外暗中收受回扣的，以受贿论处。

5）虚假的宣传行为

经营者利用广告或者其他方法，对商品的质量、制作成分、性能、用途、生产者、有效期限、产地等做引人误解的虚假宣传；广告的经营者在明知或者应知的情况下，代理、设计、制作、发布虚假广告。

**案例 10-4**

某手机市场在促销印刷品宣传广告中称"你购手机，我返现金 50%"，实际情况是整个活动只有 1 名消费者可通过抽奖获得返还的 50% 的现金。

请问：此种宣传有何不妥？

【分析】

《印刷品广告管理办法》第 4 条和第 18 条规定，印刷品广告必须真实、合法、符合社会主义精神文明建设的要求，不得含有虚假的内容，不得欺骗和误导消费者。

6）不当的有奖销售行为

（1）以谎称有奖或故意让内定人员中奖的欺骗方式进行有奖销售。

（2）利用有奖销售的手段推销质次价高的商品。

（3）抽奖式的有奖销售，最高奖金额超过5000元。

### 案例 10-5

为争夺市场，某市甲、乙、丙、丁四家企业通过下列行为展开了激烈的竞争：

（1）甲企业首先降价，利润为零；

（2）乙企业自恃财大气粗，不甘落后，产品以低于成本的价格销售；

（3）丙企业慌了手脚，忍痛附赠奖品，价值为购货款的5%；

（4）丁企业认为甲、乙、丙的做法太笨。该企业声称：凡购买本企业产品的消费者均有抽奖机会，最高奖品是价值10万元的小轿车，事实上该奖品根本就不存在。

请问：甲、乙、丙、丁四家行为合法性如何？

【分析】

第一种行为是正当竞争行为。《反不正当竞争法》第11条规定，经营者不得以排挤竞争对手为目的，以低于成本的价格销售商品。甲企业销售产品，利润为零，没有以低于成本的价格销售商品。

第二种行为是不正当竞争行为。《反不正当竞争法》第11条规定，经营者不得以排挤竞争对手为目的，以低于成本的价格销售商品。乙企业销售产品低于成本的价格，且以排挤竞争对手为目的。

第三种行为是正当竞争行为。《反不正当竞争法》第13条规定，经营者不得从事下列有奖销售：① 采用谎称有奖或者故意让内定人员中奖的欺骗方式进行有奖销售；② 利用有奖销售的手段推销质次价高的商品；③ 抽奖式的有奖销售，最高奖的金额超过5000元。丙企业的有奖销售不属于上述行为，是合法的。

第四种行为是不正当竞争行为。《反不正当竞争法》第13条规定，抽奖式的有奖销售，最高奖的金额不得超过5000元。丁企业的有奖销售最高奖品是价值10万元的小轿车，而且事实上该奖品根本就不存在。因此是不正当竞争行为。

7）侵犯商业秘密的行为

（1）以盗窃、利诱、胁迫或者其他不正当手段获取权利人的商业秘密。

（2）披露、使用或者允许他人使用以前项手段获取的权利人的商业秘密。

（3）违反约定或者违反权利人有关保守商业秘密的要求，披露、使用或者允许他人使用其所掌握的商业秘密。

（4）第三人明知或应知前款所列违法行为，获取、使用或者披露他人的商业秘密的，也视为侵犯商业秘密的行为。

### 案例 10-6

某市甲厂生产的产品因市场信息来源不足，销售发生困难，而该市乙厂生产的同类产品因市场信息多，销售情况好。由于乙厂对其经营信息采取了保密措施，甲厂无法从公开渠道直接获取其经营信息。甲厂为获取乙厂的经营信息（客户名单），扩大本厂产品销路，牟取利益，租用了乙厂附近的一间小屋，安装了自制的窃听装置。从 2005 年 5 月初开始，甲厂厂长指使本厂两名职员通过电信线路，对乙厂销售科电话内容进行窃听、录音。到 7 月中旬，共获取乙厂经销信息 300 多条，其中有价值的客户名单 20 多家。同时，甲厂逐一与乙厂的客户进行联系，采用以低于乙厂同类产品价格每台 1000 多元的报价推销本厂产品，先后与其中 5 家单位做成了业务，共推销本厂产品 10 台。

请问：甲厂行为属于哪种不正当竞争行为？如何处理？

**【分析】**

（1）甲厂的行为属于侵犯商业秘密的不正当竞争行为。本案中，经营者采用以盗窃的不正当手段获取权利人的商业秘密。

（2）根据规定，侵犯商业秘密的，监督检查部门应当责令停止违法行为，可以根据情节处以 1 万元以上 20 万元以下的罚款。如果甲厂侵犯商业秘密的行为给乙厂造成损害，还应当承担损害赔偿责任。

8）不当的低价销售行为

经营者以排挤竞争对手为目的，以低于成本的价格销售商品的行为。但下列情况不属于不正当竞争行为：

（1）销售鲜活商品；

（2）处理有效期限即将到期的商品或者其他积压的商品；

（3）季节性降价；

（4）因清偿债务、转产、歇业而降价销售商品。

9）搭售或者附加不合理交易条件的行为

经营者销售商品，违背购买者的意愿搭售商品或者附加其他不合理的条件。

10）商业诽谤行为

经营者捏造、散布虚伪事实，损害竞争对手的商业信誉、商品声誉。

11）串通招投标行为

投标者不得串通投标，抬高标价或者压低标价；投标者和招标者不得相互勾结，以排挤竞争对手的公平竞争。

什么叫串通投标行为？

### 案例 10-7

2015 年 5 月，某村集体企业公开招标。戴某和刘某等 5 人商量好后一起去参加投标，并事前串通约定：不要将标价提得太高，不论谁中标，大家私底下还要举行一次投标；两次投标的差价，要拿出来给未中标者平分。后来刘某以 14 万元中标，并交给村集体企业 2 万元押金。次日，戴某和刘某等 5 人聚在一块儿又举行了一次投标，投标前约定：每人预交2万元押金（刘某以交给村集体企业的押金相抵），如果此次中标者不把差价拿出来分，则没收2万元押金，并重新投标。结果，戴某以19万元中标，他依约拿出5万元给刘某等4人平分，并付给刘某2万元后拿到了村集体企业出具的押金收条。不料，村集体企业发现了戴某等人的串通投标行为，不但没和戴某签订承包合同，还没收了2万元押金。戴某后悔不迭，连忙到该县人民法院起诉，要求刘某退还2万元。近日，法院审理后判决驳回了戴某的诉讼请求。

请问：本案属于什么性质？

【分析】

本案是一起投标者之间相互串通，压低标价的不正当招投标行为，严重损害招标方的利益，因此村集体企业有权没收2万元投标押金。戴某与刘某串通投标，他们之间的转包行为并非合法的承包合同转让关系，戴某付给刘某的2万元，实际上是刘某把违法行为造成的损失转嫁给了戴某，二人形成的也不是合法的债权债务，同样不受法律保护，故法院判决驳回了戴某的诉讼请求。

案外音
这就叫聪明反被聪明误！

### 3. 监督检查

1）对不正当竞争行为进行监督检查的部门

我国对不正当竞争行为进行监督检查的部门是县级以上的工商行政管理部门，以及法律法规规定的其他部门。

2）监督检查部门的职权

（1）按照规定的程序询问被检查的经营者、利害关系人、证明人，并要求提供证明材料或与不正当竞争行为有关的其他资料。

（2）查询、复制与不正当竞争行为有关的协议、账册、单据、文件、记录、业务电函和其他资料。

（3）检查与不正当竞争行为有关的财物，必要时可以责令被检查的经营者说明该商品的来源和数量，暂停销售，听候检查，不得转移隐匿、销毁该财物。

### 4. 法律责任

《反不正当竞争法》主要规定了民事责任、行政责任，也涉及刑事责任。

1）民事责任

不正当竞争行为从性质上讲是民事侵权行为，必须承担民事责任。承担民事责任的方式：向人民法院提出诉讼，法院可责令侵害人停止侵害、赔偿损失。对于赔偿的范围，如被侵害的经营者的损失不难计算的，应当计算实际损失，并按实际损失赔偿；如被侵害的经营者的损失难以计算的，赔偿额为侵权人在侵权期间因侵权所获得的利润，并应承担被侵害的经营者因调查该不正当竞争行为所支付的合理费用。

2）行政责任

针对不同的不正当竞争行为，《反不正当竞争法》规定了不同的行政处罚。

（1）责令改正，并停止不正当竞争行为。

（2）没收非法所得。

（3）处以罚款。如侵犯商业秘密，可根据情节处以1万元至20万元的罚款。

（4）吊销营业执照。

如当事人对行政处罚决定不服的，可以自收到处罚决定之日起15日内向上一级主管机关申请复议；对复议决定不服的，可以自收到复议决定书之日起15日内向人民法院提出诉讼。也可直接向人民法院提出诉讼。

3）刑事责任

实施不正当竞争行为，给他人造成重大损失构成犯罪的，依法追究侵害人的刑事责任。

> 本模块要点主要有产品质量法、产品质量的监督机制、产品质量法律责任如何判定；消费者权益保护法、消费者权利和经营者义务、违反消费者权益的法律责任；反不正当竞争法、不正当竞争行为、不正当竞争行为的法律责任。

# 练习与自测

一、单项选择题

1. 甲公司售与乙商场一批玻璃花瓶，称花瓶上有不规则抽象花纹为新产品，乙商场接货后即行销售并受到很多消费者投诉说花瓶上的花纹实际上是裂缝，花瓶漏水，要求乙商场退货并赔偿损失，乙商场与甲公司交涉，甲公司称此类花瓶是用于插装塑料花的，裂缝不影响使用，且有特殊的美学效果，拒绝承担责任。经查，消费者所述属实。下列选项中不正确的是（　　）。

　　A．乙商场应予退换并赔偿损失

　　B．乙商场退换并赔偿损失后可向甲公司追偿

　　C．若消费者丙被花瓶裂缝划伤，可向甲公司直接索赔

　　D．乙商场无过错，不应当对此负责

2. 某厂发运一批玻璃器皿，以印有"龙丰牌方便面"的纸箱包装，在运输过程中，由于装卸工未轻拿轻放而损坏若干件，该损失应由（　　）。

　　A．装卸工承担　　　　　　　　B．装卸工的雇主承担

　　C．运输部门承担　　　　　　　D．某厂承担

3. 一日，李女士在家中做饭时高压锅突然爆炸，李女士被炸飞的锅盖击中头部，抢救无效死亡。后据质量检测专家鉴定，高压锅发生爆炸的直接原因是设计不尽合理，使用时造成

排气孔堵塞而发生爆炸，本案中，可以（　　）为依据判定生产者承担责任。

　　A．产品存在缺陷　　　　　　　B．产品买卖合同约定
　　C．产品默示担保条件　　　　　D．产品明示担保条件

4．某厂开发一种新型节能炉具，先后制造出 10 件样品，后样品有 6 件丢失。2016 年某户居民的燃气罐发生爆炸，查明原因是使用了某厂丢失的 6 件样品炉具中的一件，而该炉具存在重大缺陷。该户居民要求某厂赔偿损失，某厂不同意赔偿，下列理由中最能支持某厂立场的是（　　）。

　　A．该炉具尚未投入流通
　　B．该户居民如何得到炉具的事实不清
　　C．该户居民偷盗样品，造成的损失应由其自负
　　D．该户居民应向提供给其炉具的人索赔

5．某厂 2014 年生产了一种治疗腰肌劳损的频谱治疗仪投放市场，消费者甲购买了一部，用后腰肌劳损大大减轻，但却患上了偏头疼症，甲询问了这种治疗仪的其他用户，很多人都有类似反应。甲向某厂要求索赔。某厂对此十分重视，专门找专家做了鉴定，结论是：目前科学技术无法断定治疗仪与偏头疼之间的关系。以下观点正确的是（　　）。

　　A．本着公平原则，某厂应予适当赔偿
　　B．因出现不良反应的用户众多，应将争议搁置，待科技发展到能够作出明确结论时再处理
　　C．该治疗仪的功能是治疗腰肌劳损，该功能完全具备，至于其他副作用是治疗中不可避免的，该厂可不负责任
　　D．由于治疗仪投入流通时的科学技术水平不能发现缺陷的存在，某厂不能承担赔偿责任

6．《消费者权益保护法》调整的对象是（　　）。

　　A．消费者为生产需要购买，使用商品或接受服务时所发生的法律关系
　　B．各商家为经营需要而发生的购销关系
　　C．消费者为生活消费需要购买，使用商品或者接受服务而发生的法律关系
　　D．消费者为盈利而进行的购销活动

7．商品或服务的经营者对工商行政管理机关的处罚决定不服的，可以自收到处罚决定之日起（　　）日内向上一级机关作出复议。

　　A．10　　　　　　B．15　　　　　　C．30　　　　　　D．90

8．经营者提供商品或者服务有欺诈行为的，应当按照消费者的要求增加赔偿其受到的损失，增加赔偿的金额为消费者购买商品的价款或接受服务的费用的（　　）倍。

　　A．1　　　　　　B．2　　　　　　C．3　　　　　　D．4

9．甲厂生产一种易拉罐装碳酸饮料。消费者丙从乙商场购买这种饮料后，在开启时被罐内强烈气流炸伤眼部。下列答案中最正确的是（　　）。

　　A．丙只能向乙商场索赔
　　B．丙只能向甲厂索赔
　　C．丙只能向消费者协会投诉，请其确定向谁索赔
　　D．丙可向甲厂、乙商场中的一个索赔

10. 消费者王某在购买商品后，发现商品存在瑕疵。下列说法正确的是（　　）。
    A. 王某只能向该商品生产者主张赔偿
    B. 王某可以向该商品的销售者主张赔偿
    C. 王某既可以向销售者要求赔偿，也可以向生产者要求赔偿
    D. 若销售者有证据表明该瑕疵是在销售过程中其他销售者所致，有权拒绝赔偿

11. 经营者不正当竞争行为给被侵害经营者造成损失的，如果被害人损失难以计算的，赔偿额为（　　）。
    A. 侵权人在侵权期间全部所得
    B. 按照曾经发生的相同或者相近的案例的赔偿额计算
    C. 侵权人在侵权期间所获得的利润
    D. 侵权人在侵权期间所获得的利润的 2 倍

12. 某企业未经注册商标权利人许可，在其生产的速溶咖啡上使用另外一家知名厂家所生产的咖啡的注册商标，根据《反不正当竞争法》的规定，这种行为属于（　　）。
    A. 擅自使用知名商品名称　　B. 擅自使用他人企业名称
    C. 伪造认证标志　　　　　　D. 假冒他人注册商标

13. 根据《反不正当竞争法》的规定，经营者利用广告或者其他方法对商品做引人误解的虚假宣传的，监督检查部门应当责令停止违法行为，消除影响，可以根据情节处以罚款数额为（　　）。
    A. 10 万元以上 15 万元以下　　B. 1 万元以上 20 万元以下
    C. 3 万元以上 5 万元以下　　　D. 3 万元以上 7 万元以下

14. 滥用行政权力排除、限制竞争行为的行为主体不包括（　　）。
    A. 省级人民政府　　　　　　B. 市人民政府
    C. 工商行政管理部门　　　　D. 国有电信企业

15. 下列行为中，属于没有正当理由，以低于成本的价格销售商品的是（　　）。
    A. 低于成本价销售鲜活产品
    B. 商场为了推广新产品而促销，在成本价以上将商品打折出售
    C. 企业经营不善，因为歇业而降价销售产品
    D. 某公司凭借其资金实力，为了迅速占领市场，持续低于成本价格销售商品

二、多项选择题

1. 下列产品中存在《产品质量法》所称的"缺陷"的有（　　）。
    A. 致人中毒的假酒
    B. 口感不佳的劣酒
    C. 易醉人的高度酒
    D. 突然爆炸炸坏家具的汽酒（爆炸原因为气压过高）

2. 下列产品中应有警示标志或中文警示说明的有（　　）。
    A. 有副作用的药品　　　　B. 需稀释方可使用的农药
    C. 易燃易爆物　　　　　　D. 书籍

3. 销售者在产品质量方面承担民事责任的具体形式有（　　）。

A．修理　　　　B．更换　　　　C．退货　　　　D．赔偿

4. 行政机关对产品质量违法行为作出行政处罚后，当事人不服的，可以在接到处罚通知之日起 15 日内（　　）。

　　A．向作出处罚决定的机关的上一级机关申请复议

　　B．向人民法院起诉

　　C．请求检察机关审查行政处罚的合法性

　　D．请求原处理机关复议

5. 以下产品中，（　　）不是存在《产品质量法》所称"缺陷"的产品。

　　A．损伤皮肤的化妆品　　　　　　B．制冷效果不好的空调机

　　C．图像效果不佳的电视机　　　　D．保温效果不良的暖水瓶

6. 下列说法中正确的是（　　）。

　　A．经营者提供商品或者服务有欺诈行为的，应当按照消费者的要求增加赔偿其受到的损失，增加赔偿金额为消费者购买商品的价款或者接受服务的费用的 2 倍

　　B．经营者对行政处罚决定不服的，可以自收到处罚决定之日起 30 日内向人民法院提起诉讼

　　C．对包修、包换、包退的大件商品，消费者要求经营者修理、更换、退货的，经营者应当承担运输等合理费用

　　D．拒绝、阻碍有关行政部门工作人员依法执行职务，未使用暴力，威胁方法的，由公安机关依照《中华人民共和国治安管理处罚条例》的规定处罚

7. 经营者侵害消费者的人格尊严或者侵犯消费者人身自由的，应当负（　　）责任。

　　A．停止侵害　　　　　　　　　　B．恢复名誉

　　C．消除影响　　　　　　　　　　D．赔礼道歉

8. 生产者在下列哪种情况下不对消费者负责赔偿（　　）。

　　A．消费者从销售者处购买的化妆品不具有包装上标明的使用效果

　　B．某人从生产者处盗窃其开发中的高压锅样品，在使用时被炸伤

　　C．因销售者储存不当致使药品变质而使某患者服药后过敏

　　D．消费者使用产品后发生不适，但现在科学技术无法证明产品与不适之间的关系

9. 贾小姐可通过（　　）的途径解决自己与超市的争议。

　　A．与经营者协商调解　　　　　　B．请求消费者协会调解

　　C．向有关行政部门申诉　　　　　D．向人民法院起诉

10. 下列关于商业贿赂行为的说法中，正确的是（　　）。

　　A．商业贿赂行为包括行贿和受贿两个行为，因此具有一定的对合性

　　B．商业贿赂的主要目的是排斥竞争

　　C．商业贿赂的方式单一，仅包括现金的赠与

　　D．回扣是商业贿赂的主要表现形式

11. 某商场为迎接圣诞节的到来，准备采用有奖销售的方式进行促销，以下奖金的设置方案中，不符合《反不正当竞争法》要求的是（　　）。

　　A．一等奖奖金 1 万元、二等奖奖金 5000 元、三等奖奖金 3000 元

　　B．一等奖奖金 5000 元、二等奖奖金 2000 元、三等奖奖金 1000 元

C．一等奖奖金 5 万元、二等奖奖金 3 万元、三等奖奖金 1 万元

D．一等奖奖金 1 万元、二等奖奖金 2000 元、三等奖奖金 1000 元

12．下列行为中，属于不正当竞争行为的有（　　）。

A．销售明知是假冒注册商标的商品的

B．利用广告对商品的性能做引人误解的虚假宣传

C．经营者在销售或者购买商品时，账目显示给中间人支付过佣金

D．以利诱的手段获取权利人的商业秘密

13．根据《反不正当竞争法》的规定，下列属于假冒他人注册商标行为的有（　　）。

A．甲厂未经乙厂同意在类似的商品上使用相近似的商标

B．A 厂擅自制造 B 厂的注册商标标志，但没有对外销售

C．C 公司知道 D 公司销售给其的商品是假冒某知名商品注册商标的，但依然帮助其销售的

D．E 厂擅自使用当地某知名商品的特有包装，但未使用其注册商标

## 三、案例分析题

1．新春即将来临之际，李某将家里装扮一新，接来老人，准备欢欢乐乐过个新年。除夕晚上，李某点燃刚从单位拿来的卡式炉，正打算露一手，卡式炉爆炸了，老人被炸伤，李某的右手掌也被炸裂。事后，李某找到有关部门对此进行了调查。原来，该型号卡式炉是某市一家电气公司的新产品，出事前几天送到李某的单位请求检测，李某认为该电气公司的产品质量一直不错，就顺手拿了一台，准备春节使用，谁承想竟发生了此事。

请问：若李某起诉卡式炉制造商（即某电气公司）能否胜诉？为什么？

2．某厂从本县食品厂购买其腌制的山野菜 10 斤，第二天加工后，供本厂职工中餐。职工进餐后不久，职工相继出现了腹痛、腹泻及呕吐等症状。工厂立即与医院联系，经紧急抢救，患病职工脱离危险，经查明，食物中毒为食品厂提供的山野菜腐烂变质所致。为此，工厂向人民法院提起诉讼，请求判令食品厂赔偿损失。

请问：

（1）受害者应根据什么法律要求赔偿损失？

（2）谁应负赔偿责任？

（3）受害者获得的赔偿包括哪些内容？

3．甲经销商销售乙厂生产的名牌针织衫，租赁了在当地很有影响的丙商场的柜台。甲出于商业目的，为推销商品，占领市场，在销售时采取了以下措施：首先，标明甲自己的企业名称和标志，进行让利销售；其次，以明示方式给购买者价格折扣，但不入账；再次以乙厂家销售的名义推销其名牌针织衫；最后，所雇用的销售人员均身着丙商场的工作服，佩戴丙商场的标志。

请问：在以上各项措施中，有哪些不符合《消费者权益保护法》和《反不正当竞争法》的规定？

**法律名言：**

法律决非一成不变，相反地，正如天空和海面因风浪而起变化一样，法律也因情况和时运而变化。

——黑格尔：《法哲学原理》

# 第十一章 票据法

> 票据是适应商品经济的发展而产生和发展起来的。在商品经济的发展过程中，票据制度发挥了巨大的推动作用。因此有人赞誉票据是"商品交易血管中流动的血"。随着我国社会主义市场经济体制的建立和发展，充分发挥票据的功能和作用，是我国经济发展的客观需要。

**[关键词]**

票据法概述、票据行为、票据权利、票据抗辩、票据权利的瑕疵

**[学习目标]**

通过学习，能解决以下问题：

- 什么是票据关系、非票据关系和票据基础关系？
- 何为票据行为成立有效条件？
- 何为票据背书、承兑、代理？
- 何为票据权利取得、消灭时效、保全、补救？
- 何为票据抗辩与抗辩的限制？
- 何为票据的瑕疵：伪造、变造、更改？

# 第一节 票据法概述

## 案例 11-1

### 票据权利失效票据利益返还请求权

2016年1月20日,甲公司根据与乙公司签订的货物买卖合同,按照约定签发了金额为10万元的银行承兑汇票,承兑人为甲银行,到期日为2016年11月1日。汇票在甲公司交给乙公司前被甲公司遗失。甲公司于2016年8月1日登报声明作废,又于同年9月1日向法院申请公示催告。法院于当天通知甲银行停止支付。公示催告期限届满时,甲公司未向法院申请除权判决。甲公司后来交付给乙公司的是遗失的汇票复印件和甲银行于2016年8月20日出具的说明函。在汇票复印件上的持票人签章栏内,加盖了甲银行的汇票专用章,但是没有甲公司的签章。甲银行说明函的内容是,由于汇票被出票人遗失,出票人已登报声明作废,因此同意在复印件上加盖本行汇票专用章,作为收款人向本行收款的有效依据;汇票到期后,收款人必须派员凭此复印件结算票款项。乙公司按照复印件记载的日期,在到期后持上述复印件向甲银行提示付款时,遭到甲银行拒付。

请问:

(1)乙公司是否有权要求甲银行承担票据责任?为什么?

(2)乙公司的权力如何得到保护?

**【分析】**

(1)乙公司不享有票据权利,无权要求甲银行承担票据责任。首先,根据《票据法》第20条的规定,出票是指出票人签发票据并将其交给收款人的票据行为。甲公司虽然签发了汇票,但是汇票在向乙公司交付前被遗失,故甲公司并未完成出票的票据行为,乙公司也未实际持有该汇票。乙公司据以主张权利的是汇票的复印件,但是该复印件上没有出票人的签章,汇票无效,并且甲银行虽然在复印件上的持票人栏盖章,但是未承兑,另附的甲银行说明函不具有票据上的效力,所以乙公司不能享有票据权利,无权要求甲银行承担票据责任。

(2)乙公司可以向甲公司行使利益返还请求权。《票据法》第18条规定,持票人因超过票据权利时效或者因票据记载事项欠缺而丧失票据权利的,仍享有民事权利,可以请求出票人或者承兑人返还其与未支付的票据金额相当的利益。本案中,乙公司因票据无效丧失了票据权利,但是对甲公司的债权并未丧失,乙公司与甲公司之间的债权债务关系是票据原因关系,属民法调整,乙公司可以根据民法的有关规定,向甲公司主张债权。

### 1. 票据的概念

在我国,票据即汇票、支票及本票的统称,是指出票人依法签发的,约定自己或委托付款人在见票时或指定的日期向收款人或持票人无条件支付一定金额并"可转让"的有价证券。基本特征:出票人依法签发的有价证券;以支付一定金额为目的;票据表示的权利与票据不可分离;记载的金额由出票人自行支付(本票)或委托他人支付(汇票、支票);无条件向持票人或收款人支付票据金额;可转让但必须背书。

## 2. 票据法律关系

### 1）票据关系

票据是因为票据行为而发生的债权债务关系。基本当事人：①汇票与支票基本当事人有三方，分别为出票人、收款人、付款人；②本票基本当事人有两方，分别为出票人与收款人。基本当事人是构成票据上的法律关系的必要主体，这种主体不存在或不完全，票据上的法律关系就不能成立，票据也就无效。非基本当事人是指票据作成并交付后，通过一定的票据行为加入票据关系而享有一定权利、义务的当事人，包括：持票人、承兑人、背书人、被背书人、保证人等。

本票、汇票、支票的区别如表 11-1 所示。

表 11-1 三种票据的区别

|  | 本 票 | 汇 票 | 支 票 |
| --- | --- | --- | --- |
| 基本当事人不同 | 出票人和收款人 | 出票人、付款人、收款人 | 出票人、付款人、收款人 |
| 票据的性质不同 | 己付票据 | 委付票据 | 委付票据 |
| 出票人身份不同 | 银行 | 可以是银行，也可以是银行之外的其他经济组织和个人 | 没有身份的限制 |
| 付款人身份不同 | 无限制 | 无限制 | 出票人的开户银行 |
| 付款时间不同 | 见票即付 | 见票即付、出票后定期付款、见票后定期付款、定日付款 | 见票即付 |

### 2）非票据关系

非票据是票据法中规定的但不是基于票据行为发生的法律关系，它包括以下三种类型：原因关系（如当事人之间签订的买卖合同）、预约关系（出票人和收款人预先对支付方式进行约定）、资金关系（出票人和付款人之间的约定）。

### 3）票据基础关系

票据基础关系是签发票据的原因（前提），它属于民法上的法律关系。注意：票据关系一经形成，就与基础关系分离，基础关系是否存在、是否有效，对票据关系不起影响作用；票据只要符合法定形式要件，票据关系就是有效的。债务人不得以没有真实交易和债权债务关系为由进行抗辩，除非持票人是违约的直接债权债务关系人。

### 案例 11-2

甲、乙签订了买卖合同，甲以乙为收款人开出一张票面金额为 5 万元的银行承兑汇票，作为预付款交付于乙，乙接受汇票后将其背书转让给丙。后当事人因不可抗力解除该合同。下列关于甲的权利主张的表述中，符合票据法规定的是（　　）。

A. 甲有权要求乙返还汇票
B. 甲有权要求丙返还汇票

C. 甲有权请求付款银行停止支付
D. 甲有权要求乙返还 5 万元预付款

【分析】

票据关系一经形成，就与基础关系相分离，基础关系是否存在、是否有效，对票据关系都不起影响作用。本题中，甲是不能对抗丙的，但是可以要求乙返还与票据金额相当的预付款。正确答案：D。

3. 票据关系与民事权利

（1）票据当事人签发、取得和转让没有真实的交易关系和债权债务关系的票据，只要该票据符合法定的形式要件，票据关系就是有效的。

（2）《票据法》第 18 条规定：持票人因超过票据权利时效或者因票据记载事项欠缺而丧失票据权利的，仍享有民事权利，可以请求出票人或者承兑人返还其与未支付的票据金额相当的利益。

### 案例 11-3

**丧失票据权利并不丧失民事权利**

谭某于 2015 年开出上海某银行支票一张，金额为 36000 元，支票收款人一栏空白。此后某公司得到该支票，在收款人处填写该公司名称后向银行请求付款。银行以"出票人账户余额不足"为由退票通知，公司遂以谭某为被告向法院起诉。

请问：你认为法院应如何判决？请适用相关法律推理分析。

【分析】

谭某开具本案支票时只填写了数额，没有填写收款人名称，该支票系属空白支票。根据票据的无因性原则，公司以其他债权债务关系取得本案空白支票并在收款人栏填写自己的名称，已经取得了相应的票据权利，有权向付款银行就票面金额提示付款；在其提示付款因谭某账户余额不足未能实现的情况下，依法可以请求作为出票人的谭某返还与其未支付的票据金额相当的利益。谭某签发空头支票，违反有关法律、法规的规定，应负向公司返还支票所载明金额的义务。谭某主张与公司没有债权债务关系，但是否具有债权债务关系并不影响公司以票据的无因性取得票据权利；谭某主张公司已经丧失票据权利，但票据权利是否丧失并不影响公司依法请求谭某返还与其未支付的票据金额相当的利益的权利；谭某主张已经以现金方式向彭某偿还了债务，但其是否偿还债务的事实与公司主张票据权利并无关联性，因此谭某的主张均缺乏事实和法律依据，依法不能成立。依以上法律推理，法院应判决谭某返还该公司与其未支付的票据金额相当的利益。

> 谭某在何种情况下可对该公司行使票据抗辩权？

## 第二节 票据行为

### 1. 票据行为成立的有效条件

（1）无民事行为能力或者限制民事行为能力人在票据上签章的，其签章无效。签章者不因此而成为票据上的债务人，其他票据当事人也不得据此签章向无行为能力或者限制行为能力人主张任何票据债权。

（2）以欺诈、偷盗、胁迫等手段取得票据的，或者明知有前列情形，出于恶意取得票据的，不得享有票据权利。

（3）票据行为的内容必须符合法律、法规的规定。

> **知识链接**
>
> 10周岁以上的未成年人及不能完全辨认自己行为的精神病人是限制民事行为能力人；不满10周岁的未成年人及不能辨认自己行为的精神病人是无民事行为能力人。

### 2. 票据行为成立的形式有效条件

1）签章

票据上的签章是票据行为表现形式中绝对应记载的事项，如无该项内容，票据行为即为无效。签章既包括签名，也包含盖章。行为人在票据上签章，可以采用签名、盖章或者签名加盖章的其中之一。

（1）银行汇票、银行本票的出票人，以及银行承兑汇票的承兑人在票据上未加盖规定的专用章而加盖该银行的"公章"，支票的出票人在票据上未加盖与该单位在银行预留签章一致的财务专用章而加盖该出票人"公章"的，签章人应当承担票据责任。

（2）出票人的签章不符合规定的，票据无效；承兑人、保证人在票据上的签章不符合规定的，其签章无效，但不影响其他符合规定签章的效力。

（3）背书人在票据上的签章不符合规定的，其签章无效，但不影响其前手符合规定签章的效力。（参见《高法审理票据纠纷案司法解释》第41、42、46条，中国人民银行发布的《支付结算办法》第23、24条之规定）

**案例 11-4**

甲公司与乙公司签订买卖合同后，为了支付价款，甲公司签发了一张以乙公司为收款人的银行承兑汇票，公司财务经理签字，并加盖了公司的合同专用章。承兑人丙银行的代理人签字并加盖了银行的汇票专用章。乙公司背书转让给丁公司后，丁公司在票据到期时向丙银行请求付款。根据票据法律制度的规定，下列表述中，错误的有（    ）。

A. 丙银行可以拒绝付款
B. 丙银行无权拒绝付款
C. 如果丙银行拒绝付款，丁公司可以向甲公司行使追索权
D. 如果丙银行拒绝付款，丁公司可以向乙公司行使追索权

**【分析】**

根据规定，单位在票据上的签章，应为该单位的财务专用章或者公章加其法定代表人或其授权的代理人的签名或者盖章。本题中，出票人甲公司加盖的是"合同专用章"，即签章不符合规定，则票据无效，所以丙银行可以拒绝付款，持票人也不享有票据权利，不能向甲、乙追索。正确答案：B、C、D。

2）记载事项

（1）票据金额以中文大写和数码同时记载的，二者必须一致，否则票据无效。

（2）票据"金额、出票日期和收款人名称"不得更改，否则票据无效。（参见《高法审理票据纠纷案司法解释》第43条之规定）

### 案例 11-5

根据有关规定，单位在填写票据时，下列选项中应当遵守的有（　　）。

A．金额以中文大写和阿拉伯数字同时记载并一致

B．收款人名称必须清楚并不得更改

C．签章应为单位的财务专用章或者公章加其法定代表人或其授权的代理人的签名或者盖章

D．标明签发票据的原因

**【分析】**

票据金额以中文大写和数码同时记载，二者必须一致，否则，票据无效，A 正确。票据金额、日期、收款人名称不得更改，更改的票据无效，B 正确。法人和其他使用票据的单位在票据上的签章，为该法人或者该单位的盖章加其法定代表人或者其授权的代理人的签章，C 正确。正确答案：A、B、C。

3．票据行为的种类——背书、承兑

1）背书

背书是持票人在票据背面或粘单上记载有关事项，完成签章，并将其交付给相对人，从而使票据权利转让给他人或者将一定的票据权利授予他人行使的票据行为。粘单上的第一记载人，应当在汇票和粘单的粘接处签章。

（1）背书的必要记载事项：背书人签章、背书日期、被背书人名称。

（2）背书连续原则。背书连续主要是指背书在形式上连续（即前一背书的被背书人与后一背书的背书人一致），如果背书在实质上不连续，如有伪造签章的，付款人仍应对持票人付款。但是，如果付款人明知持票人不是真正票据权利人，则不得向持票人付款，否则应自行承担责任；对于非经背书转让，而以其他合法形式（如税收、继承、赠与）取得汇票的，不受背书连续的限制。只要取得汇票的人依法举证，表现其合法取得汇

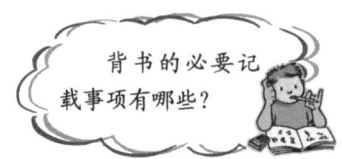

票的方式，证明其票据权利，就可以享有票据权利。但是，所享有的票据权利不得优于其前手。

（3）背书转让的限制情形。出票人的限制背书：出票人记载"不得转让"字样，票据不能再依票据法规定的背书方式转让，通过一般背书或贴现、质押取得票据的持票人不享有票据权利；背书人的限制背书：背书人在票据上记载"不得转让"字样，若其后手再背书转让（如贴现、质押），原背书人对后手的被背书人不负票据责任。

（4）特殊的转让背书。

① 回头背书。是以票据上已有的债务人为被背书人的背书。特点是票据上的原债务人（包括出票人、背书人、承兑人、保证人）又成了票据债权人（持票人）。当持票人为出票人时，持票人对于其前手没有追索权；当持票人为背书人时，对该背书人的后手无追索权；当持票人为承兑人时，对所有人都没有追索权；当持票人为保证人时，不得向除被保证人以外的其他任何人行使追索权。

② 背书不得附有条件。背书时附有条件的，所附条件不具有汇票上的效力。

③ 将汇票金额的一部分转让的背书或者将汇票金额分别转让给二人以上的背书无效。

④ 法定禁止背书。指在票据被拒绝承兑、付款或超过付款提示期限时所为的背书，不发生一般背书效力，只具有通常的债权转让效力，但背书人仍须承担票据责任（指票据债务人向持票人支付票据金额的责任，主要包括付款义务和偿还义务）。（参见《票据法》第36条之规定）

2）承兑

承兑是指汇票付款人承诺在到期日支付汇票金额的一种票据行为。三种票据种类中只有汇票才有承兑制度。见票后定期付款的汇票，持票人应当自出票日起1个月内向付款人提示承兑。如果汇票的持票人未在法定期限内提示付款的，则丧失对前手的追索权。在作出说明后，承兑人或者付款人仍应当继续对持票人承担付款责任。

定日付款或者出票后定期付款的汇票，持票人应当在汇票到期日前向付款人提示承兑。提示承兑是指持票人向付款人出示汇票，并要求付款人承诺付款的行为。

商业汇票的持票人对出票人和承兑人的权利（包括付款请求权和追索权），自到期日起2年。（参见《票据法》解释1、2之规定）

**4．票据行为的代理**

（1）票据行为的代理必须具备的条件如下：

① 票据当事人必须有委托代理的意思表示；

② 代理人必须按照被代理人的委托在票据上签章；

③ 代理人应在票据上表明代理关系。

（2）无权代理。票据上的无权代理主要表现为行为人没有被代理人的授权而以代理人名义在票据上签章。没有代理权而以代理人名义在票据上签章的，应当由"签章人"承担票据责任。

（3）越权代理。越权代理是行为人超越了被代理人的授权范围而进行代理行为。代理人

超越代理权限的，应当就其"超越权限的部分"承担票据责任。

> **案例 11-6**
>
> 根据《票据法》的规定，在票据代理中，如果代理人超越代理权限的，则（　　）。
> A．票据代理无效
> B．在权限范围内的代理行为继续有效
> C．超越代理权限的部分由被代理人承担票据责任
> D．超越代理权限的部分由代理人承担票据责任
>
> 【分析】
> 代理人超越代理权限的，应当就其超越权限的部分承担票据责任。正确答案：B、D。

## 第三节　票据权利

### 1. 票据权利

票据权利是指持票人向票据债务人请求支付票据金额的权利，包括付款请求权和追索权。持票人只能在首先向付款人行使付款请求权（第一次权利）而得不到付款时，才可以行使追索权（第二次权利）。持票人不先行使付款请求权而先行使追索权遭到拒绝而起诉的，人民法院不予受理。付款请求权与追索权的差异如表 11-2 所示。

表 11-2　付款请求权与追索权的主要差异

|  | 付款请求权 | 追索权 |
|---|---|---|
| 次序 | 第一次权利 | 第二次权利，非因付款请求权受阻不得行使 |
| 对象 | 承兑人或付款人 | 出票人、背书人、承兑人和保证人 |
| 行使条件 | 票据未过时效；持票人持有票据原件；票据所载金额必须一次性得以完整履行；持票人得到付款后必须向付款人移转票据 | 有法定追索原因；已依法提示承兑或提示付款；作成相关证明；在追索时效内 |
| 行使次数 | 一次 | 数次，可一直追索至票据权利义务消灭 |
| 金额 | 票据金额 | 票据金额、法定利息、取得有关拒绝证明和发出通知的费用 |
| 消灭时效 | 汇票和本票自票据到期日起 2 年内有效；见票即付的汇票和本票自出票日起 2 年内有效；支票自出票日起 6 个月内有效 | 自被拒绝承兑或被拒绝付款之日起 6 个月；再追索权时效为清偿日或被提起诉讼之日起 3 个月 |

### 2. 票据权利的取得

（1）票据的取得，必须给付对价；

（2）因税收、继承、赠与依法无偿取得票据的，不受给付对价的限制。但是，所享有的票据权利不得优于其前手。

（3）因欺诈、偷盗、胁迫、恶意或者重大过失而取得票据的，不得享有票据权利。

（4）无对价或者无相当对价取得票据的（如税收、继承、赠与可以依法取得和善意取得），如果属于善意取得，仍然享有票据权利，但票据持有人必须承受其前手的权利瑕疵。如果前手的权利因违法（欺诈、偷盗、胁迫、恶意、重大过失等行为）或者有瑕疵（因不可抗力或客观原因未履行相应义务）而受影响或者丧失，该持票人的权利也因此而受到影响或者丧失。

### 案例 11-7

甲受乙胁迫开出一张以甲为付款人，以乙为收款人的汇票，之后乙通过背书将该汇票赠与丙，丙又将该汇票背书转让于丁，以支付货款。丙、丁对乙胁迫甲取得票据一事毫不知情。下列说法中，正确的有（    ）。

A. 甲有权请求丁返还汇票
B. 乙不享有该汇票的票据权利
C. 丙不享有该汇票的票据权利
D. 丁不享有该汇票的票据权利

【分析】

（1）行为人合法取得票据，即取得了票据权利，甲无权请求丁返还票据。所以 A 选项错误；D 选项错误。

（2）因欺诈、偷盗、胁迫、恶意或重大过失而取得票据的，不得享有票据权利。所以 B 选项正确。

（3）因税收、继承、赠与可以依法无偿取得票据的，不受给付对价的限制。但是，所享有的票据权利不得优于其前手的权利。丙的前手乙没有票据权利，丙也不享有票据权利，所以 C 选项正确。

正确答案：B、C。

### 3．票据权利的消灭时效（见表 11-3）

票据权利的消灭是指因发生一定的法律事实而使票据权利不复存在。票据权利消灭之后，票据上的债权债务关系也随之消灭。持票人对前手的（首次）追索权，自被拒绝承兑或者被拒绝付款之日起 6 个月。持票人对前手的再追索权，自清偿日或者被提起诉讼之日起 3 个月。

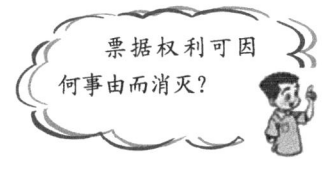

表 11-3

| 票 据 种 类 | | 提示承兑期限 | 提示付款期限 | 票据权利的消灭时效 |
|---|---|---|---|---|
| 汇票 | 见票即付 | 无须提示承兑 | 出票日起 1 个月 | 出票日起 2 年 |
| | 定日付款 | 到期日前提示承兑 | 到期日起 10 日 | 到期日起 2 年 |
| | 出票后定期付款 | | | |
| | 见票后定期付款 | 出票日起 1 个月 | | |
| 本票（见票即付） | | 无须提示承兑 | 自出票日起，付款期限不得超过 2 个月 | 出票日起 2 年 |
| 支票（见票即付） | | 无须提示承兑 | 自出票日起 10 日 | 出票日起 6 个月 |

### 案例 11-8

根据票据法律制度的规定，持票人在一定期限内不行使票据权利，其权利归于消灭。下列有关票据权利消灭时效的表述中，正确的有（　　）。

A. 远期汇票中，持票人对汇票的出票人的权利，自票据到期日起 2 年
B. 持票人对汇票承兑人的权利，自票据到期日起 1 年
C. 持票人对支票出票人的权利，自出票日起 6 个月
D. 持票人对前手的再追索权，自清偿日或被提起诉讼之日起 3 个月

【分析】

票据权利因在一定期限内不行使而消灭的情形有：

（1）远期汇票中，持票人对汇票的出票人和承兑人的权利，自票据到期日起 2 年。据此，A 正确，B 错误。

（2）持票人对支票出票人的权利，自出票日起 6 个月。据此，C 正确。

（3）持票人对前手的再追索权，自清偿日或者被提起诉讼之日起 3 个月。据此，D 正确。

正确答案：A、C、D。

#### 4．票据权利的保全

票据权利的保全是指票据权利人防止票据权利丧失的行为，如为防止付款请求权与追索权因时效而丧失，如按期提示票据、向法院提起诉讼中断时效和作成拒绝证书的行为等。经当事人申请并提供担保，对具有下列情形之一的票据，可以采取保全措施和执行措施：

（1）不履行约定义务，与票据债务人有直接债权债务关系的票据当事人所持有的票据；

（2）持票人恶意取得的票据；

（3）应付对价而未付对价的持票人持有的票据；

（4）记载有"不得转让"字样而用于贴现的票据；

（5）记载有"不得转让"字样而用于质押的票据。

#### 5．票据权利的补救

票据权利补救措施包括挂失止付、公示催告和普通诉讼。

1）挂失止付

（1）挂失止付并不是票据丧失后票据权利补救的必经程序，而只是一种暂行性的应急措施。失票人应当在通知挂失止付后 3 日内，依法向人民法院申请公示催告或者提起普通诉讼，也可以在票据丧失后直接向人民法院申请公示催告或者提起普通诉讼。如果付款人自收到挂失止付通知书之日起 12 日内未收到人民法院的止付通知书的，自第 13 日起，挂失止付通知书失效。

（2）可以挂失止付的票据：已承兑的商业汇票；现金支票；填明"现金"字样和代理付款人的银行汇票；填明"现金"字样的银行本票。

2）公示催告

（1）失票人应当向"票据支付地"的基层人民法院提出公示催告：银行汇票以出票人所在地为支付地；商业汇票以承兑人或者付款人所在地为支付地；银行本票以出票人所在地为支付地；支票以"出票人开户银行"所在地为支付地；代理付款银行所在地不能确定为票据支付地。

（2）人民法院应在受理申请后，应同时发出止付通知，并自立案之日起3日内发出公告。公示催告的期间不得少于60日。涉外票据可根据情况适当延长，但最长不得超过90日。

（3）公示催告期间届满及在判决作出前，没有利害关系人申报权利的，公示催告申请人应当自申报权利期间届满的次日起1个月内申请法院作出判决。

3）普通诉讼

在判决前，丧失的票据出现时，付款人应以该票据正处于诉讼阶段为由暂不付款，并将情况迅速通知失票人和人民法院，人民法院应终结诉讼程序。

### 案例 11-9

在票据权利补救的普通诉讼中，丧失的票据在判决前出现时，付款人应以该票据正处于诉讼阶段为由暂不付款，并将情况迅速通知失票人和人民法院。人民法院正确的处理方式是（　　）。

A. 终结诉讼程序
B. 中止诉讼程序
C. 判决付款人付款，其他争议另案审理
D. 追加持票人作为第三人，诉讼程序继续进行

【分析】

在判决前，丧失的票据出现时，付款人应以该票据正处于诉讼阶段为由暂不付款，并将情况迅速通知失票人和人民法院，人民法院应终结诉讼程序。正确答案：A。

## 第四节　票 据 抗 辩

### 1. 对物抗辩

对物抗辩是指基于票据本身的内容而发生的事由所进行的抗辩。

（1）票据行为不成立而为的抗辩（如票据应记载的内容有欠缺；票据债务人无行为能力；无权代理或超越代理权进行票据行为；票据上有禁止记载的事项；背书不连续；持票人的票据权利有瑕疵等）。

（2）依票据记载不能提出请求而为的抗辩（如票据未到期、付款地不符等）。

（3）票据载明的权利已经消灭或者因失效而为的抗辩（如票据债权因付款、抵销、提存、免除、除权判决、时效届满而消灭等）。

（4）票据权利的保全措施欠缺而为的抗辩（如应作成拒绝

"保全措施欠缺"是何意？

证书而未作等)。

(5) 票据上有伪造、变造情形而为的抗辩。

### 2. 对人抗辩

票据债务人可以对不履行约定义务的与自己"有直接债权债务关系的"持票人进行抗辩。票据债务人只能对基础关系中的"直接相对人"不履行约定义务的行为进行抗辩。

### 3. 票据抗辩的限制

(1) 票据债务人不得以自己与出票人之间的抗辩事由(如出票人与票据债务人存在合同纠纷、出票人存入票据债务人的资金不够)对抗(善意)持票人。

> **案例 11-10**
>
> A 向 B 签发一张银行承兑汇票,汇票金额为 100 万元,这里的承兑银行为票据的债务人。B 背书给 C,C 背书给 D,D 是最终的持票人;假设 D 向银行提示付款时,银行以出票人 A 存入银行账户的资金不够为由拒绝向 D 付款。
>
> 请问:此时银行的做法符合规定吗?
>
> 【分析】
>
> 不符合规定。根据规定,票据债务人不得以自己与出票人之间的抗辩事由(如出票人与票据债务人存在合同纠纷、出票人存入票据债务人的资金不够)对抗持票人,这不符合《票据法》的规定,也违背了票据无因性的要求。

(2) 票据债务人不得以自己与持票人的前手之间的抗辩事由(如票据债务人与持票人的前手存在抵销关系)对抗持票人。

> **案例 11-11**
>
> A 向 B 签发一张支票,B 背书给 C,C 背书给 D,假设 D 向银行提示付款时,债务人 A 认为其与 B 的债权存在抵销关系而拒绝支付票据款。
>
> 请问:债务人 A 的做法符不符合规定?
>
> 【分析】
>
> 不符合规定。因为根据规定,票据债务人不得以自己与持票人的前手之间的抗辩事由(如票据债务人与持票人的前手存在抵销关系)对抗持票人。

(3) 凡是善意的、已付对价的正当持票人可以向任何票据债务人请求付款,不受其前手权利瑕疵和前手相互间抗辩的影响。

(4) 持票人取得的票据是无对价或者不相当对价的,其享有的权利不能优于其前手的权利,因此票据债务人可以对抗持票人前手的抗辩事由对抗该持票人。

无对价或者不相当对价取得票据的情形是指哪些?

> **案例 11-12**
>
> 国华公司是 olc 公司化妆品在江苏地区的代理销售商。1996 年国华公司以购买 olc 化妆品为由,先后对 olc 公司签发了四张商业承兑汇票,并在汇票上签章承诺,本汇票已经本单位承兑,到期日无条件付款。olc 公司收票后,即按约定发出货物。国华公司对收到的货物

提出质量异议，双方数次传真往来，未能协商一致。国华公司将 olc 公司生产的化妆品送国家化妆品质量监督检验中心检验，检验结果为不合格。olc 公司持上述四张汇票于到期后，委托银行收款时，均被银行以付款人无款支付，该账号已结清等为由拒付，olc 公司遂以票据纠纷为由诉至法院。

olc 公司诉称，被告开出的商业承兑汇票已经被告承兑，到期应无条件支付。被告作为票据债务人，应依《票据法》的规定，向我公司支付拒付的汇票，并承担利息。

国华公司辩称，原告货物出现了质量问题，我公司提出了质量异议，并要求退回我公司开出的汇票。我公司作为票据债务人，可以对不履行约定义务的与自己有直接债权、债务关系的持票人进行抗辩，故我公司拒绝履行票据义务是合理的。

请问：

（1）如何厘清票据关系和与票据有关的法律关系？
（2）olc 公司所持观点的法律依据是什么？
（3）国华公司仅以货物质量有瑕疵为由提出的抗辩理由能否成立？
（4）假如该票据背书转让给第三人后，国华公司对非直接受让人的请求能否主张抗辩？
（5）什么是票据抗辩？
（6）票据抗辩与民法上的抗辩的区别是什么？

【分析】

（1）①票据关系是基于票据行为本身所发生的债权债务关系。而与票据有关的法律关系又可分为票据法上的与票据有关的法律关系和民法上的与票据有关的法律关系。②前者是指由票据法直接规定的与票据行为有联系但不是由票据行为本身所发生的关系。③后者是指由民法规范来调整的与票据有关的法律关系，包括票据原因关系、票据资金关系和票据预约关系。

（2）《票据法》的两个重要原则就是票据原因关系与票据关系相分离，二者分别由不同的法律规范来调整。因此，票据义务人不能以原因关系为由对抗票据关系。

（3）可以成立。《票据法》规定，票据债务人可以对不履行约定义务的与自己有直接债权债务关系的持票人进行抗辩。olc 公司未依约履行合同义务，olc 公司又是直接接受汇票的一方。因此，国华公司在本案中具备了法定的抗辩事由。

（4）不能。

（5）票据抗辩，是指票据债务人对债权人的付款请求提出一定合理理由予以对抗，并拒绝履行票据义务的行为。

（6）区别：民法上的抗辩权是指民事主体为排除相对人行使给付请求权的一种权利。其作用在于对抗相对人请求权的行使，而非否认请求权的一种权利。票据法上的抗辩权除了否认票据债权行使的抗辩权外，还包括否认票据债权存在的抗辩权，如对票据缺乏绝对必要记载事项的抗辩、票据伪造的抗辩等。

## 第五节　票据权利的瑕疵

### 1. 票据的伪造

票据的伪造是指假冒他人名义或虚构人的名义而进行的票据行为，票据的伪造包括票据本身的伪造和票据上签章的伪造两种。前者是指假冒他人或虚构人的名义进行出票行为，如在空白票据上伪造出票人的签章或者盗盖出票人的印章而进行出票；后者则是指假冒他人名义而进行出票行为之外的其他票据行为，如伪造背书签章、承兑签章。

（1）票据的伪造行为在法律上不具有任何票据行为的效力。由于其从一开始就是无效的，故持票人即使是善意取得，对被伪造人也不能行使票据权利。

（2）由于伪造人没有在票据上以自己的名义签章，因此不承担票据责任。但是，如果伪造人的行为给他人造成损害的，必须承担民事责任。

（3）票据上有伪造签章的，不影响票据上其他真实签章的效力。在票据上真正签章的当事人，仍应对被伪造的票据的债权人承担票据责任，票据债权人在提示承兑、提示付款或者行使追索权时，在票据上真正签章人不能以伪造为由进行抗辩。

### 案例 11-13

王某系上海 b 公司职工。上海 b 公司在宝山区工商行开立结算户头，曾买过银行承兑汇票（全是空白汇票）。王某窃取其中一张，伪造了一张 100 万元的银行承兑汇票。该汇票以杭州 a 公司为收款人，以上海 b 公司为承兑申请人，汇票的"交易合同号码"栏未填，在承兑银行盖章处盖有三省一市银行汇票结算章。王某将这张伪造的银行汇票转让给杭州 c 公司，杭州 c 公司背书转让给 d 公司。杭州 d 公司持这张伪造的汇票到杭州农行申请贴现，杭州农行未审查出该汇票的真伪，予以贴现人民币 96 万元。杭州农行通过同城票据结算，交换给杭州建行，杭州建行又以联行票据结算将汇票转让给上海第四支行。上海第四支行从未办理过银行承兑业务，在收到汇票后，立即向公安机关报案，汇票退给杭州农行，而农行以多种借口拒收汇票。

案外音：伪造、变造汇票、本票、支票的构成；伪造、变造金融票证罪。（《刑法》第 177 条）

请问：

（1）王某假冒出票人的名义进行原始的票据创设的行为称为什么？

（2）伪造者王某应负什么责任？说明理由。

（3）杭州 a 公司和上海 b 公司是否承担票据责任？说明理由。

（4）杭州 c 公司是否承担票据责任？说明理由。

（5）杭州农行应承担哪些法律责任？

（6）简答汇票绝对应记载的事项。

【分析】

（1）票据伪造。

（2）王某应承担民事责任和刑事责任。不承担票据责任。由于票据伪造人在伪造票据时，并没有在票据上以自己的名义签章，故根据文义性的特点，不负票据上的责任。

（3）票据伪造是伪造人假冒被伪造人所为的票据行为，所以被伪造人不负票据责任。除非被伪造人事后对伪造人的行为进行追认。

（4）承担票据责任。凡真正签章于票据上的人，仍然应各负票据上的责任，不受伪造成签章的影响。所谓真正签章就是对伪造的票据进行背书，承兑或保证等票据行为的人。

（5）付款人付款后，票据关系因付款而消灭，付款人对出票人伪造付款人和其他真实签章的债务人，都不得基于票据关系而主张权利；但可基于非票据关系请求追还其利益。但付款人对伪造的票据在认定时，有过失的而予以付款的，应自负其责。杭州农行审查票据时有明显过错，应承担责任。

（6）绝对应记载的事项为：①表明"汇票"的字样；②无条件支付的委托；③确定的金额；④付款人名称；⑤受款人名称；⑥出票日期。

### 2. 票据的变造

（1）票据的变造是指无权更改票据内容的人，对票据上除签章以外的记载事项加以变更的行为，如变更票据上的到期日、付款日、付款地、金额等。

（2）如果当事人的签章在变造之前，应当按照原记载的内容负责；如果当事人的签章在变造之后，则应当按照变造后的记载内容负责；如果无法辨别签章发生在变造之前还是之后，视同在变造之前签章。

（3）尽管变造的票据仍然有效，但变造人的行为给他人造成经济损失的，应当对此承担民事责任，构成犯罪的，依法承担刑事责任。

《票据法》第14、103、107条及《刑法》有关条文，规定了票据变造的法律效果，依这些法律规定，票据变造发生如下效果：

（1）变造人应当承担法律责任。变造属违反法律的行为，《票据法》对行为人科以刑事责任、行政责任、民事责任。变造人的刑事责任，依《刑法》第177条之规定论处，民事责任，则依民法上侵权行为的制度确定。

（2）变造后的票据仍然有效，变造人对变造之后的记载事项负责。《票据法》第14条第3款规定，票据上签章以外的记载事项被变造的，在变造之前的签章人，对原记载事项负责；在变造之后的签章人，对变造之后的记载事项负责。

（3）变造人未签章，不负票据责任，应承担赔偿损失的民事责任。依《票据法》上"签章者就票据文义负责"的规则，变造人未在票据上签章，不能负担票据责任，但其变造行为给其他票据当事人造成损失的，应由其向受损失的当事人负赔偿责任。

（4）变造前的签章人，对变造前的记载事项负票据责任。

#### 案例 11-14

甲签发一张票面金额为2万元的转账支票给乙，乙将该支票背书转让给丙，丙将票面金额改为5万元后背书转让给丁，丁又背书转让给戊。下列关于票据责任承担的表述中，正确的是（　　）。

A. 甲、乙、丁对2万元负责，丙对5万元负责请问：

B. 乙、丙、丁对 5 万元负责，甲对 2 万元负责

C. 甲、乙对 2 万元负责，丙、丁对 5 万元负责

D. 甲、乙对 5 万元负责，丙、丁对 2 万元负责

【分析】

《票据法》规定，票据上其他记载事项被变造的，在变造之前签章的人，对原记载事项负责；在变造之后签章的人，对变造之后的记载事项负责；不能辨别是在票据被变造之前或者之后签章的，视同在变造之前签章。本题中，甲和乙的签章在变造之前，对变造之前的记载负责，丙和丁的签章在变造之后，对变造之后的记载负责。正确答案：C。

### 3. 票据的更改

票据的更改是指有更改权限的人对票据上的记载事项进行变更的行为。票据更改的规则包括：

（1）票据金额、日期、收款人的名称等属于不可更改的记载事项，其中"日期"是指出票时记载的出票日期，除此之外，其他记载事项均为可以更改的事项；

（2）对已经记载的事项有更改权的人包括原记载人及其授权的代理人；

（3）票据记载事项进行更改后，原记载人或其代理人应在更改之处签章予以证明。（参见《票据法》第 9 条之规定）

票据的伪造、变造和更改的区别：伪造人和被伪造人均不负被追索责任；伪造后的善意有偿后手构成善意取得，不受赃物影响；变造与更改不同，更改并不违法，变造违法；在变造之前签章的人，对之前的事项负责；之后的对之后的事项负责；无法确定是之前还是之后签章，按之前负责。

本模块技术性较强，要点主要包括：票据关系与票据的基础关系、票据行为成立的实质；有效要件和形式有效要件；票据权利取得的限制、票据抗辩；汇票背书的规则等。

练习与自测

## 一、单项选择题

1. 根据规定，支票的失票人可以向（    ）申请公示催告。

   A. 出票人所在地的基层人民法院

B. 出票人开户银行所在地的基层人民法院

C. 承兑人所在地的基层人民法院

D. 代理付款银行所在地的基层人民法院

2. 根据《票据法》的规定，下列选项中，不属于变造票据的有（    ）。

   A. 变更票据金额　　　　　　　B. 变更票据上的到期日

   C. 变更票据上的签章　　　　　D. 变更票据上的付款日

3. 根据《票据法》的规定，下列有关汇票的表述中，正确的是（    ）。

   A. 汇票未记载收款人名称的，可由出票人授权补记

   B. 汇票未记载付款日期的，为出票后10日付款

   C. 汇票未记载出票日期的，汇票无效

   D. 汇票未记载付款地的，以出票人的营业场所、住所或经常居住地为付款地

4. 背书人甲将一张500万元的汇票分别背书转让给乙和丙各250万元，下列有关该背书效力的表述中，正确的是（    ）。

   A. 背书无效

   B. 背书有效

   C. 背书转让给乙250万元有效，转让给丙250万元无效

   D. 背书转让给乙250万元无效，转让给丙250万元有效

5. 根据《票据法》的规定，汇票持票人未按照规定期限提示承兑的，产生的后果是（    ）。

   A. 持票人丧失对其前手的追索权

   B. 持票人丧失票据权利

   C. 持票人丧失对出票人的追索权

   D. 持票人必须要求出票人重新出票

6. 因延期通知而给前手或者出票人造成损失的，由没有按照规定期限通知的汇票当事人承担对该损失的赔偿责任，但是所赔偿的金额以（    ）为限。

   A. 汇票金额　　　　　　　　　B. 间接损失

   C. 实际损失　　　　　　　　　D. 能够预见到的损失

7. 根据《票据法》的规定，在下列情况中，汇票持票人可以行使追索权的是（    ）。

   A. 前手破产

   B. 承兑人因违法被责令终止业务活动

   C. 前手以外的背书人破产

   D. 保证人破产

8. 根据《票据法》的规定，下列选项中，不属于本票绝对应记载事项的是（    ）。

   A. 收款人名称　　　　　　　　B. 付款人名称

   C. 出票日期　　　　　　　　　D. 出票人签章

9. 4月20日A公司向B公司签发一张金额为15000元的支票，B公司4月26日向付款人提示付款时，A公司在其开户银行处实有的银行存款余额为5000元。已知A公司不是为了骗取财物，对A公司签发空头支票的行为，银行按照规定比例应处的罚款数额为（    ）元。

   A. 1500　　　　B. 750　　　　C. 1000　　　　D. 250

10. 根据有关法律规定，签发无可靠资金来源的汇票，骗取资金，数额特别巨大或者其

他特别严重情节的,行为人承担的刑事法律责任为( )。

    A. 处 5 年以下有期徒刑或者拘役,并处 2 万元以上 20 万元以下罚金

    B. 处 5 年以上 10 年以下有期徒刑,并处 5 万元以上 50 万元以下罚金

    C. 处 10 年以上有期徒刑或者无期徒刑,并处 5 万元以上 50 万元以下罚金或没收财产

    D. 处 10 年以上有期徒刑、无期徒刑或者死刑,并没收财产

## 二、多项选择题

1. 根据票据法律制度的规定,下列有关在票据上签章效力的表述中,正确的有( )。

    A. 出票人在票据上签章不符合规定的,票据无效

    B. 承兑人在票据上签章不符合规定的,其签章无效,但不影响其他符合规定签章的效力

    C. 保证人在票据上签章不符合规定的,其签章无效,但不影响其他符合规定签章的效力

    D. 背书人在票据上签章不符合规定的,其签章无效,但不影响其前手符合规定签章的效力

2. 根据《票据法》的规定,下列选项中,票据债务人可以拒绝履行义务,行使票据抗辩权的有( )。

    A. 背书不连续

    B. 持票人向票据债务人交付的货物有严重的质量问题

    C. 票据金额的中文大写与数码记载不一致

    D. 票据上没有记载付款地

3. 下列关于票据签章的表述中,符合《票据法》规定的有( )。

    A. 出票人在票据上签章不符合规定的,票据无效

    B. 保证人在票据上的签章不符合规定的,其签章无效

    C. 背书人在票据上签章不符合规定的,票据无效

    D. 无民事行为能力人在票据上签章的,其签章无效

4. 票据权利是指持票人向票据债务人请求支付票据金额的权利。该权利包括( )。

    A. 付款请求权                B. 追索权

    C. 更改非主要记载事项权      D. 委托签章权

5. 根据一般情形,行为人可通过( )取得票据权利。

    A. 从持有票据的人处依法受让票据

    B. 依法继承而从被继承人处获得票据

    C. 直接从出票人处合法获得票据

    D. 依法征税而从纳税人处获得票据

6. 根据《票据法》的规定,经当事人申请并提供担保,可以依法采取保全措施和执行措施的票据有( )。

    A. 不履行约定义务,与票据债务人有直接债权债务关系的票据当事人所持有的票据

    B. 持票人恶意取得的票据

C. 应付对价而未付对价的持票人持有的票据
D. 记载有"不得转让"字样而用于贴现、质押的票据

7. 票据丧失，失票人可以及时通知票据的付款人挂失止付，但是，下列不得办理挂失止付的票据是（　　）。

A. 未记载付款人的银行汇票
B. 未记载收款人的支票
C. 未记载代理付款人的银行承兑汇票
D. 未记载付款人的支票

8. 甲签发一张金额为5万元的本票交收款人乙，乙背书转让给丙，丙将本票金额改为8万元后转让给丁，丁又背书转让给戊。如果戊向甲请求付款，甲只支付5万元，戊可以就其余3万元损失请求赔偿的有（　　）。

A. 甲　　　　B. 乙　　　　C. 丙　　　　D. 丁

9. 根据《票据法》的有关规定，持票人行使追索权，可以请求被追索人就某些费用予以清偿，该费用包括（　　）。

A. 被拒绝付款后，给持票人造成的经济损失
B. 被拒绝付款的汇票金额
C. 汇票金额自到期日或者提示付款日起至清偿日止的利息
D. 取得有关拒绝证明的费用

10. 根据《票据法》的规定，下列关于本票的表述中，正确的是（　　）。

A. 到期日是本票的绝对应记载事项
B. 本票的基本当事人只有出票人和收款人
C. 本票无须承兑
D. 本票是由出票人本人对持票人付款的票据

### 三、案例分析题

1. 李某以张某为收款人签发了一张金额50万元的商业承兑汇票，付款人为陈某。后汇票被王某拾得。王某伪造张某的签章将汇票转让给方某。方某为偿还货款又将汇票背书转让给杨某，并在汇票的背书栏记载有"若杨某不按期履行交货义务，则不享有票据权利"。吴某与林某为方某提供保证，汇票上记载着吴某承担80%的保证责任，林某承担20%的保证责任。杨某向陈某请求承兑时，陈某在汇票上记载："承兑。李某款到后支付。"

请问：

（1）王某是否应当承担票据责任？
（2）张某是否应当承担票据责任？
（3）王某伪造票据的行为是否会导致票据无效？为什么？
（4）如何界定方某在背书栏记载事项的性质？其效力如何？
（5）吴某与林某对保证责任分担的约定是否有效？本案保证责任该如何承担？
（6）本汇票是否已经承兑？为什么？

2. 甲为支付乙的货款向其出具金额为300万元的一张银行承兑汇票。后乙将汇票背书转让给丙，并在背书栏中注明"禁止转让"。丁为乙提供担保，其在汇票上记载了"若甲出票真

实,本人愿意保证"字样,并签章。丙公司再将汇票转让给戊公司。

请问:

(1) 戊可否向乙公司主张票据权利?为什么?

(2) 假设乙是限制行为能力人,丁的保证行为是否有效?为什么?

(3) 如何界定丁在背书栏记载的性质?其效力如何?

(4) 假设甲、乙的买卖合同被认定无效,戊可否向甲行使票据权利?

(5) 假设甲、乙的买卖合同被认定无效,乙可否向甲行使票据权利?